中央高校基本科研业务费"现代市场经济体系建设中基础设施服务价格法律规制"项目资助
（编号C2190610）

# 基础设施服务价格法律规制

刘阳 ◎ 著

Jichu Sheshi Fuwu Jiage Falü Guizhi

·广州·

版权所有　翻印必究

## 图书在版编目（CIP）数据

基础设施服务价格法律规制/刘阳著. —广州：中山大学出版社，2022.10

ISBN 978 - 7 - 306 - 07621 - 2

Ⅰ. ①基… Ⅱ. ①刘… Ⅲ. ①基础设施—服务价格—法律规范—研究—中国 Ⅳ. ①D922.297.4

中国版本图书馆 CIP 数据核字（2022）第 182977 号

出 版 人：王天琪
策划编辑：熊锡源
责任编辑：陈　芳
封面设计：林绵华
封面题字：刘　阳
责任校对：叶　枫
责任技编：靳晓虹
出版发行：中山大学出版社
电　　话：编辑部 020 - 84110283，84113349，84111997，84110779，84110776
　　　　　发行部 020 - 84111998，84111981，84111160
地　　址：广州市新港西路 135 号
邮　　编：510275　　　传　真：020 - 84036565
网　　址：http://www.zsup.com.cn　E-mail:zdcbs@ mail.sysu.edu.cn
印 刷 者：广州市友盛彩印有限公司
规　　格：787mm×1092mm　1/16　13.75 印张　250 千字
版次印次：2022 年 10 月第 1 版　2022 年 10 月第 1 次印刷
定　　价：100.00 元

如发现本书因印装质量影响阅读，请与出版社发行部联系调换

# 序　言

　　对基础设施服务价格法律规制的研究始于我在德国波恩大学攻读法学博士学位期间。我至今依然十分感谢我的导师 M. Schmidt-Preuss 教授，以及他给予我的普鲁士风格的学术教导与近于苛刻的论文要求。是的，如果不是受他的风格影响，恐怕我不会进入这个与经济学、会计学、财税学关系十分紧密的充盈着技术性规范的法学领域。

　　一如德国人一贯的法治风格，本书中也谈到德国联邦最高法院对于联邦政府制定的行政法规之中的价格计算公式的否定，其中认定了计算公式所包含的计算因子本身违宪。这一切出现在德国可能并不令人感到奇怪；但是这样一个例子恰恰反映出的是，经济学在行政立法过程中的投影未必完全符合法治要求的严酷现实。

　　然而，又应如何在这一法治语境中去领悟法学对于经济运行的驾驭？我们试着通过开放市场竞争的方式，希望市场本身能够发挥基础和主导作用，在看不见的层面成为一种"不知有之"的无为而治。市场中的症结，是我们处于经济的"逐利之海"当中的时候，海水下面永远存在鲨鱼。所以，政府介入以保护基本市场的秩序和公平，就显得恰当并且紧迫——只要存在利益的引诱，市场中的"恶人"永远是层出不穷的。此时法律就变成了具体的高悬于头顶的"警棍"，它的工具性异常明显。

　　在现实经济活动当中，我们都不希望存在于一个法律规范精致但是烦琐的市场内。这也是技术性规范本身的弱点。如果市场主体双方能够通过博弈解决，那么技术性的规范反而束缚了市场主体的能动性。但是，当一切规则都不存在的时候，没有规范的市场就变成了垄断企业的乐园。如何恰如其分地把握好市场与政府之间的关系，是制定规制性法律的重要前提。因此，本书的主要内容其实是在阐明市场与政府在立法者的注视之下呈现出的相互影响和动态平衡关系。

　　在这一研究领域，我需要感谢我的博士后导师、中国社会科学院法学研究所的周汉华教授。如果没有周老师的指引和帮助，恐怕我很难有机会真正深入中国基础设施产业业内的层面中去从事法学方法论研究。没有对实体经济的深入了解和体验，很多问题在理论上就仅仅是隔靴搔痒，远不能对现实产生积极的效果。

站在立法者的层面，往往思考问题的角度与行政管理者以及市场经济中的企业并不一致。法律制度本身是顶层设计的架构，同时也是协调各方面动态平衡的活动。为各方面保留"自由"的空间，令市场能够单独决定非政府介入不可之外的一切，为政府市场监管设定权利能力和责任范围，在符合法治本身要求的基础上将市场活动约束在自由、开放、公平的竞争环境中，等等，都是立法者时刻需要面对的问题。

我要诚挚感谢广东省人大常委会原主任黄龙云先生。在黄主任的主持下，我才有机会进入省人大挂职锻炼，并且在一年多的挂职期间，有机会投身省人大的立法工作，从立法者的角度去看待经济法律规制问题，在繁重的立法工作中不断加深对于经济立法的理解。

虽然我不是一名合格的经济学研究学者，但是本书的内容却与经济的运行有着诸多的联系。因此，在部分与经济学相关的章节中，我只是将自己尚未成熟的学术观点做一些介绍；同时，由于我日常承担着大量的法学本科生教学工作，上述章节为了方便本科生阅读理解，在文字表达上也做了一定的简化。特此。

刘阳

2019 年春节于广州

# 目　录

**第一章　宪法的经济法律规制意涵和作用**……………………… 1
　一、引言……………………………………………………………… 1
　二、《宪法》中的"自由"在市场经济中的意涵………………… 3
　三、公民民事权利能力：《宪法》中的"自由"在市场经济中的
　　　法治转化………………………………………………………… 14
　四、基础设施服务供给：《宪法》中的"自由"在市场经济中
　　　实现的保障……………………………………………………… 19
　五、企业在市场经济中的自由和政府的简政放权……………… 25
　六、基础设施服务的市场化改革实证——电力………………… 29

**第二章　基础设施服务领域（宪法）经济自由权利及其限制**…… 36
　一、引言……………………………………………………………… 36
　二、我国基础设施行业内存在的经济问题及表象……………… 38
　三、宪法框架内市场自由与限制………………………………… 53

**第三章　关于规制的理论**………………………………………… 91
　一、政府与市场的价值边界……………………………………… 93
　二、政府与市场的相互影响……………………………………… 94
　三、政府与市场的作用力方向…………………………………… 97
　四、维系政府与市场之间平衡的关键…………………………… 101
　五、突破现有法治的意愿和冲动………………………………… 103
　六、"进取"精神和意志………………………………………… 105
　七、广义经济法和狭义经济法…………………………………… 110

**第四章　市场法律规制效果的判断**……………………………… 113
　一、基础设施服务行业法律规制的影响因素和立法意涵……… 113
　二、行政的偏差…………………………………………………… 116

三、对行政偏差的判断……………………………………… 119

**第五章　基础设施价格法律规制**……………………………… 125
　　一、基础设施领域企业拆分的中国实践…………………… 129
　　二、基础设施企业拆分的法治意涵………………………… 137
　　三、价格法律规制模式及实践……………………………… 146
　　四、中国基础设施服务价格法治完善建议………………… 156

**第六章　地方公共服务立法的框架和主要内容**……………… 175
　　一、政府保障责任和保障机制……………………………… 177
　　二、地方人大监督职能与机制……………………………… 179
　　三、科学决策与信息化建设………………………………… 180
　　四、地方立法与中央政策之间的关系……………………… 182
　　五、公共服务立法授权与司法实践………………………… 183
　　六、市场化转型中地方公共服务立法的解释……………… 187

**第七章　关于城市立法评估的实践与完善对策**……………… 198
　　一、立法评估的原则………………………………………… 199
　　二、立法评估的规范性制度设计…………………………… 201
　　三、立法评估的实证——广东省立法研究所的实践……… 203
　　四、立法评估工作中尚存在的不足………………………… 211
　　五、提升立法评估质量与社会效益的路径与建议………… 212

**后　　记**……………………………………………………… 214

# 第一章 宪法的经济法律规制意涵和作用

## 一、引言

在经济法学的讲义当中，通常会把宪法作为经济法的重要法律渊源。同时，教材当中并不会把宪法关于经济法律规制的作用明示给学生，而是笼统地将国家对于社会经济的宏观调控和微观规制总括在"社会主义市场经济"的宪法规范内涵当中加以阐释或理解。但是，当我们深入地研究宪法条文，特别是结合宪法对于经济运行的重要作用加以观察的时候，我们能够清晰地看到宪法对于社会经济的巨大作用。从这一角度出发，在德国法学界也有宪法对经济法律规制的提法。[1] 其中的意涵在于，宪法的本意是推动市场的开放、透明、竞争、有序。因此，宪法对公民的一系列授权以及对国家在基础设施服务方面的义务性规定，从法治框架的基本层面保证了市场经济的活力。也有人持不同的看法，认为宪法本身对于市场经济的作用并非能够直接运用到如基础设施行业有关的法律规制范畴中，[2] 但是已然不能够否定宪法对于整体社会经济的规制作用。

在中国宪法学界，虽然有一些人认为宪法对于经济具有保障作用的同时也具有经济规制的性质，[3] 但是这一观点并非主流。同时，经济法学界内也对宪法的市场经济法律规制作用并没有一个清晰全面的阐述。[4] 因此，有必要在宪法经济法的视角下，重新对宪法法律意涵范畴中的市场经济法律规制作用和现实基础设施行业层面的宪法法律规制作用做出明确的

---

[1] Peter Badura, *Wirtschaftsverfassung und Wirtschaftsverwaltung*, 3. Auflage, Mohr Siebeck, 2008, Rn. 178.

[2] Hubertus Bardt, *Energirversorgung in Deutschland*, Beitraege zur Ordnungspolitik aus dem Institut der deutschen Wirtschaft Koeln, Institut der deutschen Wirtschaft Koeln Medien GmbH, 2010, Rn. 7.

[3] 参见莫纪宏《宪政与经济危机：二十一世纪主权国家及超主权国家间的经济规制和社会权利——国际宪法学协会里约热内卢圆桌会议综述》，载《中国宪法年刊》2014年第1期。

[4] 参见胡元聪、闫正欣《论经济法学的知识结构》，载《经济法论坛》2016年第2期。

答复。

宪法本身不同于经济法，它规范的内容更为抽象而非具体，条文更具原则性而非规范性，法律自身的结构更显政治性而非经济性，适用的情形更具社会整体意义而非局限于社会经济环节，授权的意涵在经济领域更需要引申和阐释而非直接明了，法律主体的地位更具社会机制性而非自然清晰。因此，基于以上分析，宪法的市场经济法律规制和规制作用实际上是对宪法社会作用的再认识，也是建立在抽丝剥茧基础之上的对宪法社会作用的再阐释，当然也是对我国基础设施服务法律规制领域立法的解释和学科基础知识的构建。

宪法在保障国家政治运行方面的基础性作用，使人不免会对宪法的经济法律规制作用产生过多的政治性考量。但是，从基础设施服务法律规制研究的角度观察，我们必须首先明确两点：一是经济运行法律规制的政治中立性，即单纯从经济运行本身的客观状态研究相关法律规制的法制建设和技术性规范；二是宪法条文的文本固定性，即不牵涉宪法条文的修改或完善。因为，在市场经济活动过程当中，我们的研究重点并非宪法的修改或者完善，而是基于当前的宪法条文文本，寻找出其中包含的对于基础设施服务价格制定产生决定性影响的因素。在经济法学的研究过程中，经济的运行是与其他相关的社会活动相隔离的，经济本身就是经济而已。虽然我们不能够排除政治对经济的影响和经济对政治的影响，但是经济运行过程中的法律规制研究只能够将目光集中在经济和法律基本规律的基础之上。特别是对于基础设施服务价格的法律规制研究来说，经济运行一定是十分客观、中立的研究对象，而不能与其他任何相关因素混同。此外，我们并非希望通过对基础设施服务价格的法律规制研究来探析宪法的发展与完善；相反，我们研究的是，在现行的宪法文本基础之上的基础设施服务价格的法律规制体系。一旦宪法条文面临调整，我们的研究对象同样面临调整。因此，可以明确地说，正是现行的宪法条文文本决定了我们在基础设施服务价格的法律规制体系中的法理和法律规范，如果不能够将相关的法律规范清楚地加以研究，也谈不上能清晰地认识其他问题。

当前，我国宪法对于国家和社会经济的发展作用巨大。按照薛小建教授的观点，"82宪法以来的30年……宪法所确立的改革与开放，释放了国人多少年来发展经济的热情与能量，经济总量达到了史无前例的最佳成果。而经济的持续发展，与欧美发达国家相对迟缓的经济发展态势比较而言，表现相当突出，已经可以与世界富裕国家平等对话，甚至可以被期待伸出援助之手——救助那些处于债务危机中的欧盟国家。国家经济的发展大势始终围绕着82宪法确立的'以经济建设为中心'的目标,取得了较为骄人的成绩,是中华民族最为繁荣的良好时机。其中82宪法功不可没,没有这部宪法确立的国家改革目标和国家宪法秩序,一切都可能在'失范'或'脱序'的状态下进行"①。同时,按照许安标副主任的总结,"现行宪法深刻总结了我国社会主义建设正反两方面的经验,在继承1949年共同纲领和1954年宪法基本精神和主要内容的基础上,确立了党的十一届三中全会之后的路线方针政策,把集中力量进行社会主义现代化建设规定为国家的根本任务,为改革开放和社会主义现代化建设奠定了坚实的法治基础。现行宪法公布施行后的5次修改,体现了党领导人民进行改革开放和社会主义现代化建设的成功经验,体现了中国特色社会主义道路、理论、制度、文化发展的成果,有力推动和保障了党和国家事业的发展。全面贯彻实施宪法是全面依法治国、建设社会主义法治国家的首要任务和基础性工作"②。

## 二、《宪法》中的"自由"在市场经济中的意涵

自由在哲学和法哲学层面无疑都是一个永恒的话题,而且,对于自由的理解都不能够抛开所处的时代背景。③ 从法学理论出发,自由更多的是一种授权的状态,在这一状态之下,个体(无论自然人或法人)都能够基于自身标准对个体行为做出判断和决定。其实,从经济法学界角度能够更好地描述自由在法哲学领域的意涵,那就是,任何被赋予了权利的个体都能够在法律的约束范围之内追求自身经济利益的最大化。当然,个体基于自身判断而放弃合法的经济利益也是法律所允许的。在这样一个场景之中,市场成为法律授权个体的活动范围,而法律主体之间的互动关系将进一步决定着法律本身对每一个个体给予的授权。用一个简单的例子来说明。比如,某甲是市场当中的一个买家,他希望为自己购买100千克大米。在市场法律规范中,法律授权作为经济活动主体的某甲拥有在支付合法对价的情况之下从同样是市场经济活动主体的其他人处获取他希望获得

---

① 薛小建:《中国社会转型的法律基石:1982年宪法的历史地位》,载《中国法学》2012年第4期,第34页。
② 许安标:《与时代同步 与改革同频——现行宪法与改革开放四十年》,载《地方立法研究》2018年第6期,第1页。
③ 参见罗久《宗教、立法与自由——"卢梭问题"与黑格尔思想的开端》,载《四川师范大学学报(社会科学版)》2018年第6期。

的 100 千克大米。在这里面法律赋予的自由是交易的权利。某甲可以基于法定授权在市场中货比三家，获得最高的产品性价比。当然，在特定情况下，比如缺乏交易对象的情况下，某甲也可以选择在不得不向特定卖家购买大米时，放弃购买的权利。在这个案例当中，大米的购买权就是某甲的自由。他无须考虑除自身需求之外的其他评价标准。但是，我们也能够很明显地发现，某甲的购买自由是受到诸多限制的：从交易的对象到交易的方式、交易性质、支付方式等都受到了来自法律的约束。比如，某甲不能够向非法获得大米的盗窃犯购买大米（当然在刑事领域需要构成明知的前提），某甲不能通过强迫欺诈的方式向市场中的其他人购买大米，某甲的购买行为不能违反食品安全领域的法律要求（如购买非法转基因大米），某甲不能够在市场中通过支付国外货币的方式购得大米，等等。以上例证都是经济法律在规范市场运行中所制定的法律约束，其目的就是维护市场经济法律规制的基本原则。

很多时候，当我们言及自由，总会将话题引入到一种"无政府"语境。这是和我们的传统文化相结合的一种语境产物。《老子》有云："其政闷闷，其民淳淳；其政察察，其民缺缺。"[①] 基本上可以翻译为：国家政治清明宽松，人民就会淳朴忠诚；国家政治精细严苛，人民就会狡黠、抱怨。说得简单一点就是，在传统的黄老思想体系当中，我们认为政府的介入会对社会生活和社会政治风气产生负面影响。在经济领域依然试图有人在解释，政府的过多介入会导致市场受到过多干扰，市场主体因此失去自由，成为迟滞经济发展的主要原因。[②] 事实上，当我们分析了政府做出的经济法律规制行为和市场经济主体之间的互动关系之后，我们就能够很好地发现，单纯将市场主体失去经济自由认定为阻碍市场发展的观点并非完全正确。更多意义上，自由市场的建立是依靠国家强制干预形成的，自由市场的形成实质上就是政府力量作用的结果。而通过分析中国在 20 世纪八九十年代实施的一系列改革措施，可以发现中国的社会主义市场经济之路就是依靠国家强制力量而形成的，如果没有强制的干预力量，中国社会不会自发建立起社会主义市场经济体系。[③] 以中国改革开放 40 多年的经验来看，政府的积极作为，以及在此基础之上的对于其他市场主体的授

---

[①] 《老子》第五十八章。

[②] 参见祝宝良《地方政府过多介入微观经济活动值得注意》，载《经济研究参考》2004 年第 15 期。

[③] 参见王贞力、林建宇《以波兰尼的自由市场化路径审视中国市场经济改革》，载《社会政策研究》2017 年第 6 期。

权和权利约束，恰恰是有效推动社会经济发展的有效手段。因此从广义上说，市场的改革开放同时意味着市场主体经济权利内涵的丰富；尽管存在着基于社会经济管理监督需要而做出的对于市场主体的权利的限制，但正是由于权利范围的扩展，实质上加大了市场主体的自由空间，丰富了市场主体的自由内涵。有统计数字显示，在改革开放之初，从1979年到1983年，中共中央、国务院顺应了市场主体多元化的变化，相继颁发了关于广开就业门路、搞活市场和经济、发展城乡集体经济、发展个体工商业等一系列制度和方针政策，到1984年国营商业垄断市场的格局基本打破，1984年全社会零售商业、饮食服务业网点915万个，比1978年增长629.08%。其中，国营商业网点减少40.1%，只剩下27.2万个，集体所有制网点达159.4万个，增长55.86%，个体户达728.1万户，增长近40倍。[①]

在市场经济当中，并不存在绝对的自由市场经济。前文已述，一方面，市场本身需要规范。没有规范的市场难以实现市场主体的有效交易、公平竞争、信誉保证，而有规范的市场可降低社会交易成本，促进社会经济整体的发展；另一方面，市场主体缺乏的恰恰是扩展市场领域和边界的能力。只有依靠拥有经济管理权力和相应的政治权力与相关能力的政府，才能够有效打开市场。最为简单的例子，如互联网。原本互联网技术是服务于军事的，但是随着政府开放互联网技术，使其进入民用市场领域，于是创新性地出现了相关的互联网产业和依托于互联网技术的诸多行业。从这一角度来说，我们很难真正找到一个有效评价"自由"的标准。或者说，自由尽管能够成为一个市场主体不断追求的梦想，但是在现实世界当中，市场很难用一个自由的概念加以形容。无论中外，或者依附于社会性质而形成的不同市场，自由仅仅能够表明市场主体的某种能动性，而并不能够用于形容市场本身的特质。

对于基础设施行业而言，市场的自由就显得更加相对。在这里我们必须重新认识基础设施服务的特性。由于社会成员对于基础设施服务的基本需求已经是社会生活不可或缺的，因此，从这一意义上说，基础设施服务企业其实并不能够属于单纯的以营利为目的而成立公司法人。也就是说，尽管基础设施服务企业是依照商业法律注册成立的，但是它的营业属性与其他企业不同。无论市场或者社会成员，出于维护更多方面的社会和经济利益的考量，都不能够使基础设施服务企业获得与其他市场主体等同的经

---

① 参见万典武主编《当代中国商业简史》，中国商业出版社1998年版，第193页。

济自由。任何社会经济的存在与发展，都需要与之配套的基础设施，这是进入现代社会以来最为基本的经济常识。我们经常说"要想富，先修路"，说的就是基础设施对于经济发展的影响和决定性作用。同时，宪法当中的人权保障条款对于政府在基础设施服务有效供给方面同样具有决定性的作用和指引。

进入"现代国家"阶段后，传统社会的国家理念随之瓦解，取而代之的是公民对于国家的需求和国家对于公民权益的保障。[①] 现代国家的经济与社会治理和传统国家治理理念的区别在于：国家与社会的边界、政府与市场关系应当法治化，国家能够有效地汲取并公平分配资源、保障公共产品的供给。因此，现代国家治理体系要求公权力严格按照法治规范运行，政府权力边界清晰并且职能法定化，即通过调整社会经济，促进市场的开放和生产力发展，通过规范的行政和有效的引导，为市场主体创造增加物质财富的条件。在政治学意涵当中，现代化进程实际上是指社会从传统向现代的过渡。因此，传统意义上国家治理理念中的统治和管理特征在现代社会国家治理范畴内将趋向于淡化和消亡；现代社会治理，尤其是经济治理和市场经济管理强调政府的服务职能，市场主体与政府的关系更加平等，甚至政府对市场主体的服务职责包含于现代法治的理念当中。市场的发展，市场主体的扩展和多元无不要求政府更好地履行自身的法定职能。改革开放以后，中国的国家目标转变为以经济建设为中心，通过实行市场经济体制激发市场活力，与之相适应，就要求政府的管理内涵从管制社会、监督市场主体行为的计划经济模式中解脱出来，转变为服务于市场发展的需要，更多地以宏观调节引导社会经济的发展。其中，对政府职能实现产生决定性影响的因素包括：①现代国家治理理念和目标；②市场经济的发展水平；③社会现代化水平，即公民和社会团体的现代化素质；④科技发展水平，以信息化和信息化服务质量标准为标志；⑤社会治理能力和法治水平。以此为衡量标准，显然我国政府在以下几个方面尚存在不足：①政府自身建设落后于时代发展，即政府职能结构不均衡；②市场行政干预过多，同时政府市场监管能力不足；③基础设施服务资金投入方式单一，总量不足；④市场法制建设落后，司法作用单一有限。为此，中共十八大以来，以习近平同志为核心的党中央在治国理政方面进行了诸多新探索，形成了法治国家、法治政府与法治社会一体建设，公平正义、司法

---

① 参见汪仕凯《从国家——社会分析框架到政治社会理论：再论现代国家的政治基础》，载《社会主义研究》2018年第3期。

公正、国家治理体系和治理能力现代化等诸多新理念与新思想。在新理念、新思想的指引下，治国理政的实践探索逐步展开：加强反腐机制改革，实现权力运行规范化；加强法治建设，实现国家治理能力现代化；推动社会治理创新，促进社会治理协商化、民主化，更具有包容性；强化开放、流动社会中的公共管理服务功能，促进城乡管理服务一体化。这一系列新探索正是新时期不断提升国家治理能力与治理水平的重要体现，也能够更好地服务于社会主义市场经济发展。随着法治模式成为现代国家治理的新模式，顶层改革设计与基层实践探索相呼应，在经济放权中推动形成了政治、经济互动的良好局面。① 经济改革的实际是依托市场配置资源，即以市场方式代替以行政手段配置资源的计划经济。这一进程当中，政府的作用越来越小，市场的作用越来越大。为此，中国共产党第十八届中央委员会第三次全体会议通过的《中共中央关于全面深化改革若干重大问题的决定》明确提出"使市场在资源配置中起决定性的作用"，从而改变了过往的论述，即"要使市场在社会主义国家宏观调控下对资源配置起基础性作用"。在中共十八届三中全会上，习近平总书记进一步指出，对于政府和市场关系，需要根据实践拓展和认识深化寻找新的科学定位。②

在以上背景下，当我们回过头来重新观察《宪法》，能够发现，《宪法》本身在确立和规范公民经济自由方面经历了以下几个重要的阶段。

第一阶段，以1982年《宪法》为标志的公民经济自由的初步肯定。

1978年12月召开的中共十一届三中全会将全党的工作中心转移到经济建设，同时确立了"解放思想、实事求是"的思想路线，要求根据一切从实际出发、理论联系实际的原则，正确地改革同生产力迅速发展不相适应的生产关系和上层建筑（社会经济、法律制度）。而当时的思想认识里面，正确的"改革"只是在以公有制、计划经济为核心的苏式社会主义框架内的调整。例如在农业问题上，全会提出的关于发展农业领域的措施主要有：①切实保护人民公社、生产大队和生产队的所有权和自主权；②公社各级经济组织必须认真执行按劳分配原则，克服平均主义；等等。而尽管全会为加快农业发展，专门制定并通过了《中共中央关于加快农业发展若干问题的决定（草案）》和《农村人民公社工作条例（试行草案）》，肯定了农村集体经济中的个人"经济"自由，明确："社员自留

---

① 参见程国花《十八大以来党治国理政的新理念、新实践与新方向》，载《社会主义研究》2016年第6期。
② 习近平：《关于〈中共中央关于全面深化改革若干重大问题的决定〉的说明》，载《人民日报》2013年11月16日。

地、自留畜、家庭副业和农村集市贸易，是社会主义经济的附属和补充……相反地，在保证巩固和发展集体经济的同时，应当鼓励和扶持农民经营家庭副业，增加个人收入，活跃农村经济。"但是，这两个文件里面却并未认可"包产到户"和"包干到户"等体现农民经济自由的实践模式，仅仅重申了宪法所规定的"三级所有、队为基础"的农村集体经济制度，并明确规定"不要包产到户""不许分田单干"。

有学者认为，市场经济自由真正初始于1979年开始的知青大返城而形成的巨大经济压力。① 知识青年"上山下乡"是1956年社会主义改造完成后，由于城市提供的就业机会严重不足而由中共中央推动的为解决城镇待业青年就业问题的一项特殊举措。"文化大革命"结束后，知识青年要求从农村回到城市，但城市能够提供的就业机会依旧匮乏。因此，国务院于1979年4月在批转的《国家工商行政管理总局关于全国工商行政管理局长会议的报告》中，首次提出了发展个体经济，以解决回城知青的就业问题。报告指出，政府工商主管部门可以批准有正式户口的城市劳动力从事个体劳动。与此同时，国内政治经济学理论界开始重新审视"生产关系要适应生产力水平"这一马克思主义基本原理。其结论是，生产力落后的国情决定了必须允许多种经济成分并存的经济格局。1979年9月29日的《在庆祝中华人民共和国成立三十周年大会上的讲话》肯定了个体经济作为社会主义公有制经济的附属和补充地位。1981年6月，中共十一届六中全会文件则正式承认"劳动者个体经济是公有制经济的必要补充"。同年7月，国务院发布《关于城镇非农业个体经济若干政策性规定》明确"劳动者个体经济"是"遵守国家的政策和法律、为社会主义建设服务、不剥削他人劳动的个体经济"。就此，政府开始允许城镇非农业人口从事个人经营各种小型的手工业、零售商业、饮食业、服务业、修理业等个体经营业务。1981年10月，中共中央、国务院发布的《关于广开门路，搞活经济，解决城镇就业问题的若干决定》中进一步提出："在社会主义公有制经济占优势的根本前提下，实行多种经济形式和多种经营方式长期并存，是我党的一项战略决策。"在1982年9月召开的中共十二大上，邓小平同志提出了"走自己的道路，建设有中国特色的社会主义"的核心思想。据此，中共十二大报告阐述了，根据当时国民经济发展水平在坚持国营经济主导地位的前提下鼓励劳动者个体经济适当发展，作为"公有制经济的必要的、有益的补充"的重要性。同时，报告

---

① 参见邓肆《公民经济自由在中国宪法中的重新确立》，载《北方法学》2017年第4期。

还论述了如何正确贯彻中共十一届六中全会提出的"计划经济为主、市场调节为辅"的原则问题，明确应遵循价值规律，"允许对于部分产品的生产和流通不作计划，由市场来调节"。以上个体经济发展的脉络表明，随着"有中国特色的社会主义"思想的提出和不断丰富，传统的苏联社会主义经济模式得到了调整，国家对于保障个人和企业的经济自由成为全党和全国人民的共识。就此，1982年12月4日，第五届全国人民代表大会第五次会议对《宪法》进行了第三次全面修改。这次全面修宪对社会主义经济制度做出了以下肯定某些经济自由权的新规定。

（1）将生产资料的社会主义公有制作为社会主义经济制度的"基础"，同时肯定个体经济在中国社会主义经济制度中的补充地位。《宪法》第11条规定为："在法律规定范围内的城乡劳动者个体经济，是社会主义公有制经济的补充。国家保护个体经济的合法的权利和利益。"这一条文，肯定了个体经济的市场经济地位，并由此确立了政府对于保护个体经济者合法权益的职责。公民的经济自由在一定程度上，得到了宪法的认可。

（2）设立乡镇人民政府，农村人民公社成为非目标性的纯经济组织。在1982年《宪法》第8条中，新设立的作为基层群众性自治组织的村民委员会代替了生产大队，"参加农村集体经济组织的劳动者，有权在法律规定的范围内经营自留地、自留山、家庭副业和饲养自留畜"。以上条款表明，在宪法层面，农民能够经营自留地、自留山、家庭副业和饲养自留畜。农村的经济自由也得到了宪法的保障。

（3）将"市场调节"作用（机制）作为计划经济的"辅助"写入了《宪法》第15条。受到苏联计划经济模式的严重影响，东欧社会主义国家普遍将计划经济视为社会主义经济制度的核心原则，并因此对产品的生产、流通和消费都实行严格的"计划"；"市场调节"在计划经济体制中难以发挥任何作用。而1982年《宪法》将我国社会主义计划经济体制中辅助以"市场调节"，显然是对传统苏联社会主义经济模式的一大突破，表明当时的中央政府已经认识到了计划经济模式的不足，进而希望通过扩大市场经济运行的自发调节，推动经济发展。在这一理念指导下，《宪法》第16条赋予了国营企业"经营管理的自主权"，同时，第17条赋予了集体经济组织"独立进行经济活动的自主权"。

随着宪法废除政社合一的农村人民公社体制，肯定各种形式的社会主义责任制，全国各地广泛实行包产到户、包干到户已不再存在法律上的阻碍。1983年1月2日，中共中央发布《当前农村经济政策的若干问题》，正式在全国范围内推行以包产到户、包干到户为主要形式的家庭联产承包责任制。从1985年1月1日起，粮食强制征购计划被终止。以上，家庭联产承包责任制的推行和粮食强制征购计划的废止，标志着农民个人具有了自主进行农业生产经营活动的经济自由，并开始享有一定程度的迁徙自由和职业自由。尽管囿于当时的条件和思想认识，《宪法》条文中还不可能明确公民通过开办企业，从事完全意义上的市场经济活动的自由，当然也没有意识到相关市场开放所必需的竞争、契约、财产等自由，但是无疑，1982年《宪法》对于开放我国市场经济，有序促进市场经济活力具有十分重要的意义。

第二阶段，以1988年、1993年宪法修正案为标志的公民经济自由的重大突破阶段。

在改革开放初期，市场中重要的生产要素即劳动力受到严重的市场机制制约。对于个体经济而言，之所以在当时的宪法中能够得到承认，除了能有效缓解城市就业压力，并且在市民生活中具有实际的保障等原因外，还在于当时的政治经济学理论认为，个体经济形式雇工人数被法律限定在一定范围内，因此不存在阶级剥削，能够与社会主义经济形式相容。当时的理论认为，如果雇工8人以上，雇主所得经营收入就被认为超过了维持生活的消费所需而存在"剥削"，就具有了资本主义生产经营的性质。[1]但随着个体经济的发展，个体户雇工人数逐渐超过了8人，这就不可避免地与当时的政治经济学理论形成了矛盾。所以，中共中央在1983年一号文件《当前农村经济政策的若干问题》中对此实行了"三不"政策，即"不宜提倡，不要公开宣传，不要急于取缔"。"三不"政策默许了超过个体经济范围的雇工人数，使私营经济重新复活。但正是因为当时的理论认为，商品在社会主义社会里被认为只存在于消费领域，而不（能够）存在于生产资料领域，因此，生产资料在社会经济环境中不能够作为买卖的商品。为了解决这一问题，1984年10月中共十二届三中全会通过《中共中央关于经济体制改革的决定》，突破了把社会主义计划经济看作产品经济而同商品经济对立起来的传统观念，明确"社会主义计划经济必须自觉依据和运用价值规律，是在公有制基础上的有计划的商品经济"。这一理论突破使得国家改变了传统意义上社会商品只存在于消费品领域的固有认识，使私营企业获得了生产的基本条件（如劳动力）。由于商品经济允许商品在不同所有制主体之间交换，这就要求法律进一步保护所有者的合

---

[1] 参见常修泽《中国改革40年若干规律性问题认识》，载《学术界》2018年第11期。

法权利和交易自由。1987年1月，中共中央政治局通过了《把农村改革引向深入》的文件，提出尝试用"社会主义初级阶段"的理念来解决私营经济存在的合理性问题。该文件指出："在社会主义社会的初级阶段，在商品经济的发展中，在一个较长时期内，个体经济和少量私人企业的存在是不可避免的。"1987年10月召开的中共十三大从中国生产力水平实际出发，比较系统地论述了社会主义初级阶段的理论，正式肯定了私营经济存在的合理性。报告指出，私营经济虽然存在雇佣劳动关系的经济成分，"但在社会主义条件下，它必然同占优势的公有制经济相联系，并受公有制经济的巨大影响。实践证明，私营经济一定程度的发展，有利于促进生产，活跃市场，扩大就业，更好地满足人民多方面的生活需求，是公有制经济必要的和有益的补充"。根据以上中共十三大确立的政策，1988年4月，七届全国人大一次会议通过了1982年《宪法》的第一修正案，在《宪法》第11条增加规定："国家允许私营经济在法律规定的范围内存在和发展。私营经济是社会主义公有制经济的补充。国家保护私营经济的合法的权利和利益，对私营经济实行引导、监督和管理。"宪法对私营经济的法定承认，是公民经济自由在法律制度中得以体现的重要事件。1988年宪法修正案肯定了市场经济自由所需的条件，构建了劳动力市场的法治基础。此外，修正案第2条删除了《宪法》原第10条不准土地出租的内容，规定"土地的使用权可以依照法律的规定转让"，保证了经济发展过程中市场对于土地资源的需要。

但是，1988年宪法修正案虽然肯定了公民从事企业经营活动的自由和权利，但并没有根据中共十三大报告关于计划和市场关系的阐述对宪法做出相应的修改。中共十三大报告中明确规定"社会主义经济是公有制基础上的有计划的商品经济"，主张实行"国家调节市场，市场引导企业"的新的经济运行机制。但是，《宪法》第15条中依旧为"国家在社会主义公有制基础上实行计划经济。国家通过经济计划的综合平衡和市场调节的辅助作用，保证国民经济按比例地协调发展"，即遵循中共十一届六中全会提出的"计划经济为主、市场调节为辅"的原则，直到1992年年初邓小平的南方谈话冲破了市场化改革姓"资"姓"社"的藩篱才有所改变。邓小平的南方谈话将计划和市场定性为资本主义和社会主义共有的"经济手段"，而非二者的"本质区别"。邓小平同志认为，"社会主义的本质，是解放生产力，发展生产力，消灭剥削，消除两极分化，最终达到共同富裕"①。在这里,邓小平抛开了以公有制、计划经济和按劳分配三个外在特征来界定社会主义的传统观念。尽管他依旧认为社会主义要"消灭剥削",但这是在"解放生产力,发展生产力"之后才能做到的。基于邓小平同志南方谈话中的重要论断,1992年党的十四大在确立邓小平"建设有中国特色社会主义理论"在全党的指导地位的同时,明确提出"我国经济体制改革的目标是建立社会主义市场经济体制,以利于进一步解放和发展生产力"。

社会主义市场经济体制中国家不再全面掌控和直接配置资源,即不再通过指令或计划以及国家定价等直接手段干预经济运行,而是使市场(机制)在社会主义国家宏观调控下对资源配置起基础性作用。在法律视角下,经济权利与经济义务则意味着社会主义市场经济体制能够让"企业自由进入市场,商品自由流通,要素自由结合,价格自由议定,供求自由结清,结构自由调整"。市场主体的"经济自由"是令经济活动中的法律主体能够依法自由判断,并且为自己的一切行为负责。基于上述对社会主义市场经济的理解,1993年3月,八届全国人大一次会议通过了宪法第二修正案,将《宪法》原第15条关于国家实行计划经济的规定修改为"国家实行社会主义市场经济"。于是,社会主义市场经济体制在宪法中的正式确立,标志着宪法承认包括竞争、交易与契约等商业行为自由在内的现代意义上的市场经济自由。此外,与市场经济相关的宪法修改还包括:①修正案序言中写入"我国正处于社会主义初级阶段"和"建设有中国特色社会主义的理论"。这两处修改,前者为公民经济自由提供法治基础,后者则提供了政治经济学上的理论基础。②修正案中将原有"国营经济"改为"国有经济","国营企业"改为"国有企业"。这使全民所有制企业在社会主义市场经济新体制下获得了广泛的自主经营权,也为国企改制中出现的承包、租赁和上市等形式奠定了合宪性。同时,拓展了公民能够通过混合所有形式合法(宪法)地进入公有制经济领域的权利。③修正案正式废除"农村人民公社",代之以"家庭联产承包为主的责任制",使农民的生产经营自由和迁徙与劳动自由获得了充分的宪法保障。

第三阶段,1999年、2004年宪法修正案:公民经济自由的巩固阶段。

1997年,时任中共中央总书记的江泽民发表了著名的"5·29"讲话,明确回应了当时社会对于中国经济发展方向的质疑。江泽民指出,要坚持生产关系一定要适应生产力发展水平的马克思主义基本观点,以邓小

---

① 邓小平:《邓小平文选》(第3卷),人民出版社1993年版,第373页。

平所提出的衡量经济体制改革成败的"三个有利于"为标准,"努力寻找能够极大促进生产力发展的公有制实现形式","一切反映社会化生产规律的经营方式和组织形式都可以大胆利用"①。1997年9月,中共十五大召开,大会确立"邓小平理论"为全党指导思想,第一次系统地、完整地提出并论述了党在社会主义初级阶段的基本纲领,并正式提出"要坚持和完善社会主义公有制为主体、多种所有制经济共同发展的基本经济制度……坚持和完善按劳分配为主体的多种分配方式"。中共十五大报告将混合所有制经济中的国有成分和集体成分纳入了公有制经济范畴,同时对"公有制的主体地位"做出了新的界定:"公有资产在社会总资产中占优势;国有经济控制国民经济命脉,对经济发展起主导作用。这是就全国而言,有的地方、有的产业可以有所差别。"根据中共十五大报告的精神,1999年3月九届全国人大二次会议通过了现行宪法的第三个修正案。此次宪法修正案对于公民经济自由的保障体现在四个方面:①在序言中宣示"我国将长期处于社会主义初级阶段",同时增加"邓小平理论"作为宪法坚持的指导思想,将"发展社会主义市场经济"作为国家的方针政策。②将"依法治国,建设社会主义法治国家"写入《宪法》第5条。结合社会主义市场经济的本质和宪法有关规定,法治的任务是对市场主体经济权利与义务以及相关法律责任的设定。法治同时要求政府依照法律规范经济运行,并且赋予公民为维护自身经济利益和自由的法律手段。③《宪法》第6条增加规定:"国家在社会主义初级阶段,坚持公有制为主体、多种所有制经济共同发展的基本经济制度,坚持按劳分配为主体、多种分配方式并存的分配制度。"将个体、私营经济等非公有制经济与公有制经济一道纳入宪法所规定的社会主义初级阶段的"基本经济制度",等于明确赋予这种基本经济制度所内含的经济自由和"基本宪法权利"属性,同时对按劳分配以外的其他分配方式的确认使市场中多种多样的分配方式完全具有了合宪、合法性,保障了市场主体通过经济方式获得收益的合法权利。④《宪法》第11条修改为"在法律规定范围内的个体经济、私营经济等非公有制经济,是社会主义市场经济的重要组成部分"。以上规定表明了宪法保障非公有制经济发展的立场,同时意味着法治范畴内公民经济自由的重要性和法律保障机制建设的需要。

2000年,江泽民同志创造性地提出"三个代表"重要思想,改变了

---

① 《江泽民在中国共产党第十五次全国代表大会上的报告》,1997年9月12日,http://cpc.people.com.cn/GB/64162/64168/64568/65445/4526285.html。

我国宪法中对于社会阶层的传统认识，深化了宪法意义上对于市场主体地位和自由的保护作用。① 2001 年，江泽民在庆祝建党 80 周年大会上发表了重要讲话，对改革开放以来出现的民营科技企业的创业人员、个体户和私营企业主等新的社会阶层做了定性，即"有中国特色社会主义事业的建设者"。讲话同时指出，"不能简单地把有没有财产、有多少财产当作判断人们政治上先进与落后的标准，而主要应该看他们的思想政治状况和现实表现，看他们的财产是怎么得来的以及对财产怎么支配和使用，看他们以自己的劳动对建设有中国特色社会主义事业所作的贡献"。2002 年中共十六大报告确认了上述观点，承认了合法取得的非劳动收入的正当性，中共十六大报告指出："一切合法的劳动收入和合法的非劳动收入，都应该得到保护。"中共十六大修改后的《中国共产党章程》将"三个代表"重要思想增添为全党的指导思想，明确规定中国共产党不但是中国工人阶级的先锋队，"同时是中国人民和中华民族的先锋队"，"代表中国先进生产力的发展要求，代表中国先进文化的前进方向，代表中国最广大人民的根本利益"。由于市场主体同时也是"有中国特色社会主义事业的建设者"，属于中国"最广大人民"的范畴，他们也可以加入作为"中国人民"先锋队的中国共产党。2004 年 3 月，十届全国人大二次会议通过了现行宪法的第四修正案，在宪法序言中增加"'三个代表'重要思想"作为宪法的指导思想，并在爱国统一战线的组成群体中增加了"社会主义事业的建设者"。同时，《宪法》第 11 条增加"国家鼓励、支持"个体经济、私营经济等非公有制经济发展的政策。将第 13 条修改为，"公民的合法的私有财产不受侵犯"，"国家依照法律规定保护公民的私有财产权和继承权"，"国家为了公共利益的需要，可以依照法律规定对公民的私有财产实行征收或者征用并给予补偿"。这一修改肯定了公民合法的非劳动收入，承认了公民对生产资料的所有权和相关法律救济。另外，《宪法》第 33 条增加了"国家尊重和保障人权"的条款。市场经济所需要的经济自由自此完全得到了宪法基本权利条款的规范。

## 三、公民民事权利能力：《宪法》中的"自由"在市场经济中的法治转化

无论我们怎样描绘《宪法》赋予的公民自由在市场经济当中的表现，

---

① 《"三个代表"重要思想首次提出》，央视新闻，http://www.cctv.com/special/777/1/51862.html。

其首要的基础都应当是公民对于民事行为的能力在宪法和法律当中的确认。在市场经济活动当中，基本的主体是公民个人；在一定经济条件下，对公民个人市场经济风险加以管控，才会形成法人企业。因此，对于公民个人的授权，实则意味着对市场开放和自由的许可。在前一部分，我们已经谈到中国政府，尤其是中央政府是如何通过有序明确市场中公民个人的经济权利和社会经济地位，逐步开放市场主体的法定权利的。在这里，我们将进一步阐释在宪法确立了公民市场经济自由的基础之后，在市场运行过程中，公民通过何种法律的保障才能够实现宪法中所希望实现的自由。

对于公民而言，经济的自由主要意味着民事权利能力；权利能力是一种可能性，即在法律的保障之下，公民被授权许可从事的活动和得到的保护。而内涵在于，公民对于自己所有的物品具有法定物权，基于物权，公民方能够对其所有的物品进行交易，即有经营权。这十分易于理解：市场的形成和作用就在于能够帮助市场中的各种主体进行货物与服务的交换。货物的交换在法律的视角下则包含了合法所有与合法交换两方面的因素。在一定社会经济状况之下，公民并非一定能够合法拥有特定物品，如违禁药物等；同时，在一定的法治环境当中，公民也并非能够依法对合法的商品进行交换，如法律禁止金融产品的场外交易等。市场的存在要求市场经济行为必须遵守一定的秩序和规则；公民的自由也因为市场规则的存在而受到约束。换句话说，首先是宪法与法律对公民的授权，但是授权本身也意味着对未经授权内容的法定限制。

既然商品和服务是市场交易的对象，那么，宪法与法律对于商品和服务的权利归属就应当在市场交易发生之前进行判断。宪法与法律必须在公民开始市场经济活动之前明确，公民是否依法享有对物的权利。一旦在宪法和法律上得到肯定的答复，那么，市场中的其他交易者就能够依照前手的合法权利继续享有对物的权利，并受到来自宪法与法律的保护。为了实现这一目标，中共中央和国务院于2016年11月4日印发了《关于完善产权保护制度依法保护产权的意见》（以下简称《意见》），作为宪法条文对于保护市场主体财产权利（物权）的补充。依照《意见》的解释，产权制度是社会主义市场经济的基石，保护产权是坚持社会主义基本经济制度的必然要求。有恒产者有恒心，经济主体财产权的有效保障和实现是经济社会持续健康发展的基础。这其中表明，中央立法者对于财产权在市场经济健康运行和发展中的积极作用有着比较全面深刻的认识。作为"基石"，财产权利制度即产权制度对国民经济具有直接的影响。改革开放40多年后的今天，任何经济交易行为一旦缺乏对相关财产权利的法律保护，必定不能赢得市场的信心和信任。同时，《意见》进一步解释了产权保护对于树立市场信心的决定性：只有在法律确立了严格的财产保护制度之后，才能够确立市场主体交易的信心和对于经济体制的认同。这也就是在《意见》当中所说的，"改革开放以来，通过大力推进产权制度改革，我国基本形成了归属清晰、权责明确、保护严格、流转顺畅的现代产权制度和产权保护法律框架，全社会产权保护意识不断增强，保护力度不断加大。同时也要看到，我国产权保护仍然存在一些薄弱环节和问题：国有产权由于所有者和代理人关系不够清晰，存在内部人控制、关联交易等导致国有资产流失的问题；利用公权力侵害私有产权、违法查封扣押冻结民营企业财产等现象时有发生；知识产权保护不力，侵权易发多发"。因此，为了"解决这些问题，必须加快完善产权保护制度，依法有效保护各种所有制经济组织和公民财产权，增强人民群众财产财富安全感，增强社会信心，形成良好预期，增强各类经济主体创业创新动力，维护社会公平正义，保持经济社会持续健康发展和国家长治久安"。具体而言，《意见》共分为以下七个方面贯彻落实国家对公民财产权利的保护义务。

第一，明确相关法律制度设计原则。作为涵盖全社会经济范围的财产权利保护制度，《意见》的提出无疑具有十分重要的纲领性。依照《意见》的内容，在贯彻落实完善产权保护制度依法保护产权的过程中，需要坚持五个原则：①坚持平等保护原则。健全以公平为核心原则的产权保护制度，毫不动摇巩固和发展公有制经济，毫不动摇鼓励、支持、引导非公有制经济发展，公有制经济财产权不可侵犯，非公有制经济财产权同样不可侵犯。②坚持全面保护原则。保护产权不仅包括保护物权、债权、股权，也包括保护知识产权及其他各种无形财产权。③坚持依法保护原则。不断完善社会主义市场经济法律制度，强化法律实施，确保有法可依、有法必依。④坚持共同参与原则。做到政府诚信和公众参与相结合，建设法治政府、责任政府、诚信政府，增强公民产权保护观念和契约意识，强化社会监督。⑤坚持标本兼治原则。着眼长远，着力当下，抓紧解决产权保护方面存在的突出问题，提高产权保护精准度，加快建立产权保护长效机制，激发各类经济主体的活力和创造力。

第二，明确法制建设的领域。对于公民财产权利的保护，迫在眉睫的便是民商事领域的立法。同时随着经济的发展，知识产权等新兴领域也是立法的重点。依照《意见》的布置安排，为了有效完善产权保护制度，依法保护产权，需要加快推进民法典的完善工作，完善物权、合同、知识产权相关法律制度，清理有违公平的法律法规条款，将平等保护作为规范财产关系的基本原则。健全以企业组织形式和出资人承担责任方式为主的市场主体法律制度,统筹研究清理、废止按照所有制不同类型制定的市场主体法律和行政法规,开展部门规章和规范性文件专项清理,平等保护各类市场主体。加大对非公有财产的刑法保护力度。

第三,加强产权领域的司法制度完善。司法作为协调、处理市场经济领域内公民财产权益纠纷的重要机制,相关制度的完善直接决定着国家对财产权利保护制度的建设效果。因此,《意见》规定,在司法机关从事案件处理的过程中,应当充分考虑非公有制经济的特点,严格区分经济纠纷与经济犯罪的界限、企业正当融资与非法集资的界限、民营企业参与国有企业兼并重组中涉及的经济纠纷与恶意侵占国有资产的界限,准确把握经济违法行为入刑标准,准确认定经济纠纷和经济犯罪的性质,防范刑事执法介入经济纠纷,防止选择性司法。对于法律界限不明、罪与非罪不清的,司法机关应严格遵循罪刑法定、疑罪从无、严禁有罪推定的原则,防止把经济纠纷当作犯罪处理。严禁党政干部干预司法活动、介入司法纠纷、插手具体案件处理。对民营企业在生产、经营、融资活动中的经济行为,除法律、行政法规明确禁止外,不以违法犯罪对待。对涉及犯罪的民营企业投资人,在当事人服刑期间依法保障其行使财产权利等民事权利。

第四,对于行政征收的规范。出于维护公共利益的需要,行政机关依照宪法和法律能够征收、征用公民的合法财产;但是,出于对公民财产权利的维护,需要对行政机关的征收行为加以规范限制。对此,《意见》规定,完善土地、房屋等财产征收征用法律制度,合理界定征收征用适用的公共利益范围,不将公共利益扩大化,细化规范征收征用法定权限和程序。遵循及时合理补偿原则,完善国家补偿制度,进一步明确补偿的范围、形式和标准,给予被征收征用者公平合理的补偿。

第五,对于知识产权的保护。《意见》规定,在知识产权领域,需要加大知识产权侵权行为惩治力度,提高知识产权侵权法定赔偿上限,探索建立对专利权、著作权等知识产权侵权惩罚性赔偿制度,对情节严重的恶意侵权行为实施惩罚性赔偿,并由侵权人承担权利人为制止侵权行为所支付的合理开支,提高知识产权侵权成本。建立收集假冒产品来源地信息工作机制,将故意侵犯知识产权行为纳入企业和个人信用记录,进一步推进侵犯知识产权行政处罚案件信息公开。完善知识产权审判工作机制,积极发挥知识产权法院作用,推进知识产权民事、刑事、行政案件审判"三审合一",加强知识产权行政执法与刑事司法的衔接,加大知识产权司法保护力度。完善涉外知识产权执法机制,加强刑事执法国际合作,加大涉外知识产权犯罪案件侦办力度。严厉打击不正当竞争行为,加强品牌商誉保护。将知识产权保护和运用相结合,加强机制和平台建设,加快知识产权转移转化。

第六,加强地方政府诚信体系建设。依照《意见》的规定,要大力推进法治政府和政务诚信建设,地方各级政府及有关部门要严格兑现向社会及行政相对人依法作出的政策承诺,认真履行在招商引资、政府与社会资本合作等活动中与投资主体依法签订的各类合同,不得以政府换届、领导人员更替等理由违约毁约,因违约毁约侵犯合法权益的,要承担法律和经济责任。因国家利益、公共利益或者其他法定事由需要改变政府承诺和合同约定的,要严格依照法定权限和程序进行,并对企业和投资人因此而受到的财产损失依法予以补偿。对因政府违约等导致企业和公民财产权受到损害等情形,进一步完善赔偿、投诉和救济机制,畅通投诉和救济渠道。将政务履约和守诺服务纳入政府绩效评价体系,建立政务失信记录,建立健全政府失信责任追究制度及责任倒查机制,加大对政务失信行为惩戒力度。

第七,明确市场中各类主体的平等法律地位,在改革过程中,通过有序、合法的方式处理好产权所有的变更,同时对历史遗留的产权纠纷加以化解。依照《意见》的规定,深化国有企业和国有资产监督管理体制改革,需要进一步明晰国有产权所有者和代理人关系,推动实现国有企业股权多元化和公司治理现代化,健全涉及财务、采购、营销、投资等方面的内部监督制度和内控机制,强化董事会规范运作和对经理层的监督,完善国有资产交易方式,严格规范国有资产登记、转让、清算、退出等程序和交易行为,以制度化保障促进国有产权保护,防止内部人任意支配国有资产,切实防止国有资产流失。建立健全归属清晰、权责明确、监管有效的自然资源资产产权制度,完善自然资源有偿使用制度,逐步实现各类市场主体按照市场规则和市场价格依法平等使用土地等自然资源。完善农村集体产权确权和保护制度,分类建立健全集体资产清产核资、登记、保管、使用、处置制度和财务管理监督制度,规范农村产权流转交易,切实防止集体经济组织内部少数人侵占、非法处置集体资产,防止外部资本侵吞、非法控制集体资产。坚持权利平等、机会平等、规则平等,废除对非公有制经济各种形式的不合理规定,消除各种隐性壁垒,保证各种所有制经济依法平等使用生产要素、公开公平公正参与市场竞争、同等受到法律保护、共同履行社会责任。

坚持有错必纠,抓紧甄别纠正一批社会反映强烈的产权纠纷申诉案件，剖析一批侵害产权的案例。对涉及重大财产处置的产权纠纷申诉案件、民营企业和投资人违法申诉案件依法甄别，确属事实不清、证据不足、适用法律错误的错案冤案，要依法予以纠正并赔偿当事人的损失。完善办案质量终身负责制和错案责任倒查问责制，从源头上有效预防错案冤案的发生。严格遵循法不溯及既往、罪刑法定、在新旧法之间从旧兼从轻等原则，以发展眼光客观看待和依法妥善处理改革开放以来各类企业特别是民营企业经营过程中存在的不规范问题。

在民法当中，将财产权解释为公民对于合法财产在占有、使用、收益、处分等领域实现自身权益的能力。占有、使用、收益、处分等行为的目的与财产本身的属性相契合，行为能够保证权利人目的的实现。因此，从这一角度来说，宪法对财产权利的确认等同于对公民经济权利能力的确认，也就是对市场交易行为的基础的奠定。不过，需要探讨的是，市场当中的经营行为究竟是一种民事法律行为还是经济法律中的劳动行为。在德国《基本法》当中，公民的经营行为被视为劳动，其核心原理在于，经营能够保证财富的增加；既然公民通过市场交易实现了个人财富的累积，这一过程当然添加了劳动，创造了财富，因此自然与民事法律当中的纯粹物权权利相区别。① 但是，我国民法学界对此又有着不同的看法，认为私有财产不仅可以为私法人所享有，还是私法人经营活动的前提条件，私营企业的经营过程即私有财产的使用过程。② 同时，财产权利上的自由也蕴含了对于经营自由的许可。③ 而不论上述观点是否能够统合，需要认识到的都是，财产权利的法学赋予保证了公民在市场经济环境下的民事权利能力，基于民事权利能力才形成了市场经济中公民的经济自由和行为自由。

## 四、基础设施服务供给：《宪法》中的"自由"在市场经济中实现的保障

市场经济的有序运行需要多元化的保障。与其他宪法和法律条款生效

---

① Peter Badura, *Wirtschaftsverfassung und Wirtschaftsverwaltung*, 3. Auflage, Mohr Siebeck, 2008, Rn. 4 ff.
② 参见陈征、刘馨宁《改革开放背景下宪法对营业自由的保护》，载《北京联合大学学报（人文社会科学版）》2018年第3期。
③ 参见李建伟《民法典编纂背景下商个人制度结构的立法表达》，载《政法论坛》2018年第6期。

的客观前提不同，公民在市场经济领域所获得的《宪法》当中规定的自由是需要与之配套的基础设施服务供给保障作为前提的。这是一个十分容易理解的问题。例如，随着当前网络经济的发展，大家经常在网上购物，网络商城和交易平台也是日新月异。但是，从客户交易的整个过程来看，从下单到支付再到收货的整个实现电子商务的循环中，离不开实体基础设施服务；无论从电信、交通运输需要的高速公路和铁路、邮政服务等，都需要与电子商务相适应和配套，否则电子商务只不过是空谈。这就说明，在市场经济领域内，市场经济主体的自由其实是通过基础设施服务加以保障和实现的。市场自由的实际边界，即市场主体能够获得的实际自由空间完全取决于基础设施服务供给水平。试想在没有基础电信和交通基础设施的地区，电子商务又如何能够开展？

而谈到基础设施服务的供给保障就必须同时回到经济基本规律上来。市场经济中基础设施行业有自身特点，其往往投资数额巨大，资本回收速度慢，同时经营者还要承担繁重的日常维护责任与成本。这其中决定着基础设施服务企业生存的关键在于经济学上所言的规模效应。任何生产都是有成本的，因此企业要达到盈利，就必须使销售收入大于生产成本；而企业生产经营中某些固定成本是无法改变的，如税收成本，所以从整体上看企业生产的单位产品或服务越多，摊薄到单个产品或服务中的固定成本就越少，企业的盈利率就越高。随之而来的是市场中的规模经济效应，即当企业的产量规模达到一定水平后，由于各生产要素的有机结合产生了聚合效果，导致产品与服务的平均成本呈现下降趋势。因此，随着经济的发展和社会经济对于基础设施服务需求的增长，一个普遍的现象是，在西欧等国家基础设施行业逐渐开始国有化，代表性的国家有德国、法国等。究其根本原因在于经济发展的规律性。也就是说，只有国家才有足够的财力承担基础设施建设所需要的资金成本和维护成本，同时也只有通过国家的行政手段才能够使国内的基础设施行业形成规模效应。

而当基础设施行业成为国有产业，由国家控制基础设施的全领域的时候，国家作为维护公民利益的机构性属性就决定了在宪法等根本性文件中应当明确国家对于公民和市场所承担的基础设施服务供给保障责任。最为典型的依旧是西欧如德国等国家。德国《基本法》明确了国家对于邮政、电信、铁路等领域的基础设施服务供给保障责任。同时还表明，市场手段是国家基础设施服务供给保障的有效方式。因此，实现了国家垄断和市场开放之间在宪法文本层面的协调。

在中国，虽然我们的宪法和法律并没有明确国家的基础设施服务供给保障责任，但是通观《宪法》，能够发现，在相应的条文中蕴涵着类似的内容。首先，我国的基础设施行业结构基本为国有或国有控股，这一经济基础属性决定了国家的供给保障责任，也就是说，除国家之外（尽管我们也在开放基础设施服务市场），没有其他市场主体能够提供相关服务供给。此外，我国的社会主义性质决定了，对于公民和市场经济发展的保障义务中同时包含基础设施服务。为此，中共十八届三中全会通过的《中共中央关于全面深化改革若干重大问题的决定》指出，作为改革的方向，"政府的职责和作用主要是保持宏观经济稳定，加强和优化公共服务，保障公平竞争，加强市场监管，维护市场秩序，推动可持续发展，促进共同富裕，弥补市场失灵"。这一论断明晰了基础设施服务改革的要求。同时，有关改革路径的顶层设计中将市场化作为完善基础设施服务供给、优化资源配置的主要手段。而随着研究的深入，我们能够逐渐发现，在基础设施服务行业的市场化改革中，市场与政府的功能边界并非泾渭分明，二者在改革的过程中有着紧密的联系。市场职能在于资源的优化配置，政府则承担着市场的培育和引导、规则的制定以及基础设施服务托底保障等多元化的责任。总结现有经济发展政策可见，基础设施服务市场化改革的基本思路在于，放开过去由国有企业垄断经营的电力、铁路、电信等行业，通过所有制的多元化（如混合所有制）以及市场竞争主体的培育，逐步实现市场竞争，通过竞争手段实现资源配置的合理性，并使产品和服务价格能够真正反映市场供求关系和资源的实际价值。同时，转变政府传统意义上的市场监管职能，实现市场经济的法治化，以及经济发展与环境保护的和谐统一。同时，逐步开放传统意义上由政府负责的教育、医疗等社会保障服务，通过鼓励民办教育和医疗机构扩大整体市场规模，以此满足国民对教育、医疗日渐增长的差异性服务需求。国家和政府通过建立市场准入和市场主体责任规范，通过法律手段维护市场的稳定运行与秩序。长期以来我国基础设施服务领域，特别是与国民经济相关的普遍服务，一直为国有企业垄断经营。企业产品和服务价格更多的是依照国民经济整体发展的需要而非依照市场供求关系而制定。以电力供应价格为例，我国各省电力过网服务价格和零售价格依然是政府依照企业成本，参考社会经济发展需要审核计算的。该价格从根本上不能够及时反映电力市场中的供求关系，也不能够在反映能源稀缺性的基础上建立环境补偿机制。一旦产品价格无法反映其真实价值，市场也就很难通过价格合理配置资源。而市场的开放就是为了培育多元化的市场主体，通过市场主体之间的公平竞争使得基础设施服务价格能够反映市场供求关系，并由此合理地配置资源。而对于社会保障类服务，改革的方向是进一步打破行政权力的约束，以利于社会资本进入。通过多元化的保障，满足社会对教育、医疗服务的多样化需求。

而依照宪法和法律，国家对于基础设施服务的供给保障责任除了直接供给保障之外，随着市场的开放，还包含以下主要内容。

（一）市场的培育者

封闭市场的开放首先来自政策的转变。从20世纪70年代开始，以英国为代表的西方国家开始了一系列国有垄断行业的市场化变革。随着电力、电信、邮政、铁路等基础设施服务市场的开放，政府逐渐和企业一起实现了转型。总结其成果可以发现，市场的开放和市场竞争主体的多元化减轻了政府对于基础设施投资的压力，同时，投资主体的多元化满足了市场对于基础设施服务供给的需求；政府从直接管理企业过渡到通过制定市场准入标准、运行规则和退出机制等法律规范约束企业行为，通过建立健全市场的安全运行制度保证市场的稳定和安全。

中共关于基础设施服务市场化转变的有关文件正是借鉴了西方国家垄断行业的市场开放经验。[①] 由此，在市场化进程中政府的首要职责是处理好与企业之间的关系，政企应当分开。这样，无论企业是否为政府所有，在市场中都应当是独立的法人实体，并不享有法律规定以外的任何特权。企业并不能够因为所有权的特定性而获得政府在金融、财税、市场监管等方面的特殊或优惠待遇。换句话说，如果政府制定了针对基础设施服务企业的优惠政策，则有关政策应当惠及市场中任何主体，而不能因为企业的地域性或产权结构的不同而形成歧视性待遇差别。实现了市场主体间的无差别待遇，在微观经济层面才能够保证市场主体间竞争的公平性，也才能够促使企业通过促进生产效率的提高和生产技术的进步推动经济效益的增长，而非依赖于来自政府财政或其他方面的支持。在宏观经济层面，随着竞争的公平，必然促进更多市场主体的参与。多元化的竞争必然进一步推动生产效率的提高，从而推动行业生产率的发展，并最终使消费者获益。因此，政府在制定有关基础设施服务市场开放的政策过程中应当首先处理好政策的公平性问题，其核心即在于鼓励投资的多元化和市场主体的多元

---

① 就以电力行业为例，2002年中央政府已经制定了参照英国等西方国家市场化改革的《电力体制改革方案》，明确走市场化的道路。

化,以促进在公平市场竞争环境中市场主体能够发挥能动性,推动社会生产力的进步。

(二) 市场的监管者

市场本身不是万能的。市场的瓶颈在于,任何市场主体的存在及其行为目的都在于获取经济利润的最大化。单纯依靠市场主体的自律并不能够有效保护公共利益和市场竞争的公平。在缺乏有效监管的情况下,市场必然形成垄断并隔绝新的市场进入者。为此,需要通过法律手段进行干预,保障消费者的利益和市场竞争的公平。这里面有三方面的内容:第一,市场经济本身是法治经济。只有在市场法律规范完善的情况下,才能实现市场竞争的公平,从而保证资源配置的合理。为此,对于市场的准入条件、市场主体资格、供应义务、市场主体间的法律关系和法律责任等关系到市场运营稳定和竞争公平的制度规则,需要在民主决策的基础上由政府制定具体规范,以保护企业投资的积极性并尽可能地保护消费者的利益。第二,要尊重经济规律。由于基础设施服务的特殊性,企业投资往往数额巨大,同时有关价格对于国民经济和国民生活水平又产生着重要的影响,市场运行规则必须尊重经济规律,以达到维护国民经济长远发展和保护消费者实际利益的动态平衡。第三,市场的监管需要专业化和高效率。为了保证基础设施服务的安全和有效供给,必须有专门的管理机构分别对不同类型的服务加以管理。而由于基础设施服务的特性也要求市场管理者必须具有专业管理知识。而所谓高效,即用相对最低的行政成本实现市场监管的目标。这就要求市场监管主体之间必须通过制度创新,进行有效的协作,以保障行政成本的高效性。为此就需要对传统的市场监管模式进行改革,打破过去条块分割的管理模式。

(三) 市场的引导者

市场的失效表现在两个方面:第一,自然垄断导致市场竞争的匮乏。自然垄断是指由于行业的物理特性而形成的垄断。其特征在于任何重复性投资在经济上都是低效的,因而在单一区域内由单一企业垄断经营的经济效率最优。通常网络行业,如电网、电信网络、天然气管道和铁路等都属于自然垄断。自然垄断导致市场竞争主体很难获得等同于与垄断企业关联的企业相同的网络服务,因为在缺乏法律规范约束的情况下,自然垄断企业可以利用自身的垄断优势，通过对外提升服务价格或对特定企业降低服务价格进行变相补贴的方式影响非关联企业的服务生产成本，从而达到隔绝非关联企业进入市场、缓解市场竞争的目的。第二，市场主体的逐利性使得基础设施服务供给存在不平衡。这一不平衡性主要反映在地域差距和供求关系方面。在市场经济条件下，出于供给成本的考虑，基础设施服务的供给将会在核心城市范围内得到富集。一旦市场充分开放，经济成本的因素将推动市场主体向供给成本较低的核心城市转移，而供给成本较高的地区（如广大农村地区）将很难吸引有关服务和投资，最终结果将导致地域差距的加大并严重影响经济欠发达地区民众的生活水平。以供电服务为例，影响其成本的主要因素包括地质条件、电源输送距离和供电区域人口密度等方面。而上述因素直接决定了我国电力零售价格上的不平衡。在有些经济发达的城市，由于城市人口密度高，地质条件较好，供电价格甚至低于周边人口密度较小的省市和城镇。最终结果是有些经济收入高的大城市人口用电价格反而低于经济收入相对较低的乡镇人口；电力价格形成严重的倒挂和扭曲，也严重影响了经济欠发达地区居民的生活水平。

针对上述市场失效问题，政府的职责在于，一方面要通过立法确定市场开放、公平竞争的经济行为准则。加强执法，确保法律所保护的社会经济利益和消费者权益得到尊重。通过法律手段要求自然垄断企业开放网络服务，并且要求其保证服务的公平与价格的合理。在此基础之上，积极推进市场竞争和有关规范的完善。另一方面要通过制定鼓励投资政策，引导和推动社会投资基础设施服务，通过财政、金融、税收等杠杆指引投资方向，以保证社会投资基础设施服务的热情，积极引导社会投资于城乡接合部以及欠发达地区。

（四）托底基础设施服务保障

基础设施服务市场开放的过程中，虽然能够通过投资主体的多元化减轻政府投资压力，并通过市场竞争有效降低服务成本和价格，使消费者受益，但是在市场资源相对薄弱的地区，必须由政府承担起基础设施服务的托底保障责任。市场主体，包括投资主体的经济行为在市场竞争中的存在是以商业利润为前提的。其结果必然形成基础设施服务供应中的"黑洞"。即在自然地理条件相对艰苦、经济发展相对落后的地区，很难实现基础设施服务供应的市场化。这些区域内必须由政府直接或间接承担基础设施服务的基本供应责任。例如，为西藏和新疆的边远山区供电和保障当地的通信服务等。只有在政府承担起基础设施服务的托底保障职能之后，才能保证当地的经济发展和人民生活水平的提高。对于这些区域内的基础设施服务供应，政府要么采用补贴企业的间接方式，要么直接承担设备和设施的投资，以此保证基础设施服务供应的实现。

## 五、企业在市场经济中的自由和政府的简政放权

在市场当中，作为个体的自然人虽然依照宪法和法律拥有了从事经济活动的自由和基本的民事权利能力，但是，由于经济活动的复杂性，个体自然人难以实现诸多的经济目标。为此，需要一种能够将公民集合在一起的授权机制，或者对于在经济活动中通过公民个人以及个人财产相结合的形式给予宪法和法律上的合法地位。以上便是企业出现之后在法治领域需要解决的问题。我们知道，企业的形成或者产生是为了实现特定的目标，但是在宪法当中，企业产生和存在的依据却并非基于公民的个体经济自由权利。当然我们可以说，公民有结合在一起的自由，以人或物为纽带，实现共同的经营目标。但是，在宪法权利上，以上行为被归属于公民的结社权，即人与人之间的联合。既然通过人与人之间的联合能够形成并克服单独个体经济的缺陷，并达成个人所无法达成的经济目标，在市场当中，相关的宪法权利就显得尤为珍贵。而对于公民的经济利益而言，相关的授权同样意味着公民经济权能的扩展。同时，政府出于市场管理的目的，必须对公民在经济领域的集合进行管理。顺此逻辑，商事法律，即规范企业成立、存续、消亡的法律规范，就是建立在宪法中规范公民结社权利的基础之上的。

既然市场经济当中公民的经济行为是受到法律保障和规范的自由的，那么，同样依照宪法，公民的集合即结社后的公民群体也应当享有受到法律保障和规范的经济自由。只不过这个时候我们需要明白，既然公民的集合实现了对于单个公民经济能力局限的突破，那么也可能由于公民集合经济能力过强而对市场产生更大的破坏作用。所以，有关的法律约束应当超出单纯民事的范畴，以保护市场的安全和稳定。此时，商事立法就表现出超越民事立法的规范性作用。比如，同样对于购买合同而言，民事主体可以在不违法的前提下自由订立合同选择购买与否；商事主体则必须首先符合商事规定如公司的成立条件等，之后方能够与交易对方缔结买卖合同。政府对于市场环境当中的公民集合的约束即对于商事主体（企业）的特殊规范和监督成为市场经济发展的必然要求。

不过，随着市场经济的变化，政府未必能够及时跟进，形成同时衍变的高效的对应措施；其结果是行政管理的累加而非简单化。例如在改革开放初期，农贸市场中出售农副产品仅仅需要接受工商管理监督，更多的是维护交易的公平性，即不要出现缺斤少两的现象。但是随着社会经济的发展，如今的农贸市场则需要接受来自工商、食安、税务、城管、环保等方面的行政管理。层层叠加的管理方式必然造成人为的行政成本提高和管理成本增加，也必然进一步弱化市场主体（企业）的商业原动力。因此，经济发展到一定时期，需要不断进行配套性市场行政管理改革即通过"简政放权"的方式释放市场主体的活力，推动企业数量和经济能力的增长。目的正如《国务院关于在全国推开"证照分离"改革的通知》（国发〔2018〕35号）和《国务院办公厅关于进一步压缩企业开办时间的意见》（国办发〔2018〕32号）中明确的，进一步厘清政府与市场关系，全面改革审批方式，精简涉企证照，加强事中事后综合监管，创新政府管理方式，进一步营造稳定、公平、透明、可预期的市场准入环境，充分释放市场活力，推动经济高质量发展。

即此，简政放权在市场经济中的作用和目的就在于，在更大范围、更深层次，以更有力的举措推进简政放权、放管结合、优化服务改革，使市场在资源配置中起决定性作用和更好地发挥政府的作用，破除制约企业和群众办事创业的体制机制障碍，着力降低制度性交易成本，优化营商环境，激发市场活力和社会创造力，与大众创业、万众创新和发展壮大新经济紧密结合起来，进一步形成经济增长内生动力，促进经济社会持续健康发展。① 依照《国务院2016年推进简政放权放管结合优化服务改革工作要点》，市场经济领域内的简政放权包括：①继续深化行政审批改革。继续加大放权力度，把该放的权力放出去，能取消的要尽量取消，直接放给市场和社会。2016年要再取消50项以上国务院部门行政审批事项和中央指定地方实施的行政审批事项，再取消一批国务院部门行政审批中介服务事项，削减一批生产许可证、经营许可证。对确需下放给基层的审批事项，要在人才、经费、技术、装备等方面予以保障，确保基层接得住、管得好。对相同、相近或相关联的审批事项，要一并取消或下放，提高放权的协同性、联动性。对确需保留的行政审批事项，要统一审批标准，简化审批手续，规范审批流程。所有行政审批事项都要严格按法定时限做到

---

① 《国务院关于印发2016年推进简政放权放管结合优化服务改革工作要点的通知》（国发〔2016〕30号）。

"零超时"。继续开展相对集中行政许可权改革试点,推广地方实施综合审批的经验。②深入推进投资审批改革。进一步扩大企业自主权,再修订政府核准的投资项目目录,中央政府层面核准的企业投资项目削减比例累计达到原总量的90%以上。出台《企业投资项目核准和备案管理条例》。制定中央预算内投资审批制度改革方案。出台整合规范投资建设项目报建审批事项实施方案。保留的投资项目审批事项要全部纳入全国统一的投资项目在线审批监管平台,实行"一站式"网上审批,大幅缩短审批流程和审批时间,推进投资审批提速。③扎实做好职业资格改革。再取消一批职业资格许可和认定事项,国务院部门设置的职业资格削减比例达到原总量的70%以上。全面清理名目繁多的各种行业准入证、上岗证等,不合理的要坚决取消或整合。建立国家职业资格目录清单管理制度,清单之外一律不得开展职业资格许可和认定工作,清单之内除准入类职业资格外一律不得与就业创业挂钩。严肃查处职业资格"挂证""助考"等行为,严格落实考培分离。④持续推进商事制度改革。进一步放宽市场准入,继续大力削减工商登记前置审批事项,2016年再取消三分之一,削减比例达到原总量的90%以上,同步取消后置审批事项50项以上。在全面实施企业"三证合一"基础上,再整合社会保险登记证和统计登记证,实现"五证合一、一照一码",降低创业准入的制度成本。扩大"三证合一"覆盖面,推进整合个体工商户营业执照和税务登记证,实现只需填写"一张表"、向"一个窗口"提交"一套材料",即可办理工商及税务登记。加快推进工商登记全程电子化、名称登记、放宽住所条件、简易注销登记等改革试点。加快推行电子营业执照。抓好"证照分离"改革试点,切实减少各种不必要的证,解决企业"准入不准营"的问题,尽快总结形成可复制、可推广的经验。⑤积极开展收费清理改革和监督检查。严格落实已出台的各项收费清理政策,防止反弹或变相收费。全面清理和整合规范各类认证、评估、检查、检测等中介服务,有效解决评审评估事项多、耗时长、费用高等问题。重点整治各种涉企乱收费,完善涉企收费监督检查制度,强化举报、查处和问责机制。组织对涉企收费专项监督检查,切实减轻企业负担。⑥以政务公开推动简政放权。以更大力度推进政务公开,让人民群众和企业了解放权情况、监督放权进程、评价放权效果,做到权力公开透明、群众明白办事。全面公布地方各级政府部门权力清单和责任清单。抓紧制定国务院试点部门权力清单和责任清单;在部分地区试点市场准入负面清单制度,进一步压缩负面清单;加快编制行政事业性收费、政府定价或指导价经营服务性收费、政府性基金、国家职业资格、基本公共服务事项等各方面清单，并及时主动向社会公开。坚持"公开为常态，不公开为例外"，全面推进决策、执行、管理、服务、结果公开和重点领域信息公开。落实行政许可、行政处罚等信息自作出行政决定之日起7个工作日内上网公开的要求。加大政府信息数据开放力度，除涉及国家安全、商业秘密、个人隐私的外，都应向社会开放。及时公开突发敏感事件处置信息，回应社会关切。⑦推进综合监管。按照权责一致原则，继续推进市县两级市场监管领域综合行政执法改革，强化基层监管力量，落实相关领域综合执法机构监管责任。建立健全跨部门、跨区域执法联动响应和协作机制，实现违法线索互联、监管标准互通、处理结果互认，消除监管盲点，降低执法成本。加强行业自律，鼓励社会公众参与市场监管，发挥媒体监督作用，充分发挥社会力量在强化市场监管中的作用。⑧促进各类市场主体公平竞争。要在同规则、同待遇、降门槛上下功夫，做到凡是法律法规未明确禁止的，一律允许各类市场主体进入；凡是已向外资开放或承诺开放的领域，一律向民间资本开放；凡是影响民间资本公平进入和竞争的各种障碍，一律予以清除。研究制定促进民间投资的配套政策和实施细则，在试点基础上，抓紧建立行业准入负面清单制度，破除民间投资进入电力、电信、交通、石油、天然气、市政公用、养老、医药、教育等领域的不合理限制和隐性壁垒，坚决取消对民间资本单独设置的附加条件和歧视性条款。加快建设统一开放、竞争有序的市场体系，打破地方保护。组织实施公平竞争审查制度。依法严厉打击侵犯知识产权、制售假冒伪劣商品等行为，完善知识产权保护措施，防止劣币驱逐良币，营造诚实守信、公平竞争的市场环境。⑨提高政务服务效率。大力推行"互联网+政务服务"，推进实体政务大厅向网上办事大厅延伸，打造政务服务"一张网"，简化服务流程，创新服务方式，对企业和群众办事实行"一口受理"、全程服务。抓紧制定政府部门间数据信息共享实施方案，明确共享平台、标准、目录、管理、责任等要求，打破"信息孤岛"和数据壁垒，实现数据信息互联互通和充分共享，建设高效运行的服务型政府。坚决取消各种不必要的证明和手续，让企业和群众办事更方便、更快捷、更有效率。⑩加快推动形成更有吸引力的国际化、法治化、便利化营商环境。围绕企业申请开办时间压缩了多少、投资项目审批提速了多少、群众办事方便了多少等，提出明确的量化指标，制定具体方案并组织实施。以硬性指标约束倒逼减环节、优流程、压时限、提效率，激发改革动力，增强改革实效。⑪提高公共（基础设施）服务供给效率。坚持普惠性、保基本、均等化、可持续的方向，加快完善基本公共（基础设施）

服务体系。创新机制，推广政府和社会资本合作模式，调动社会各方面积极性，增加基本公共服务。大幅放开服务业市场，促进民办教育、医疗、养老、健身等服务业和文化体育等产业健康发展，多渠道提高公共服务共建能力和共享水平，满足群众多层次、多样化公共（基础设施）服务需求。

## 六、基础设施服务的市场化改革实证——电力

早在2002年2月10日，国务院通过颁布《电力体制改革方案》明确了中国电力行业改革的基本原则。依照该方案的规定，我国电力行业改革的基本原则是"厂网分开，竞价上网，输配分开，主辅分开，逐步开放电力销售市场"。这其中"厂网分开"是指电力生产单位（电厂）应当与电力输送单位（电网）相分离。同样，即便部分电网由于维护安全运营的需要，需要保留部分内部并联电厂，电网与电厂之间也应当在财务账目上、经营管理上、人员配置上实现相互的独立。"竞价上网"是指已经从电网单位独立出来的电厂，应当参与市场竞争，通过竞价的形式向电网企业提供电力产品。而市场竞争的结果是电力产品趸购的价格标准将依照电网企业所购买的电量加以计算（即所谓的电量电价）。"输配分开"是指输电电网运营单位逐步与配电电网运营单位分开，形成二者在人员、管理、财务等方面的独立。其核心目的在于通过建立独立运营的配电电网运营单位，为电力市场竞争、开放电力销售市场打下基础。"主辅分开"是指电网运营单位应当出售非核心业务，同时将部分所属事业单位从企业中分离出去，从而将企业打造成为业务专一的电力企业。最终，改革的目的是要实现电力产品零售市场的开放，消费者可以在市场当中选择供电单位，市场中供电价格通过市场竞争模式得以实现。应当说，2002年国务院电力体制改革方案借鉴了西方发达国家电力行业改革的经验，所追求的目标即市场化的电力供应实际上和先进的国际经验相一致，但是在具体落实的过程中却留下了诸多的遗憾。

首先是电网的不完整性。由于当时的电力行业体制改革存在"妥协"的因素，所以在全国范围内并没有建立起一张完整、统一的电网。而依照经济学原理，对于属于自然垄断性质的电网企业而言，无疑电网数量越少，企业的生产效率越高。同时应当看到我国电网结构的复杂性，所有权纷繁复杂的电网无疑为接下来的电力体制改革制造了困难和障碍。

其次，竞价上网并未实现。一些地区在供电高峰季节不得不采取拉闸

限电的方式；同时，由于节能减排的压力造成火电特别是煤电生产的减排压力非常巨大，这又转过头来影响到了整体上的电力供应。在供需不平衡的前提下，竞价上网机制始终没有实现。

再次，输配分开和主辅分开以及开放零售市场同样没有实现。由于电力行业特别是供电企业最主要的利润来源于经济发达城市配电电网对于电力零售市场的垄断，为了能够保障电力行业整体上的平衡，以及补贴农业地区的农网运营成本，国务院电力体制改革方案中规定的输配分开、主辅分开，以及开放零售市场等目标很难在现有行业和企业结构中得以实现，其中最具标志性的例子就是南方电网上市问题。原本南方电网公司希望通过上市的方式实现融资渠道的多元化，更好地利用资本市场，实现企业的发展。但是，依照《中华人民共和国证券法》的要求以及投资者对上市企业的期望，南方电网一旦计划上市就要面临着一项两难的选择：要么先改组剥离非核心业务，然后再上市；要么先上市，然后再进行改组。而当公司首先选择进行上市，那么市场必然要求公司在上市之前实现公司结构最优化，与公司核心业务无关的其他业务必须首先剥离。换句话说，剥离非核心业务是上市的前提。但是，当剥离电网非核心业务成为改革的第一步时，这就将产生更大的麻烦。诚然，南方电网所经营的诸如酒店或医院等产业均为电网运营单位的非核心业务，可以直接将其从公司核心业务中剥离。但是其他业务，比如电网设计维修等部门，一旦将其从核心业务中剥离，必然直接受到来自职工方面的反对。而这一类业务的收益反而不如酒店或医院的营业收益，对于金融市场中的投资者而言，则更倾向于剥离这些非营利性的业务，其结果是公司结构的重组很可能达不到政策制定时所期望达到的结果，反而背道而驰。

应当肯定的是，2002年国务院制定的电力体制改革方案从根本上与国际先进国家电力行业改革的经验相一致，也符合破除电力市场垄断，通过竞争方式提升电力行业生产效率，从而降低电力价格，保护消费者权益的根本经济规律。但是，之所以改革希望实现的目标没有能够在过去的近二十年得以实现，一方面是因为中国电力市场和电力行业改革本身的复杂性；另一方面，笔者认为是由于在改革初期，政策制定者对于电力供应作为普遍服务的法律性质并没有通过有关政策和法规加以明确，因此导致改革失去了着力点：既希望市场开放形成竞争和生产效率提高的良性循环，又害怕开放市场无法保障供电服务的质量和价格，无法实现改革的核心目的。因此，有必要将电力供应作为法律意义上普遍服务的根本属性加以阐释，从而能够更好地解释我国电力体制改革方案的核心内容，促进电力行业的改革。同时，电力行业的改革也能够为其他国有垄断经营的普遍服务行业，如铁路、邮政等，提供改革的经验和借鉴。

(一) 普遍服务的概念和法律特性

普遍服务（universal service）是宪法和经济法学当中的一个重要概念。在诸多西方发达国家的宪法和经济法条文当中，比如德国《基本法》187条和欧盟法令2003/54/EC引言第24款，都对普遍服务做出了规定。同时，普遍服务的概念还与国际人权法律相关联，比如欧盟宪章第6条第2款。其核心在于，公民对于普遍服务享有获得宪法和法律保障的权利，而该权利是人权的必要组成部分。换言之，在欧盟内部，所谓的人权其实是有具体内容的：在能源经济领域是公民享受廉价电力供应服务的权利。在我国，普遍服务的概念已经应用到我国行政法和有关经济部门法律当中。在《中华人民共和国行政许可法》和《中华人民共和国邮政法》当中，都直接采用了普遍服务的概念。值得注意的是，无论我国国内法还是西方国家的宪法和有关人权公约，都没有对"普遍服务"的概念加以解释和明晰。学术界只是对普遍服务在现实生活中的特性加以总结。根据国外学者的总结，一般来说，普遍服务是那些与公民生活息息相关的服务的总称，这些服务直接决定着现代生活中公民的生活质量和水平。具体而言，供电、供水、邮政、铁路、电信等均属于普遍服务的范畴。而对于同样覆盖了绝大多数人群的某些特性化社会服务，如有线电视、社会保险等，是否也属于普遍服务的范畴，学术界还有不同的看法。而通过对上述普遍服务的经济特性加以分析我们可以发现，在现实经济生活中，公众更倾向于直接购买该普遍服务本身而不是购买能够提供该服务的设备或设施。也就是说，普遍服务应当在经济学上具有大众性和一定的经济合理性。同时，普遍服务供应本身不包括只针对特定人群的社会性服务，比如教育和医疗，也不包括由其他经济法律加以调整的社会服务，如垃圾回收（该服务将依照可循环经济法加以调整）。对于电力供应而言，应当说，在经济发展的今天，公民对电力供应服务的需求其实就如同对粮食、饮用水等供应的需求一般，必不可少。而电力供应的质量水平和绝对供电量直接决定了某个社会经济环境中公民的生活水平和质量。因此，电力供应作为重要的普遍服务，无论在法理上还是在实践当中都是毫无争议的。

综上所述，普遍服务的法律特征包括以下五个方面：①主体的职能性。提供普遍服务的主体承担着某种特定的经济职能，这一经济职能直接决定着享受普遍服务居民的生活水平和质量,影响着当地的经济生活水平。而有关法律本身并不排除私有经济参与普遍服务的供应。同时,市场中是否存在竞争直接影响到普遍服务供应的供应方式和价格形成机制,而不应当对服务的质量品质产生负面影响。②服务对象的普遍性。只要在当地居住生活就应当依法被赋予要求接受普遍服务的权利。这一权利受到宪法和法律的保护。同时,出于对人权的保障,政府应当保证公民获得基本的普遍服务供应,以保证其基本生活品质。③服务的标准性。由于普遍服务供应直接决定当地居民的生活水平和质量,因此,法律应当对于普遍服务供应的质量标准做出明确的规定。对于电力供应而言,供电的质量标准将依照电力的物理特质加以规定。进入供电市场当中的市场主体,都应当遵守这一法定标准。④服务价格的法定性。由于普遍服务水平直接决定了居民的生活水平和质量,为了保障绝大多数人的生活水平和实际利益,必须由法律对普遍服务价格加以规范,从而保证普遍服务本身的社会经济和理性。对于电力行业而言,过高或过低的供电价格都不利于行业的发展和维护消费者的权利。因此,只有通过法定的方式才能保证供电价格的稳定和合理。⑤服务行为的规范性。由于普遍服务的上述特征,必须由法律对普遍服务的供应、保证、质量和计量标准、法律责任等问题系统明确地加以规范。对于不同类型的普遍服务,尽管相互之间存在着法律规制的共通点,应当分别有不同的规制法律加以规范和约束。

## (二) 普遍服务与社会主义市场经济之间的关系

从普遍服务的属性中我们可以看到,普遍服务具有十分明显的社会属性,同时包含着重要的社会职能。对于普遍服务的规范应当结合市场经济的社会属性加以确立,这里面既要通过创造市场竞争的方式完善普遍服务价格的形成机制并提升其经济效率和理性,同时又要由社会管理的主体——政府保障普遍服务在充满竞争的市场当中的充分供应,且公民获得普遍服务的权利不会因为市场竞争的逐利性受到损害。因此,规范普遍服务的相关法律制度应当是对于普遍服务供应保障和创造、促进市场竞争二者之间关系的协调和优化。

### 1. 普遍服务价格的形成

普遍服务的供应水平以及公民享受普遍服务供应的水平与质量是由普遍服务的价格所决定的。从根本上看,由于普遍服务水平与公民的生活水平息息相关,这就决定了普遍服务的价格应当在经济上具有充分的合理性。这一经济上的合理性的前提是，提供普遍服务的公用事业（企业或单位）应当具有与社会经济发展水平相一致的生产效率。从而，无论价格的形成是通过外在的市场竞争或者政府行政命令的方式决定，普遍服务的供应价格都应当建立在合理的企业生产成本基础之上。同时应当看到，无论市场竞争还是政府行政命令（直接定价），都应当完全保证普遍服务价格的合理性和稳定性；其区别主要是实现目的的途径和手段。同时，二者都应当能够通过提升企业生产效率的方式，达到降低普遍服务价格的目的。只不过，市场竞争不需要政府的参与，而政府的规制行为往往存在于缺乏竞争的市场当中。这样，最终的判断普遍服务价格形成机制效率的标准就转化为：是否有利于普遍服务供应水平的提升，是否有利于普遍服务供应的保障，是否有利于普遍服务价格的长期稳定。片面地强调市场或者政府的作用本身反而不利于实现保障普遍服务供应的目的。

在中国，中央政府在学习国际先进经验的基础上同样采用了开放市场的手段，通过市场竞争满足消费者对于普遍服务的需求。比如在电力供应领域，中央政策性文件所确定的"厂网分开，输配分开，主辅分开，逐步开放电力零售市场"的决定与国际经验在实际内容上完全一致。从根本上能够解决政府职能过多过全、普遍服务成本过高，以及政企不分的问题。从根本上看，规范普遍服务的相关法律制度应当在保障普遍服务供应和创造、促进市场竞争之间形成利益价值的协调与优化。

2. 政府的职责与职能

如前所述，普遍服务和公民生活水平之间有着密不可分的直接联系。这样，保障市场当中的普遍服务供应，从而保障公民的生活质量水平就成为政府的职责和法律责任。同时，当市场机制失效的时候，政府应当直接通过行政手段达到保证普遍服务和服务价格稳定的目标。因为市场风险始终存在，所以政府的保障职能也就应当始终存在于社会当中。这既是政府社会管理职能的体现，也是社会法律和经济法律的要求，并且与中国的社会主义市场经济理论是吻合的。

3. 国有企业的特殊作用

普遍服务的供应本身是政府的职能，但不是由政府直接实现的。换句话说，政府本身不能够提供普遍服务，而是通过某种手段达到保证普遍服务供应的效果。而国有企业恰恰是政府保证普遍服务供应的最好手段。由于国有企业本身所有权的特殊性，由国有企业承担特定的社会责任，保障社会经济的安全稳定和消费者获得普遍服务权利的实现，既符合宪法和法律的要求，也具有实际可操作性。

此外，应当看到，普遍服务供应者的所有权性质与市场竞争水平和服务生产效率提升之间没有直接关联。以市场开放程度最大的北欧电力市场改革为例。政府原本希望通过实行私有化促进当地电力生产和供应的发展，但是，其结果反而是促使北欧电力市场向着大型私有化企业集中和垄断的方向发展。私有化进程非但没有促进电力供应水平的提升和价格的下降，反而进一步提高了电力价格，强化了私营企业对市场的控制力。通过对北欧电力市场改革的分析，我们可以得出以下结论：提供普遍服务的企业的所有权结构与市场开放程度和市场竞争水平无关，而仅仅与政府保障普遍服务的手段有关。

当然，国有企业同样具有自身在经济领域的缺陷，因此必须由政府对国有企业的经济行为加以规范和管理，从而激励企业提升生产效率，降低服务成本和价格，从根本上满足消费者对普遍服务的需求。

（三）普遍服务市场开放的前提

由于普遍服务对于社会经济有着重要的影响，在通常情况下，出于对公民权利的保护和维护法律规范的统一，必须由宪法或法律对普遍服务的供应加以规定。我国宪法对于社会主义市场经济的规定其实已经暗含对普遍服务供应保障的义务，因为市场经济建立的根本目的是服务于提高人民生活水平的。但是在我国法律规范体系当中，则明显缺乏对普遍服务的实质性规定。到目前为止，只有邮政服务得到了法律上的认可，成为严格意义上的法定的普遍服务，其他如供电、供水、通信、铁路等普遍服务的法律性质尚未得到法律的认可。从另外一个角度看，这同时导致了在市场经济中法律对于有关政府责任和经济活动加以规范作用的缺失。应当注意到，在经济运行过程中，市场的开放和竞争的实现是以企业能够获得经济利益为前提的。换句话说，只有当市场当中存在经济利益时，才会存在互相竞争的市场主体（企业）。没有经济收益的市场就没有市场竞争。如前所述，为了保障全民对于普遍服务供应所享有的平等的法律权利，政府有义务对开放性市场中缺乏供应者的区域提供普遍服务保障；这一保障是通过国有企业加以实现的。由此可见，只有当法律和法规将政府保障普遍服务供应的义务加以明确，才能够从根本上避免市场开放所造成的服务供应风险。

## （四）现实经济结构对我国普遍服务的影响

正是由于竞争只存在于可获利的市场当中，对于不可能产生经济利润的地区，应当依法由政府保障当地普遍服务的供应。但是，对于实现政府职能的国有企业而言，不能够产生经济利润区域内的服务供应同样意味着经济上的直接损失。而唯一能够弥补上述亏损的只有国有企业在其他地域零售市场中实现的垄断利润。盲目或者过快开放普遍服务零售市场就意味着市场竞争仅仅会快速集中于特定的经济发达地区；在无法实现商业利润的广大区域，市场开放不仅不会创造可能的竞争性的市场主体，反而会因为国有企业失去了零售市场中的垄断利润而导致当地普遍服务供应的不足或者服务质量的下降。最终，仓促开放普遍服务零售市场将意味着伴随普遍服务供应水平下降而导致局部地区的公民生活水平的下降。单纯为了开放市场而做出的开放市场的行政决定与中央有关改革方案中真正通过市场竞争完善普遍服务价格形成机制的本意将背道而驰。总之，在真正建立起一整套有法律保障的普遍服务的供应机制之前，应当对市场开放的力度进行调整，以保证各级政府无须过多和过快地承担高成本地区普遍服务的供应义务，也将避免市场开放过快对部分区域内居民生活水平所产生的影响。

## （五）小结

以电力市场改革为例，市场化改革的本意是通过开放普遍服务市场、促进市场竞争以实现提升企业生产效率、降低服务价格的目的，并满足消费者对普遍服务供应的需求。市场化改革既能够实现政府对普遍服务供应的责任，也能够避免国有企业垄断市场所造成的不良经济影响。但是由于普遍服务供应本身的特性，以及我国现有法律制度在对服务供应保障义务规范上的缺失，只有率先在法律上明确规定了政府对于普遍服务（如电力供应）的法定供应保障责任，才能够从根本上避免市场开放过程中可能出现的经济风险，从而维护消费者的经济权益和市场的稳定运行。

# 第二章 基础设施服务领域（宪法）经济自由权利及其限制

## 一、引言

在一个开放、透明、竞争、公平的市场环境当中，从传统市场经济学的角度出发以及从宪法在保障市场经济健康发展的作用出发，市场主体都应当依法享有从事经济活动所必需的如民商事权利在内的自由，同时，政府的市场管理既应当透明也应当尽量减少对市场的干涉。其最终的评价标准是，将市场机制能够决定的所有问题交给市场机制决定，在这一过程中市场和市场主体应当在一种被保护的自由空间内自主实现自身的经济作用。为难的是，当市场机制难以实现对经济健康发展和运行的保证时，政府需要通过积极的介入承担对经济运行的管理和规范职能，以此纠正市场机制的错误。而此时，政府的介入到底是否存在一个边界，即是否能够任由政府行为取代市场；计划经济的重新出现是否存在可能？以此，市场法治（包含宪法）的作用在于确定对市场纠偏的可能，同时避免由此产生的对市场经济的全面否定，以保证市场机制的最终存续。不过现实当中，经济运行并非一定需要出现问题之后才不得不交由政府对市场行为进行纠错；相反，在市场开放之初，即可通过制度的设计授权政府的管理和介入范围，并以此约束市场主体的自由度，以避免市场发展过程中可能产生的问题和困境。

但是，凡事皆有特例。在基础设施服务领域，市场经济机制是不能够被信服地由法律授权承担全部经济发展职能作用的，特别是在定价领域。由于基础设施服务领域投资巨大，因此建立在单纯符合市场经济规律基础之上的服务价格形成机制往往会严重影响到社会公平。依照一般企业成本会计原则，单位产品或服务的成本由生产成本和资本成本决定，因此在提升服务供给数量的过程中，必然要求企业加大资产投资的规模；在金融市场中便转化为企业的融资成本。相反，当市场需求被压制在一定范围内，即企业当前生产规模基础的最优效率生产成本和收益比例之内,则企业将获得最大的(市场)经济利益而减损社会整体经济利益和消费者的生产生活需求(利益)。而既然市场主体依照宪法和法律享有充分的市场经济活动自由,按照道理来说,应当排除外界对权利行使的干扰;外界不得通过任何形式介入市场主体的自由领域,基础设施服务等也概莫能外。因此,如果希望在市场主体尚未出现任何错误就限定他们的权利或者对他们的权利行使进行约束,就必须找到一个合适的理由。最初,在宪法法理上所形成的基本理论是嫁接"公共利益原则"。1994年,英国人奥格斯在他的著作《规制:法律形式与经济学理论》中首次提出了(价格法律规制领域内的)公共利益维护原理。他认为,为了公共利益的维护,国家(政府)应当防止企业权利的滥用,进而达到增进社会分配公平、控制通货膨胀和防止垄断定价等目的。按照奥格斯的阐述,英国的《租赁法》《反通货膨胀法》等法律都存在基于公共利益对于市场化商品服务进行法律规制的作用。不过,"公共利益"理论所存在的问题是:一旦获得宪法和法律上的绝对优先地位,权力则有可能被政府所滥用;进而在缺乏法律的严格规范,特别是程序性规范的情况下,政府更多地会依照自身利益判断"公共利益"的内涵及其优先程度。这正是行政法研究者最为担心的事情,我国基础设施行业内出现的"棘轮效应"正是最好的例证。[1] 同时,又由于我国基础设施领域内国有垄断性的市场和产业格局将进一步加大对政府规制的"俘获"效应,最终在失效的法律规制下出现"Averch-Johnson effect"("阿弗奇-约翰逊效应"),严重阻碍行业服务价格经济合理性的提升,破坏社会经济的公平基础。[2] 因此,在立法上应当明确:价格规制基于市场经济,是对组织外部的资源优化行为,是对非政府资产的支配,而规制者与被规制者之间不是领导和被领导关系。[3] 同时,价格规制不是"价格的计划管理",除非发生战争或严重的自然灾害,不能冻结公用事业价格,更不能动辄对竞争性行业进行限价。[4] 简单来说,价格规制的目标是市场主体之间利益关系的平衡及由此形成的资源配置效率激

---

[1] 参见梁上上《公共利益与利益衡量》,载《政法论坛》2016年第6期。
[2] 参见曾国安、李稷文《市场失效与政府失效的比较研究》,载《湖北经济学院学报》2005年第6期;刘俊颖、刘瑞平、陈晨《目标价格合同激励模式及失效原因探究》,载《国际经济合作》2009年第9期。
[3] 参见[美]萨缪尔森、诺德豪斯著《经济学》(第12版),高鸿业等译,中国发展出版社2005年版,第127页。
[4] 参见荣晨《现代规制理念与我国价格规制现代化》,载《中国经贸导刊》2018年第15期。

励。基础设施服务价格法律规制的公共利益即在于兼顾效率与公平,使消费者以尽可能低的价格获得充足、可靠的服务供应保障。①

实际上,基础设施行业的市场面临着在政策制定过程中的一种双向挑战:传统的国有垄断必然导致的低效和资源配置失效需要通过市场开放加以克服;市场开放本身会形成市场风险和对公民生活水平下降的威胁,因此需要通过法治约束和限制市场主体的(宪法和法律)权利。经济学原理层面对于国有基础设施行业的经济角度的批评是很充分的。依照国内学者的总结,和国际上其他国家的国有垄断基础设施服务企业相比较,我国的国有垄断行业总体盈利水平和行业利润上缴比例偏低。世界银行的研究结果显示,世界16个发达经济体中49家国有基础设施服务供应企业在2000年至2008年间,行业分红比例的平均值为30%~45%。② 而根据国资委公布的数据,2009年中石油、中国移动、中国电信、中国联通和中国石化等利润排名前10的企业利润总额为5306.9亿元,占国资委管理的央企利润总额的73.76%。其中,仅中石油的利润就有1285.6亿元。财政部数据显示,2011年至2013年,国资委所属第一类企业的税后利润占国资委所属央企税后利润的比例在79%以上。这些企业2010年利润上缴比例为10%,2011年起调整为15%。③ 这一问题单纯依靠行政手段是解决不了的,只有通过市场化的方式才能克服。但是反过来看,正是由于目前我国基础设施服务企业的效益低,这些利润才有可能转化为部分企业内部用于对公民日常生活基础设施服务的补贴即企业内部的交叉补贴。单纯希望通过市场化的方式解决企业效率和收益率问题必然直接导致服务价格上涨和对公民日常生活需求的影响。因此,在制度设计过程中,先要找到我国基础设施行业内部存在的问题,在这一基础之上再通过法治的方式贯彻落实相关的改革与完善措施。

## 二、我国基础设施行业内存在的经济问题及表象

因为产权结构和立法过程中的纠结造成了我国基础设施行业内部出现

---

① 参见王喆、丁姿《公共服务供给模式改革的多案例研究——以医疗服务为例》,载《管理评论》2018年第3期。
② 世界银行:《有效约束、充分自主——中国国有企业分红政策进一步改革的方向》,载《比较》2010年第2期。
③ 参见王哲琦、杨兰品《国有垄断行业分配制度中存在的问题、改革障碍及调整对策》,载《经济与管理研究》2014年第1期。

棘轮效应、Averch-Johnson 效应和规制俘获效应。这三种效应本身其实都指向了国有垄断的行业内部问题，因此解决方式绝非单纯的市场化开放股权结构这么简单，而是需要建立一个配套的制度设计篮子。

(一) 棘轮效应

棘轮效应，是指市场经济领域存在的某些习惯形成之后便具有不可逆性，即易于向上调整，而难于向下调整。例如，在短期内消费习惯是不可逆的，并且习惯效应较大。在这一情况当中，个人消费更加倾向取决于相对收入即相对收入高峰而非收入低谷。换句话说，消费者易于随收入的提高而提振消费信心，但是不易在收入降低的时候同时减少消费，产生在经济学描述中的有正截距的短期消费函数。古人云："由俭入奢易，由奢入俭难。"这说的就是棘轮效应在个人消费领域的表现。而对于存在于计划经济体制内的国有企业而言，棘轮效应则转化为一种对于计划经济时代依据本期业绩决定下期计划生产指标的配给模式的状态描述，即在一般经济状态下重复委托代理关系下的动态承诺问题：计划体制中，国有企业的年度生产指标将依照上一年的实际生产水平而做出调整，所以，企业的优秀生产表现反而将由此受到惩罚，即政府将下达更为严苛的生产计划。因此，企业管理者不得不通过隐瞒实际生产情况的方式来减轻生产计划的压力。在这一过程中，跟随企业生产业绩而不断调整并趋向提高的计划被描述为"棘轮效应"。[1] 但是，对于政府而言，棘轮效应则意味着市场经济环境下，政府履行承诺是经济政策有效执行的重要前提。也就是说，在缺乏外界（如法治的）约束的情况下，政府的失信将造成企业的失信，最终引发市场的失信，导致市场效能的衰退。[2]

在经济学领域，无论对于个人、企业，还是对于政府，棘轮效应都是存在的。人毕竟存在共性，因此，无论怎样的机构样式，只要是由人所组成，就必然会受到人类心理的影响和影响的惯性作用。此时，从人类的本性出发，能够形成统括性的答案。棘轮效应所描述的就是一种对于预期的匮乏。也就是大家一定或者必然存在这样一种心理：曾经发生过的事情一定还会发生，不管它是好是坏，一定会对未来的个体选择产生影响而且这

---

[1] J. S. Berliner, *Factory and manager in the Soviet Union*. Cambridge, MA: Harvard University Press, 1957.

[2] Jean-Jacques Laffont, *Regulation and development*. Cambridge, UK and New York: Cambridge University Press, 2005.

一影响是长期的。由于个人可能对未来整体社会市场经济的发展缺乏充分的预期和准备，因此，个人在收入增长的情况下，会适应并盲目地预期自身收入的增长而非相反。在这样的背景下，一旦出现收入与支出之间的不匹配，必然对个体经济利益产生明显的负面影响。而当生产型企业存在于一个能够预测的经济计划体制之内的时候，它必然会对经济管理者的经济计划制定模式进行估算和揣测，尽管企业的微观经济行为并非绝对有益于整体社会经济，但结果可能是企业的经营者会倾向于以进一步维护企业和自身利益的方式"迎合"并"引导"经济制定者的行为。以上两种棘轮效应显示的是作为经济利益的个体存在的能力与心理期待。并非所有人都会预期自己的收入增长或者维持高位稳定，但是，他们必然期望自己的收入增长或者维持高位稳定。我们可以把这种行为视为一种自欺欺人或者自我欺骗。但是，在市场并没有给出一个直接或者绝对的信号的时候，这种预期基于过去的个体经历依然会存在。由此推导出计划经济体制的管理者僵化的行为和管理模式，使得作为被管理者的企业负责人能够很明确地预期经济管理者的心理和行为模式，借此对企业做出行为调整。换言之，在经济管理者丧失了灵活的调整和变通之后，企业负责人与管理者之间的博弈将更加有利于企业负责人一方，因为他们将更加充分地掌握对手的行为模式，并能够很好地预估自身行为对对手造成的影响。

  以一个实际案例加以说明。在中国城市水务市场，随着中国社会主义市场经济的发展完善，全国范围内城市化水平的迅速发展和提高推动了城市水务市场的进步。根据国家统计局发布的数据，2009年中国城市化水平达到48%，比2008年高出约3个百分点，同比2007年城市化水平则高出近4个百分点。城市化进程直接与城市水务产业发展息息相关：一方面，城市化的发展加速为城市水务产业快速扩张提供了市场空间，可以认为是中国城市水务产业发展的一大机遇；另一方面，加速推进的城市化建设对城市水务产业发展也形成了巨大的挑战，转而可能引发深层次问题，即当某一个基础设施产业面临发展机遇的时候，它首先要受到现实市场中产业结构的约束，同时必须接受政府在经济发展过程中存在的投资和政策制定偏好（经济战略重点选择）。在市场化改革之前，或者在1978年改革开放之前，中国的城市供水产业内呈现的是政企的高度合一、投资主体的单一、供水的无偿性，以及相关规制法律缺失等特征。尽管政府通过严格的行政手段对供水企业进行严格的规范和监督，但是本质上与市场需要的法律"规制"并不相符。以此为背景，在解决城市化进程中供水领域发展存在的诸如资金短缺等困境的过程中，中国（中央）政府通过逐步放开城市水务产业投资主体范围的方式,并且出于维护投资者利益的需要对供水价格实行市场化改造。此时,在城市水务产业经济发展水平落后的客观条件下,政府在经济战略选择上更偏好于"发展",而非供应"效率"的保证。反映到经济政策上,表现为逐步放松市场准入规则,同时必须有效进行收益率规制改革。自20世纪80年代以来,中国城市水务产业逐步通过政企分离等改革措施,搭建与之相适应的法律规制制度。其中,由于价格是资源配置的核心内容,因此,中国城市水务市场法律规制改革的核心也是围绕着价格规制进行的。几经变迁,目前中国城市水务市场中逐渐形成了以收益率为核心的价格规制模式。从制度设计角度出发,实行收益率规制模式与完善和放松市场准入规则是相辅相成的:依法重视和保障企业的收益率能够提高资本进入城市水务产业的积极性;放松市场准入规则则为实现企业收益率规制提供了必要的现实市场经济依据。通观几十年来的改革实际效果能够发现,实行收益率规制模式与完善和放松市场准入规则促进了城市化进程中城市供水服务价格的合理性,推动了城市水务市场的发展。但同时在现实经济运行中,政府与投资者签订的水务合同的实际履行周期可能比合同周期短。因为当企业取得很高的利润时,行政机关便会受到很大的外部政治压力,导致正式合同终止之前就必须提前进行新一轮谈判,重新谈判必然导致和加重棘轮效应,即政府迫使企业接受低激励(低价格)的授权合同。此时,企业的特许经营权将受到严重的损害,而连锁导致企业以此向银行抵押的特许经营权利贷款回收问题等。另一种情况,政府出于对此时供水供给的保障义务不得不对亏损企业进行援助,即通过财政补贴避免出现最坏情况,此时也不得不提前修改特许经营权合同。但由于中国司法体系中存在的制度性问题,如价格领域的诉讼保障等,必须进一步完善相关的法律制度,特别是提升立法层级。只有充分的法制建设,才能保证司法制度对于维护城市供水市场的积极作用。

在市场经济环境当中,经济利益是市场主体考虑的核心要素,而经济利益保障的一个重要前提就是信心。企业只有对市场有信心的时候才能够正常开展经营活动,谋求经济利益。而决定着企业经济行为新兴的除了市场经济大环境之外,最为主要的就是经济管理者的外部介入。好的行政管理者和有利于市场经济发展的管理行为也必然会在市场中起到提振信心的作用,反之亦然。因此,对于政府曾经在市场经济运行管理之中的行为,企业必然会产生某种建立在过往的记忆基础之上的预期。不论这种预期是积极的或是消极的,都将对企业的下一步选择产生基础性影响。针对我国的基础设施服务市场领域，我们必须有一个较为全面的认识才能够有效引领立法。前面说的中国城市水务市场已经是一个较为典型的例证，在城市经济发展过程中，政府的经济管理和引导行为更多的是基于自身从其中能够获得的政治经济利益出发，也就是在以 GDP 作为判断政府市场经济管理的基础性指标。这就决定了市场中的经济管理的外部标准不是市场能够决定的，而是出于政府的发展偏好。只有当政府能够从中获得他们需要的东西的时候，同时在市场当中形成作用力的政策或者经济管理行为才能够配合市场和市场主体的实际需求。这既是企业对于我国基础设施服务领域长期投资缺乏信心的原因之一，同时也是出现政府权力寻租的根本。对于立法者而言，并非一定要介入对市场的干涉范围之中；立法者实际上一定了解，在市场中必然存在行政管理、行政监督和市场规制行为，所以，予以规范的仅仅是通过法制给予市场对于政府行为的稳定预期。我们无须担心市场主体对市场法律规范的理解和运用能力；任何对于上述规范缺乏清楚认识和熟练运用能力的企业必然被市场机制淘汰，而能够很好地理解和运用法律规范的市场主体则被留下来。立法需要给予的是一个能够合理预留市场自由空间、保证政府行政介入的合理频率和幅度，并保证政府不会反言的社会经济法律制度。

## （二）Averch-Johnson 效应

Averch-Johnson 效应由哈维·阿弗奇（Harvey Averch）和利兰·L. 约翰逊（Leland L. Johnson）提出，认为一个受收益率管制的公司，即通常情况下的垄断公司，可以通过增加它的费率基准来增加利润。[1] Averch-Johnson 效应是一个关于垄断行业规制管理的重要理论，它分析了受管制的公司是否有动机通过使用过多的资本投资来获得额外收益的问题，即受管制的垄断企业存在投资过度的趋势。在基础设施行业，政府对于企业的收益率管制法是普遍存在的。当一个行业通过一家企业就能使整体经济得到有效率运行时，这一行为在经济学当中就会被称为"自然垄断"，此时与市场中同时存在几家企业相比，唯一的企业能够通过规模效应以较低的平均成本生产一个给定的市场产量。在这样的行业中，外在扶持市场竞争是不可行的。因此，在这种情况下政府必须允许行业垄断的存在。同时，

---

[1] 转引自肖兴志、郭启光、杜丽《中国城市燃气产业规制改革效果实证研究》，载《财经论丛》2013 年第 6 期。

## 第二章 基础设施服务领域（宪法）经济自由权利及其限制

由于政府必然担心在没有外界规制的情况下，企业依靠垄断可能形成高价格、低产出和高利润，并对消费者和社会经济产生不利影响，行政管理者通常采用一种直接规范垄断企业收益率的方式，约束企业的盈利空间。即此，在收益率管制法下，管制机构将通过必要手段尽可能压缩企业盈利空间，使企业总收益约等于生产总成本，这其中当然也包含企业的资本收益部分。但是，在这一规制模式当中，受管制的公司被允许获得资本投资收益。同时，政府会对公司的最终产品或服务价格进行管制。用经济学公式表示，受管制的公司可以获得它的投资（$K$）的合理收益率（$r$）。生产行政管理者会试图提供估计资本成本（$s$）来测定合理的收益率。而哈维·阿弗奇等二人发现：如果 $r=s$，那么公司获得正常利润；如果 $r<s$，那么公司将遭受经济损失；如果 $r>s$，则公司将获得经济利润，而且经济利润的数额不仅由 $r$ 和 $s$ 的差决定，还由作为费率基准的厂房和设备的量（$K$）决定。利润水平 $=(r-s)\times K$。保持其他项不变，$K$ 越大，公司的利润越大。因此，Averch-Johnson 效应认为，当 $r>s$ 时，公司将有动力去增加资本，这样会增加利润。例如，如果允许的收益率是 10%，而实际的资本成本是 8%，那么，公司增加 100 万美元费率基准将增加 2 万美元利润。因为基础设施行业是具有大规模费率基准的资本密集程度高的企业，市场管理者会很难精确地估计资本的理想水平。同样，现实许可的收益率与资本成本的差别越小，企业过度投资的愿望就越强烈，因为公司必须通过增加较多的费率基准来获得同样水平的利润。例如，在保持其他项目不变的情况下，如果政府允许的收益率是 9%，那么，为达到同样的利润水平，企业的投资将不得不增加 200 万美元。[①] 以 Averch-Johnson 效应理论为基础，形成对于政府放松规制的观点，即认为人为的投资回报率规制是导致企业过度投资的根本原因。

在现实市场经济环境中，以城市燃气市场为例，改革开放前，受"低价＋亏损＋补贴"的定价机制制约，我国城市燃气价格基本不受市场供求关系和企业生产成本变动的影响。随着改革开放的推进，城市燃气市场逐步转变成"成本加成"的产品价格定价模式。政府价格主管部门会依照财务报表、生产记录、环节跟踪等监督方式，审核城市燃气企业生产与供应的平均成本，进而在当地经济发展水平和人均收入水平基础之上，确定"合理"的企业资本收益率。通常情况下，政府人为设定的企业资

---

[①] 参见陈代云《产业组织与公共政策：规制抑或放松规制？》，载《外国经济与管理》2000 年第 6 期。

本收益率相当于近似市场风险条件下同等技术水平工业投资的平均回报率。这一定价机制即企业收益率定价模式的优点在于，企业将依法获得稳定的资本投资收入，与此同时，政府将严格限制企业获得垄断利润的可能。而该机制的劣势在于，由于企业收益率定价模式存在使企业能够通过人为增加资本投资数额获得更高资本回报的风险，因此，由此可能形成的高产品服务价格将会直接将企业人为增加的成本（特别是资本成本）转给消费者。而企业由于高收益的保障，将逐步降低技术创新、经营改善、提升效率等方面的外在激励。此外，在我国市场经济的特殊情况下，即国有基础设施服务企业较容易获得国有银行贷款的情况之下，企业很容易过度投资，造成资本利用率低下。应当说，在中国城镇化进程加速发展时期，城市燃气市场供应需求的快速增加直接导致了产业规模的不断扩张，在此情况下即在市场急速扩张的非常时期，由于政府（特别是地方政府）的财力限制，不得不选用企业收益率规制模式，以达到吸引民间资本进入城市燃气产业，从而解决资金缺口，降低地方政府财政负担，保障稳定、充足的燃气供应的目的。但是，随着改革开放进程的加深，企业收益率规制对燃气产业发展的"两面性"影响日渐明显。原本政府采用收益率规制模式的初衷是扭转燃气产业连年经营亏损的局面，为产业发展营造良好的投资运营环境，避免企业因激励不足而减少燃气供给，促进燃气产业发展以及供气总量提高，满足社会生产生活对其日益增长的需求。在城市燃气产业发展初期，此举不失为一个权宜之策。从《中国城市建设统计年鉴（2012）》统计数据中可见，中国城市燃气普及率已由1978年的14.4%上升至2011年的92.4%。这意味着城市燃气有效供给问题提供配套改革已经基本上得到解决。但随之而来的收益率规制的弊端也已经显现。实践中，由于收益率规制的实施对企业成本信息的披露具有很强的依赖性，如果会计和审计制度不健全，则企业往往会有虚报成本的动机，提高燃气价格，获得超额利润，造成社会福利损失。此外，收益率规制由于缺乏灵活性，使企业在面临成本或市场需求冲击时不能做出及时有效的调整。[①] 究其根源，即在于 Averch-Johnson 效应理论所反映的政府规制制度本身有可能会给企业留下利益寻租的空间，也可能导致企业在丧失"作为"的意愿之后，失去了市场经济活力。

从经济学角度出发，Averch-Johnson 效应实际上描绘了在基础设施服

---

① 参见肖兴志、郭启光、杜丽《中国城市燃气产业规制改革效果实证研究》，载《财经论丛》2013年第6期。

务价格法律规制的规程中，企业存在通过利用规制模式的漏洞进一步扩大不合理的经营利润，从而出现转嫁成本、威胁社会公共利益的问题。从制度设计的角度出发，必然形成一种认识，即有必要通过改革法律规制模式的方式实现对 Averch-Johnson 效应的封堵。也就是需要设计新的法律规制模式以避免类似情况的发生。但是，当我们用一种发展历史的角度观察的时候，我们却能够形成某些特殊的看法。从改革开放到今天已经经历了 40 余年，为什么在我们十分清楚 Averch-Johnson 效应的经济结果和我国产业内部存在相同问题的前提下，我们并没有立即着手修订法律，通过选择经济学当中更加高效的模式，比如激励规制模式，对我国基础设施行业进行法律规制？换言之，既然社会经济问题已经清晰，解决思路也明确，但是我们的现实社会经济和经济管理模式却并没有发生改变，依然沿用传统的成本收益率模式计算和审核基础设施服务企业的盈利。这个问题其实揭示了某些更为深入的问题和矛盾的成因。在整个社会经济结构当中，并非必然存在着一个绝对最优的制度设计选择；任何制度设计只能是在社会政治和社会发展领域进行权衡与判断之后的妥协产物。以此理解，尽管国有垄断性基础设施服务企业有一定的非合理性经济收益，但是同样由于其国有属性，企业也同时承担着巨大的基础设施服务供给保障责任。保障责任的成本其实也有一部分来自企业的整体经营利润，比如供电领域的交叉补贴问题。特别是在政府并没有建立完善的基础设施服务财政补贴制度设计的时期，企业的供应保障所造成的经济损失自然需要通过某种方式补偿。

对现有基础设施服务企业收益法律规制形成挑战的便是整个市场的开放。市场开放的前提，在宪法层面意味着经济自由的实现，也就是公民（包含公民所有的资产）进出市场和有关投资领域的自由；同时，市场应当在法治的基础上实现透明、竞争，行政介入只有在必要时才进行。这便意味着，随着市场开放，基础设施服务企业的股权结构必然发生变化，国有企业将转化为国有控股和混合所有，某种意义上还存在企业上市的可能。如此，则企业来自市场中的利润必须具有严格意义上的经济合法性与合理性，否则，等同于私有资本通过参股国有企业实现了对不合理经济利益的享有，这在法理上是站不住脚的。在这种情况下，Averch-Johnson 效应理所应当成为法律制度设计者需要加以解决的严重问题。同时，企业将进一步厘清自身合理的经济收入与支出；对于基础设施服务供应保障所造成的成本负担也将进一步要求政府通过财政预算的方式明确财政补贴数额和幅度，并在此基础之上确定企业所能够保障的基础设施服务供应量，而非绝对性的社会供应保证。由此可见，在我国基础设施行业清理存在的经济问题所需要的改革将是一项十分系统性的工程,绝非通过一两项改革措施就能够实现。

(三) 规制俘获效应

规制俘获效应又被翻译为"监管俘虏效应",是由斯蒂格勒于1971年在发表的著作《经济监管理论》中首先提出的。① 规制俘获效应理论主要分析了市场监管主体与被监管的企业及相关产业利益集团在规制过程中的相互关系。对此,斯蒂格勒认为,政府对于市场的监管本身,其实能够同时为被监管的产业带来四方面的利益,即财政补贴、市场准入限制、替代品和互补品的外在控制、价格管控。这样,为了能够获得上述市场监管所带来的好处,被监管者将动用各种(包括合法与非法)资源对监管者进行"俘获"。而监管者一旦被企业成功俘获,则市场规制相关的制度设计与实施就都将围绕被监管者的利益展开。在现实市场经济环境下,价格规制中存在的信息不对称、成本真实性问题以及道德风险等因素,都是导致政府规制异化蜕变为被产业所俘虏的基本原因。当然,规制俘获是需要一定的时间成本的,即监管制度具有一定的"生命周期"。新设立的市场监管机构在社会公众的压力和各利益集团的监督之下,在成立之初会表现出相当的独立性。但随着时间的推移,公众注意力的淡化和利益集团的游说,会导致监管机构对市场环境的适应以及与被监管者之间的合作。因此,经历一段时间之后,市场监管者与被监管者之间的利益关系会趋向一致。最终,市场监管机构会将被监管者的利益置于社会公共利益之上。同时,市场中的利益集团会通过竞价的方式,选择性地获取规制利益,而利益集团的竞价则可能提升市场监管机构的权力寻租意愿,并对市场和社会经济造成更为严重的损失。②

规制俘获效应理论揭示了市场法律规制领域企业和政府两方面可能存在的风险,即对于社会经济整体健康发展可能产生的负面效应。首先,城市基础设施服务的公益性决定,相关企业不能以追求自身经济利益最大化为经营目的。换言之,基础设施行业的公益特性在理论上应当通过产品服务价格补偿和政府财政补贴弥补来实现并得到保证。但由于基础设施服务

---

① 参见[美]施蒂格勒著《产业组织和政府管制》,潘振民译,上海三联书店1989年版,第210页。

② 参见范亚苇、张孝锋《俘虏理论及其对证券监管的启示》,载《江西社会科学》2002年第3期。

的财政补贴往往归属于地方政府的法律责任，因此一旦地方财力有限，政府缺乏充分的财力进行企业投资或财政补贴，市场中唯一的解决办法就是提升基础设施服务价格。这个时候，如果基础设施服务价格主管部门在价格调整监管中没有更深远地考虑到基础设施服务价格调整对其他行业、部门和公民生活的影响以及社会经济的承受能力，则必然导致对社会整体经济利益的伤害，而这一伤害可能超出地方政府的市场管辖范围。其次，在现实市场经济环境下，城市基础设施服务企业作为一种垄断形式存在，必然转化为市场中的利益集团；由于市场规制在服务价格制定、市场准入限制等方面的决定性作用，垄断企业会力促市场规制机构采取对自己更为有利的立法标准，从而排除竞争、提升产品服务价格。因此，一旦形成企业与市场规制机构之间的利益联盟，一方面，市场规制者必然会为了获得政治经济利益而偏向于某些特定利益集团（企业），并且不顾因此可能带来的社会福利水平下降的后果；另一方面，由于产品服务价格规制涉及经济资源再分配，所以，对被规制企业而言充满巨大的经济诱惑，而一旦法治约束机制出现偏差或被操纵，必然进一步引发价格规制偏离社会福利最大化的目标。该理论主要针对资本主义市场，但对我国的基础设施行业的市场规制也有借鉴作用。

一段时间内客观存在的价格主管部门与城市基础设施服务企业之间的信息不对称问题，必然直接造成监管乏力、价格规制不到位等失误。直接经济后果便是，在缺乏有效的法治监督和约束情况下，有些企业会充分利用行业或地区垄断地位，虚列成本、乱收费、损害消费者利益。[①]

上述问题的归结点和根本解决路径在于，在深化改革的过程中进一步完善"政企分开"，在实现公司化经营的基础上，将基础设施服务企业真正从现有行政体制中脱离出来，从根本上转变政府与企业之间的相互关系。具体而言，即依照《国务院办公厅关于进一步完善国有企业法人治理结构的指导意见》（国办发〔2017〕36号），健全以公司章程为核心的企业制度体系，充分发挥公司章程在企业治理中的基础作用，依照法律法规和公司章程，严格规范履行出资人职责的机构（以下简称"出资人机构"）、股东会（包括股东大会，下同）、董事会、经理层、监事会、党组织和职工代表大会的权责，强化权利责任对等，保障有效履职，完善符合市场经济规律和我国国情的国有企业法人治理结构，进一步提升国有企业

---

① 参见崔惠民、李文庆《公用事业产品定价的市场机制与政府规制》，载《城市问题》2011年第7期。

运行效率。其中，包含以下五个方面的内容。

第一，理顺出资人职责，转变监管方式。①股东会是公司的权力机构。股东会主要依据法律法规和公司章程，通过委派或更换董事、监事（不含职工代表），审核批准董事会、监事会年度工作报告，批准公司财务预决算、利润分配方案等方式，对董事会、监事会以及董事、监事的履职情况进行评价和监督。出资人机构根据本级人民政府授权对国家出资企业依法享有股东权利。②国有独资公司不设股东会，由出资人机构依法行使股东会职权。以管资本为主改革国有资本授权经营体制，对直接出资的国有独资公司，出资人机构重点管好国有资本布局、规范资本运作、强化资本约束、提高资本回报、维护资本安全。对国有全资公司、国有控股企业，出资人机构主要依据股权份额通过参加股东会议、审核需由股东决定的事项、与其他股东协商作出决议等方式履行职责，除法律法规或公司章程另有规定外，不得干预企业自主经营活动。③出资人机构依据法律法规和公司章程规定行使股东权利、履行股东义务，有关监管内容应依法纳入公司章程。按照以管资本为主的要求，出资人机构要转变工作职能、改进工作方式，加强公司章程管理，清理有关规章、规范性文件，研究提出出资人机构审批事项清单，建立对董事会重大决策的合规性审查机制，制定监事会建设、责任追究等具体措施，适时制定国有资本优先股和国家特殊管理股管理办法。

第二，加强董事会建设，落实董事会职权。①董事会是公司的决策机构，要对股东会负责，执行股东会决定，依照法定程序和公司章程授权决定公司重大事项，接受股东会、监事会监督，认真履行决策把关、内部管理、防范风险、深化改革等职责。国有独资公司要依法落实和维护董事会行使重大决策、选人用人、薪酬分配等权利，增强董事会的独立性和权威性，落实董事会年度工作报告制度；董事会应与党组织充分沟通，有序开展国有独资公司董事会选聘经理层试点，加强对经理层的管理和监督。②优化董事会组成结构。国有独资、全资公司的董事长、总经理原则上分设，应均为内部执行董事，定期向董事会报告工作。国有独资公司的董事长作为企业法定代表人，对企业改革发展负首要责任，要及时向董事会和国有股东报告重大经营问题和经营风险。国有独资公司的董事对出资人机构负责，接受出资人机构指导，其中外部董事人选由出资人机构商有关部门提名，并按照法定程序任命。国有全资公司、国有控股企业的董事由相关股东依据股权份额推荐派出，由股东会选举或更换，国有股东派出的董事要积极维护国有资本权益；国有全资公司的外部董事人选由控股股东商其他股东推荐,由股东会选举或更换;国有控股企业应有一定比例的外部董事,由股东会选举或更换。③规范董事会议事规则。董事会要严格实行集体审议、独立表决、个人负责的决策制度,平等充分发表意见,一人一票表决,建立规范透明的重大事项信息公开和对外披露制度,保障董事会会议记录和提案资料的完整性,建立董事会决议跟踪落实以及后评估制度,做好与其他治理主体的联系沟通。董事会应当设立提名委员会、薪酬与考核委员会、审计委员会等专门委员会,为董事会决策提供咨询,其中薪酬与考核委员会、审计委员会应由外部董事组成。改进董事会和董事评价办法,完善年度和任期考核制度,逐步形成符合企业特点的考核评价体系及激励机制。④加强董事队伍建设。开展董事任前和任期培训,做好董事派出和任期管理工作。建立完善外部董事选聘和管理制度,严格资格认定和考试考察程序,拓宽外部董事来源渠道,扩大专职外部董事队伍,选聘一批现职国有企业负责人转任专职外部董事,定期报告外部董事履职情况。国有独资公司要健全外部董事召集人制度,召集人由外部董事定期推选产生。外部董事要与出资人机构加强沟通。

第三,维护经营自主权,激发经理层活力。①经理层是公司的执行机构,依法由董事会聘任或解聘,接受董事会管理和监事会监督。总经理对董事会负责,依法行使管理生产经营、组织实施董事会决议等职权,向董事会报告工作,董事会闭会期间向董事长报告工作。②建立规范的经理层授权管理制度,对经理层成员实行与选任方式相匹配、与企业功能性质相适应、与经营业绩相挂钩的差异化薪酬分配制度,国有独资公司经理层逐步实行任期制和契约化管理。根据企业产权结构、市场化程度等不同情况,有序推进职业经理人制度建设,逐步扩大职业经理人队伍,有序实行市场化薪酬,探索完善中长期激励机制,研究出台相关指导意见。国有独资公司要积极探索推行职业经理人制度,实行内部培养和外部引进相结合,畅通企业经理层成员与职业经理人的身份转换通道。开展出资人机构委派国有独资公司总会计师试点。

第四,发挥监督作用,完善问责机制。①监事会是公司的监督机构,依照有关法律法规和公司章程设立,对董事会、经理层成员的职务行为进行监督。要提高专职监事比例,增强监事会的独立性和权威性。对国有资产监管机构所出资企业依法实行外派监事会制度。外派监事会由政府派出,负责检查企业财务,监督企业重大决策和关键环节以及董事会、经理层履职情况,不参与、不干预企业经营管理活动。②健全以职工代表大会为基本形式的企业民主管理制度,支持和保证职工代表大会依法行使职权,加强职工民主管理与监督,维护职工合法权益。国有独资、全资公司的董事会、监事会中须有职工董事和职工监事。建立国有企业重大事项信息公开和对外披露制度。③强化责任意识,明确权责边界,建立与治理主体履职相适应的责任追究制度。董事、监事、经理层成员应当遵守法律法规和公司章程,对公司负有忠实义务和勤勉义务;要将其信用记录纳入全国信用信息共享平台,违约失信的按规定在"信用中国"网站公开。董事应当出席董事会会议,对董事会决议承担责任;董事会决议违反法律法规或公司章程、股东会决议,致使公司遭受严重损失的,应依法追究有关董事责任。经理层成员违反法律法规或公司章程,致使公司遭受损失的,应依法追究有关经理层成员责任。执行董事和经理层成员未及时向董事会或国有股东报告重大经营问题和经营风险的,应依法追究相关人员的责任。企业党组织成员履职过程中有重大失误和失职、渎职行为的,应按照党组织有关规定严格追究责任。按照"三个区分开来"的要求,建立必要的改革容错纠错机制,激励企业领导人员干事创业。

第五,坚持党的领导,发挥政治优势。①坚持党的领导、加强党的建设是国有企业的独特优势。要明确党组织在国有企业法人治理结构中的法定地位,将党建工作总体要求纳入国有企业章程,明确党组织在企业决策、执行、监督各环节的权责和工作方式,使党组织成为企业法人治理结构的有机组成部分。要充分发挥党组织的领导核心和政治核心作用,领导企业思想政治工作,支持董事会、监事会、经理层依法履行职责,保证党和国家方针政策的贯彻执行。②充分发挥纪检监察、巡视、审计等监督作用,国有企业董事、监事、经理层中的党员每年要定期向党组(党委)报告个人履职和廉洁自律情况。上级党组织对国有企业纪检组组长(纪委书记)实行委派制度和定期轮岗制度,纪检组组长(纪委书记)要坚持原则、强化监督。纪检组组长(纪委书记)可列席董事会和董事会专门委员会的会议。③积极探索党管干部原则与董事会选聘经营管理人员有机结合的途径和方法。坚持和完善双向进入、交叉任职的领导体制,符合条件的国有企业党组(党委)领导班子成员可以通过法定程序进入董事会、监事会、经理层,董事会、监事会、经理层成员中符合条件的党员可以依照有关规定和程序进入党组(党委);党组(党委)书记、董事长一般由一人担任,推进中央企业党组(党委)专职副书记进入董事会。在董事会选聘经理层成员工作中,上级党组织及其组织部门、国有资产监管机构党委应当发挥确定标准、规范程序、参与考察、推荐人选等作用。积极探索董事会通过差额方式选聘经理层成员。

## （四）小结

基础设施服务市场当中出现的经济问题及其表象从现实经济的运行角度说明了市场本身的局限性，当然这样一种局限并非完全能够否定基础设施服务的市场职能和作用；更主要的是它引导我们去思考在充满经济利益的市场当中，一旦公共利益与企业和私人利益形成结构性的互动，则会产生市场运行的风险。因而，从制度的角度来分析市场，需要关注市场当中的主体的能动性。因此，我们不得不重新分析市场当中的利益主体如何在某种机制的调控之下形成利益结构的均衡问题。

棘轮效应所反映的是经济理性指导下人性本身可能会倾向于"懒惰"或"推卸责任"。也就是说，人们在不追求经济利益的情况下，必然会选择对自身幸福快乐更加有利的行为模式；一旦市场主体存在于某种法律责任架构之中，必须承担诸如公共服务供给的保障责任之类的法律义务，则市场主体更加希望通过对规则的利用或者与相关执法者的互动关系，降低自身承担的法定责任或者确保至少这样一种法定责任不会在未来有所增加，即市场主体在没有绝对的外界激励（比如经济利益或者行政奖励等）的情况下必然倾向于保守和懈怠性的对于未来的认知与行为。因此，立法者有必要通过某种制度安排，使市场主体能够分享充分的基础设施服务供给所能够为社会创造的财富。说得更加具体一点就是，在基础设施服务价格的订立过程中，尽管市场与政府可能分别承担了各自的职能，但是价格本身应当考虑到市场主体（基础设施企业）的经济利益追求，并且把企业对经济利益的追求设定为规范市场机制、提供与保障企业外在激励的主要方式。价格，这里面不仅仅包含企业服务或产品的价格形成本身，还应当包括对价格产生决定性作用的诸如税收、财政补贴、交叉补贴额度等，以上因素应当照顾到企业的实际需要和发展需求。虽然我们经常说，中国的基础设施行业融资成本在世界范围之内是比较低的，但是，一个由国有银行保证的融资成本低廉和便利并非由企业直接决定，而是必将随着城镇化的进程受到当地政府基础设施建设和供给保障政策的绝对影响。立法者实际上一方面是通过立法保证基础设施服务企业能够分享城镇化发展所带来的实际经济利益；另一方面也是在规范和约束地方政府的城镇化发展政策，只不过这样一种对于政策的规范和约束最终转化成了对相关企业的规范和制度安排。因此，在立法之初就有必要更加准确地确定地方城镇化发展的战略。

Averch-Johnson效应与基础设施服务企业的经济利益直接相关，从社会本质上它所反映出来的是一种人性当中对于法律漏洞带来的"方便钱"的贪心。因为任何法律，只要是在市场经济前提之下，都一定会严格保护私法主体上对于个人资产形成的孳息的获得权利。因此，一旦法律规范选择了某一种相对原始的规范管理模式，尽管该管理模式可能管理成本较低同时对于管理者的经济素质要求并不高，并且使得政府行政主体无须提供大量的辅助工作或人员培训，企业却存在着充分利用法律制度设计的漏洞或者死角以尽可能提升自身经济收益的巨大诱惑。因为传统的成本决定收益的经济管理模式给了基础设施服务企业这样一种可能，使得企业完全可以将投资额无限地扩大，同时在考虑到市场融资成本的情况下，企业一定会清楚自己是否能够依法通过加大投资力度的方式，轻松地从基础设施服务价格当中获得更多的经济回报。在此情况下，法律等同于帮助企业寻得了"方便钱"，同时也必然由此导致对消费价格管控的失控并造成基础设施服务消费者的经济损失。尽管在我国快速的城市发展和经济增长过程中，由于消费规模的快速和大量扩张使得基础设施服务供应的经济成本被摊薄，同时由于政府财政补贴在政府预算当中的信息披露并没有在社会当中形成较大的影响，因此公众往往忽视了基础设施企业的价格成本和价格上涨合理性。在公众不关注的情况下，社会压力并没有有效地监督基础设施行业发展。可见，实际上Averch-Johnson效应恰好证明了制度设计的前因与企业扩大投资以获得高额利润的后果。如果我们希望改善对于基础设施服务企业的价格规制，就应当先从规制模式的选择入手。首先应当摒除简单而失效的成本决定价格的行政监管模式，更多地通过经济激励的手段去推动企业的生产效率和经营效率，如此才能够真正解决Averch-Johnson效应所表明的企业不合理利润空间的扩大。

规制俘获效应所反映的是人性的教化要好于制度的设计。因为制定和执行制度的本身一定是鲜活的个体，每一个个体在市场经济当中有必然存在（为己或为他）的经济利益，因此，再好的制度也需要靠人来实现。一旦法律制度的制定者或者执行者的信念偏离社会共同的公共利益，则再完善的制度也不能够得到执行。但是，这里也并非意味着基础设施服务价格法律规制必然要求对立法者或者执法者进行严格人格培训或教育，这一成本并非应当由基础设施行业监管承担，而是本身应当在社会教育体系中得到落实。对于制度设计者而言，需要考虑的是通过法制的方式真正实现个体之间、机构之间的制衡和相互监督。正如德国谚语所说："信任是美好的，但是监管更加美好。"只有不断地、实时地对整个法律制度的贯彻落实进行监督和规范,才能够保证制度的贯彻落实。而人与人之间、机构与机构之间的制衡能够保证双方或者多方在市场经济条件下不会发生利益的混同,从而也就避免了立法者可能出于对被规范者的处境理解或者经济利益的保护而制定单纯有利于市场主体的法律规范文件。这一点在《国务院办公厅关于进一步完善国有企业法人治理结构的指导意见》当中能够清晰地表明。而在研究《国务院办公厅关于进一步完善国有企业法人治理结构的指导意见》内涵的过程中,也应当将这一法律文件放置到市场经济可能导致规制俘获效应的大背景当中。由此,则对于上述文件将有着更加深入的理解和掌握。

## 三、宪法框架内市场自由与限制

在市场原则的指导之下,尤其是当我们尽可能地将市场能够决定的资源配置等问题交由市场机制决定的时候,也就是在我们尽可能利用市场的灵活性调节经济发展周期、促进市场经济发展的时候,我们通常不会主动或者人为地设置对市场的干扰与干涉。在此情况之下,市场的自由将成为市场环境当中最为核心的原则与立法的基石。简单来说,在市场自由作为法治所需要保证的核心原则的时候,法律规范应当尽可能保护市场机制相关因素的自由和市场机制在决定市场因素流动、配置过程中的主导地位。此时,就包含了对于劳动、资本、结社等为宪法所规定并保护的权利的不干涉;任何法律规范应当在不干涉市场经济发展的情况之下规范相关权利的内涵,以维护市场机制本身的作用。

但是,凡事都有例外,基础设施行业也是如此。我们同样在宪法当中设定了公民的基本权利和保证基本人权的基础;换言之,上述劳动、资本、结社等基本人权实际上都不过是人权范畴的内涵,但是这一内涵是赋予全体公民的。出于对全体公民而非其中一部分人的权利的维护,特别是当基础设施服务本身既是人权的内涵又是人权实现的基础的时候,情况就发生了变化。法治在这个时候就不能仅仅维护规定市场经济自由,以保证市场机制对于基础设施服务的供给,特别是在市场充满风险,市场主体存在持续扩张自身经济利益,从而对其他公民的人权形成威胁的时候,法治的作用此时更加倾向于约束市场当中的资源配置自由,通过人为的干涉,特别是对于劳动、资本、结社等宪法所规定的权利的约束与规范,削弱市场资源配置的能动性,以保证基础设施服务供给(尤其是市场供给价格)能够遵从外部设定,以尽可能地保证普遍性的人权及其实现。尽管法律规范当中设定的外部规制可能并非直接对市场经济要素进行人为约束，尤其在认清了经济活动过程当中可能存在的棘轮效应、Averch-Johnson 效应和规制俘获效应等情况之下，必须通过更加符合经济规律的外部激励规制模式加以调整的时候，对基础设施服务的法定约束也无外乎对市场经济主体在劳动、资本、结社等宪法规定权利范围内的重新设定，使之成为更为严格的法定要求。

（一）宪法视域下的市场经济与市场自由

虽然进入 21 世纪之后我们讨论的所有经济体当中已经没有完全严格意义上的自由经济，因为几乎所有国家都在制定法律约束市场的运行和市场主体的权限，但是我们依然需要给出一个自由的市场经济的大致概念和模型。在自由的市场经济当中，市场主体能够自主决定一切与自身经济利益相关的经济行为（注意不是政治经济行为）。同时，市场机制在脱离了外界干涉和干扰的情况下，也就是脱离了政府人为的介入的情况下，能够自由、自主地决定经济运行机制相关要素的流转和配置等，法律和司法的作用仅仅存在于或者局限于与个案相关的民商事纠纷当中，而远离体系性经济运行所关联的产业与产业政策问题，甚至财政补贴、行业垄断等。在宪法和法律层面，自由属于人民，也就是法律上的公民（自然人）和法人。政府作为一种依照宪法设立的国家行政权力机关，其意志绝对不能自由，而是需要遵从宪法和法律的授权。因此，从这个意义上来说，市场经济当中的政府行为更多的是一种事先设定好的非自由状态下的管理行为；行政行为无论其原则或是行为方式都必然离不开法律的设定与授权，而设定与授权本身就是限制。

由于宪法和法律赋予公民和法人在市场经济活动当中的自由，因此，无论出于何种原因和目的，宪法与法律也必须保证这一自由的贯彻和落实。也就是说，市场当中的自由其实是有具象内容的。在法学理论体系当中，更多地将市场经济自由描绘为建立在平等与公平基础之上的自由。其核心在于没有公平或平等这一前提，也就没有所谓的自由。宪法当中有法律面前人人平等的通常性规范，这是对封建社会人与人之间地位不平等或者法定不平等的一种克服。公平与平等虽然在文字表达上有所区别，但是核心含义较为接近，都是在强调"非歧视"的内涵和意义。进入现代社会，尽管每个公民或者法人之间在经济能力与经济体量方面必然存在着区别，也必然由此产生经济行为过程中的经济实力和市场地位差异，但是，作为一个自由的市场，也就是面向一切法律主体开放性的市场，不能够基于任何经济能力或实力差异性对市场主体进行任何可能性的歧视。这是对于宪法和法律在平等方面要求的自然而然的结论。在现代社会，法律绝对不可能容忍任何基于客观因素而对公民以及法人设立差异待遇。当然，这是理论上的公平待遇，并非严格市场经济意义上的差异待遇。具体而言，在公平的标准上需要遵守适当性的原则。

宪法不允许绝对的差异待遇，但是通常会授权许可适当性的差异待遇。因为市场经济和市场经济运行过程当中存在着过多的牵涉因素，因此，并非存在着唯一的结论，也就是在公平待遇方面不可能允许市场管理者过于宽松地对待每一个期待进入市场从事相关经济活动的主体。举例来说，在特定的经济领域，宪法和法律必然会要求一定的市场准入前提，以保证市场本身的稳定和发展。例如，在设立金融机构的过程中，银行、保险公司、信托机构、券商等公司法人的组成形式和资本前提绝对是不同的；达不到以上前提要求的任何公民或法人，将无法获得市场准入。以此，法制的目的是规避市场风险，保护经济稳定。当然，在这里必须承认的一点就是，宪法其实并没有设定对于市场内公平的"适当性"的具体内容的可能。作为一部影响到整体社会经济的根本性法律，宪法绝非能够对所有具体市场经济和市场运行本身加以严格明确的可能。因此，此时经济法的作用，或者更为严谨地说，经济法的宪法作用就形成了。这就是有的经济法学者认为经济法本身也承担着对于市场经济的宪法作用的原因。因为经济法必须回答每一个特定市场领域市场公平标准的问题。上面关于不同金融市场领域的市场准入标准便是经济法对于市场公平标准的答案。

既然市场经济自由受到一定的在公平领域的"适当性"的条件约束，但是依然需要保持一种开放、平等、非歧视的状态，那么在以下三个领域，就必须有法律具体回应或者完善市场的自由。这三个领域就是劳动（力）、资本和经营。宪法当中给出的授权是，公民有劳动的权利，宪法和法律保护合法的财产权，宪法和法律保护合法的法人组织形式。对于劳动权利而言，既然市场经济需要消费劳动（力）以保证生产，则权利毋庸置疑与当事人之间通过合法协议达成的交易相一致；也就是，在当事人中间并非存在着第三方。当事人既然被宪法和法律视为平等的市场经济主体，同时交易也被视为其间的由私法所规范约束的法律行为，其过程和结果已经证明了市场的自由，同时也证明了市场的公平。在这样一种法治状态下，法律主体的内部性能够反映市场外部的自由公平。任何额外的干涉和限制其实都显得多余。市场机制作用的调节和效果也由此形成。继而，通过宪法和法律所保护的物权赋予市场经济主体在购买、投资等领域能够依照自身经济利益对经济活动加以判断并做出决定。这便是自由市场经济活动中理应出现的局面：一种不受到外界干涉，仅仅通过市场自身运转实现资源配置的理想局面。而随着经济的发展，市场主体避险、履约等需要决定公民能够通过劳动、资本等方式结合在一起，依照宪法赋予的结社权利形成法人实体，并依照法人实体的决策程序，自主自愿地对外实施经济活动，这也便是市场自由的另一层体现。宪法与法律对于上述领域内市场主体和市场机制应当更多地包含一种宽容性；否则，市场自由将无从谈起。

以上，我们可以看到，当我们谈到市场经济的时候，市场自由是绕不过去的一个问题。因为无论怎样，只有在市场主体能够通过自身意愿决定经济活动的情况之下，也就是在市场主体能动自由的情况之下，市场才有机制作用。宪法和法治如果不是为了维护更加健康的经济发展，是不能够过度干涉或者限制市场经济自由的。只不过，我们也许很难在复杂的经济活动和市场周期性规律面前严谨地解释什么才是"更加健康"的经济发展。法学的视角当然不同于经济学的视角，经济发展的标准在转化为经济法律立法原则的过程中也必然会形成偏差，形成经济法学需要解决的经济法律的实质正义和形式正义的矛盾。

（二）形式与实质正义之争

毋庸置疑，经济学的理论推导和实践经验已经证明了自身的效用性。换句话说，经济学原理，尤其是经过实践验证的真理，作用于现实产业当中能够起到积极的促进作用。而对于先进经济原理和规制模式的采纳同样将有力地推动社会生产力的提升。这一判断是马克思辩证唯物主义政治经济学的基本论断。而法律对于社会管理模式（包括经济管理模式）的选定，是在形式上对于制度的建立和固化。但是当法律本身，也就是制度本身建立起来之后，其发展与运作就只能依照自身的规律来进行。这就在制度上构成了经济学原理（模式）与法律制度之间的矛盾。二者的统一点在于立法者。当立法者对于经济原理的信服转化成为法律条文的时候，经济学理论和模式就转化成为法律制度当中的法定机制，并终将通过实质国家机构贯彻落实。但是，一旦司法审查制度介入，如德国联邦最高法院，那么，经济学原理的合理性就将退为其次；法律制度本身的评价标准——合法性，就将成为判断固化在法律条文当中的经济管理模式的评价标准

（而且是唯一评价标准）。由此可见，社会科学原理正当性（正义性）的评价标准在立法过程当中能够从自身原理和规律出发，相关立法的目的更多的是发挥关联学科的社会功效；但是一旦存在于法律制度当中，则社会科学原理正当性（正义性）的评价标准在司法审查的过程中就只能依照法律（科学）的评价体系加以确定。而无论从理论上还是实践上，其他社会科学原理与法学原理必然存在分歧。这种理论上的分歧也就是评价体系和标准的分歧。最终将导致依照其他社会科学原理认定的正当性（正义性），尽管为立法者所承认，但以司法审查者的角度依然会因为评价标准的原因而被认定为非法（非正义性）。同时，司法审查者的工作和作用仅在于对已经设立的经济管理制度本身的合法性进行审查。也就是说，审查经济规制模式的后果并不是司法审查者所关心的问题；他所关心的是法律之间是否协调，具体规范是否与上位法律存在冲突。这样，尽管司法审查的结果将导致经济上的更大损失，甚至更大的社会代价，这一切都不应当成为司法审查者赋予既定经济管理模式正当性（正义性）的依据，如德国联邦最高法院判例对德国电力行业（包括德国电力行业改革）所造成的负面影响一样。综上所述，一旦经济制度或原理希望通过立法程序转化为法律所固定的社会制度的时候，其本身无论通过理论推导或者实践检验的正当性（正义性）将让位于法律制度本身在建立过程中所必须拥有的正义性。并且，无论立法者是否完全依照经济理论原则设定了经济法律管理模式，他所面对的司法审查程序都将会忽略上述立法过程中的价值判断，而单纯依照现有的法律原则解决该经济管理模式的合法性（正义性）问题。这也是经济理论在成为社会经济管理制度的过程中所必须让渡的代价，即本身对于争议性评价标准的丧失。

当我们不得不面对实质正义与法律形式正义之间冲突的时候，首先必须回答的一个问题就是，法律是否能够作为裁定固定在法律条文之中的社会规范（包括技术型示范）的唯一评价标准？也许我们无须怀疑法律科学所包含的严谨性和科学性。法律的社会正义性存在，包括法律对于社会生活的最终裁决作用，使得我们很难否定法律作为最终评价标准的实质与形式意义。同时，一旦失去了作为最终裁决标准的权威性，法律的存在也就失去了意义。但是仅从法律本身出发，是否就能够实现我们需要法律作为评价标准的最终目的即正义性目的？答案是否定的。因为尽管在立法过程中立法者对于社会利益的判断已经为判定未来社会纠纷提供了价值判断标准上的准则和原则，尤其是对于法律中存在的技术性规范和规定，法律原则的抽象性恰恰导致了司法审查者的自由空间。尽管这一自由空间是司法审查者实践中所必需的，但这一自由裁量和判断的确立有时也会缺乏说服力。

由此可见，法律尽管可以做到尽可能地符合客观社会利益的要求，但是由于人为的参与，还是会在进行判断和裁定的过程中留下合理性的缝隙。同时，法律的权威性掩盖了这一缝隙；或者尽管存在不合理，法律的权威性也不允许外界的干涉。德国案例①中的能源法律原则和激励规制法律中具体的规范（计算因子）之间在法律上是否统一，恐怕不同的判断者会有不同的见解。而德国联邦最高法院的判决在德国法律学界必然会引起更多的共鸣；当然，在电力行业和行政监管部门内的共鸣会少得多。这还是实践当中价值判断立场多元化所形成的问题。

中央政府作为行政立法者依照宪法将自身审定的社会管理机制通过行政立法模式固定下来，但是在三权分立的制度下，司法审查制度同样依照宪法规范有权对中央政府立法中的社会管理模式在法律原则的控制下重新加以审核。这是三权分立的制度模型，也是权力制衡的模式。但是，这一模式在实践当中是否真正能够体现法律的本意、树立法律自身的正义性，也就成为一个见仁见智的问题。对于这个问题，中国学者与西方学者的观念大不相同。

西方三权分立的核心在于国家权力的分立与制衡。按照设计，在三权分立的制度模型下，立法、司法、行政权力相互制约，从而达到一种动态的平衡，并借此实现对权力寻租产生的腐败加以避免。当然，这只是一种美好的愿望。现实当中出于社会管理效率的需要，行政权力依旧在三权分立的国家得到膨胀。而政府通过将行政权力扩展到类立法权（行政立法）、类司法权（行政审核）的范围内，具有了对社会管理的绝对优势地位。但是，毕竟西方国家宪法当中的三权分立原则将保障立法机构和司法机关直接对行政行为（包括立法）的审查，因此，立法与司法机关与政府在权力运行中的矛盾不可避免。这也是中国学者诟病西方三权分立法律原则的主要原因。直观地说，西方三权分立理论有其自身缺陷。政府行政权力的扩大实际上是对该理论的修正。但其积极意义也是存在的，三权分立的最终结果是立法、行政、司法三大部门都（必须）将宪法作为最终的法律正义性渊源，因为所有国家权力部门的权力来源都是宪法。这样，宪法的最高权力地位便在无形中形成，并且将成为约束所有国家权力活动的准则。

---

① BGH：EnVR 34/10, Rn. 40；EnVR 48/10, Rn. 46.

行政立法不同于立法机构的立法活动，行政权力机关——政府对于行政立法过程中所遵循的正义性标准自然也不同于立法机构。而这一切的原因在于政府组成的法律渊源。立法机构的组成人员通常由公民直接选举；这样立法机构将直接对民众负责，并且代表他们的利益。而政府的构成，无论是在议会制国家还是总统制国家，它的权力和机构法律渊源来自议会授权。或者说，政府的法律效力渊源只是间接来自人民，它所直接负责的应当是为议会授权组建政府的获权者。这样，在政府（包括政府组成部门）进行立法活动的过程中，它所必然遵循的正义性判断标准将不再是民众的利益，而是行政活动所必须遵守的准则。这其中最为主要的是行政的效率，同时不能够排除部门利益。这在制定部门规章的过程中表现得最为明显。所谓的行政效率，实际上在某种程度上并不是行政行为的社会性效率，而是实现行政目的本身的效率，也就是部门的实际效益。在德国《激励规制法》立法中，整体产业生产效率因子的设定与德国联邦政府维护（国有）电力行业的实际利益有很大关系，同时德国联邦政府的如此设定也与德国电力行业监管机构在设定电网企业收益上限过程中所需要的行政成本有关。德国《激励规制法》的原本设定尽可能地减少电力行业监管机构所花费的监管成本，从而维护"效率"监管这一行政原则的正义性。因此，不可否认的是，司法机关对于上述行政立法所追求的片面的正义性加以审查的法律与社会意义。这也是权力的制衡实际上所能够起到的作用。有了司法机构的阻隔，至少在制度上和理论上能够使行政机关在设定社会管理模式过程中难以过多强调自身的价值追求，而不得不服从于法律（立法中）所设定的价值判断标准。

前文已经谈到，司法机关在依照法律判断行政机构设定的社会经济管理模式的时候，存在对法律正义追求的理解上的误差。这一误差既是由机构权力划分所造成的，同时也是现有的三权分立格局所不能够解决的。法院对法律正义性的理解和运用与权力机关制定法律过程中所追求的正义性究竟有多大区别，尤其是在法院需要对政府所划定的社会经济管理制度加以判断的时候？这是从理论上很难回答的问题。如果承认不同权力部门对于相同问题必然存在不同的立场与价值判断，三权分立实际上是不同价值判断（正义性标准）之间的冲突。

前面论述了行政机关与司法机关相互之间就经济、社会管理规范的立法与司法审查方面的冲突与矛盾。而无论从内容出发还是从社会作用出发，司法审查的形式正义性要远远大于行政立法过程中所追求的形式正义。立法本身虽然将政府的价值判断转化为形式上的法律，但是其外在的形式要件更多的是为所包含的社会经济管理模式所代表和实现的实质社会正义服务。而司法审查,无论其结果是否认同被审查的法律条文的正义(正确)属性,主要是外在的调控行政立法运作,与制衡行政立法的形式上的保障。也就是说,并非只有当司法审查否定行政法规条文的合法性的时候,司法审查制度才实现了形式正义与实质正义;而是无论结果如何,司法审查的作用本身就在于形式上对社会正义的维护。

无论是依照西方三权分立理论所建立的司法审查制度,还是根据当事国国情所建立的其他审查制度,其最终目的都在于确认法律规范的正义性。而审查的手段可以是司法机关,也可以是立法机关和行政机关。当一国宪法确立立法、行政、司法三权相互制衡,实际上就等于明确了司法审查制度的合法性。同时,为了进一步加强宪法的权威地位,一些国家如德国还建立了联邦宪法法院,进一步加强宪法和司法对行政与立法权力的制衡。而如我国,宪法的理论与实践发展否定了三权分立,因此所设定的审查行政管理规范(包括规范性文件)的职能就被赋予立法机关(全国人大常委会)和行政机关本身(国务院),即自主监督模式。在现实层面,很难说权力制衡模式和自主监督模式的实用效果孰优孰劣。因为形式性的正义追求能够换来制度权力制约,并从根本上树立宪法的权威;当行政机构拥有自主监督的权力,其所追求的实质正义自然更加便于实现,行政的效率和效益将在社会经济生活中得以充分体现。但是,这也将带来其他问题:行政机构由于立法本身缺乏权力制衡,同时出于更多的效率追求,将更倾向于以政策取代法律。

(三)宪法视域下的基础设施服务市场主体权利限制

既然经济的自由运行告诉我们,绝对的自由必然导致绝对的市场失灵,也必然需要依靠政府的调控和规制加以克服,那么,自然在宪法层面,基础设施服务市场领域存在的对市场主体的限制就具有了合法性和经济合理性。经济学家们其实已经通过大量的事实证明了市场作用的局限性,因此,我们是否可以说市场自由本身也是具有局限性的?在法学层面上,市场和市场主体本身是两个分离的概念,市场运行和市场自由本身也有截然不同的定义。所以,如果希望将二者串联起来,以市场失灵来证明对市场主体权利的限制,就必须经历一系列的环节。权利本身是一种可能,人们可以选择行使权利,也可以选择放弃权利;在市场经济环境当中,更为理性的选择标准必然是获利的多寡——获利的水平会决定市场主体选择行使或放弃权利。这样一种择利性是经济理性的表现和标志，也是经济法学当中对于常态下市场经济法律主体的一种判断。因此，立法者可能更倾向于一种说法，即无论市场环境当中存在着怎样的法治模式，市场主体本身一旦被宪法和法律赋予了选择的权利，则立法者无须担心市场主体会背叛自身利益做出（更加）不利于自己的判断。无论法治水平如何，市场主体的趋利性都会使市场朝着经济整体发展的方向前进，除非法治本身与市场发展方向是截然相反的。进而可以得出结论，法治水平有高低，市场规制模式有优劣，但是其本身一旦符合市场发展方向，市场自身一定会在市场主体自由的经济选择作用下朝着设定方向前进。从这个意义上来说，市场自由其实是一种附加的品质；立法者赋予了市场主体怎样的自由，也就赋予了市场自由怎样的品格。而市场同样需要秩序，即需要法律规制，所以，对于市场自由本身品质的评论更加应当归属于对于法治品质的评价。

同时，既然宪法与法律在劳动、资本、结社等方面赋予了市场主体权利，相关的限制也自然存在于这些方面。而结合基础设施服务的市场经济属性，我们能够更好地对相关权利限制加以描述。首先是对劳动权利的限制。劳动必然与职业息息相关，换言之，任何劳动都是在一定的工作岗位上实现的，无论是否属于自由职业者，其工作属性、岗位责任等都与劳动权利的实现密不可分。而在基础设施行业内部，工作岗位的交叉可能会导致企业通过设定相同的岗位，再由同一自然人担任不同企业相同的工作岗位，以此规避法律在反垄断或其他经济领域内的规制，从而串联起不同企业或整合不同企业（比如担任不同企业的董事长、总经理等），由此则严重威胁到法律贯彻的可能性以及导致法律无法实施而可能在市场当中形成的负面后果。在此情势之下，宪法上的劳动权自然要被规制或限制。承担具体限制任务的是经济法，即宪法权利的法定限制。其目的就是通过设定工作许可的前提，使市场的运行达到立法者认可的标准化。其次是对资本权利的限制。资本作为有形财物的经济转化形式，从根本上是受到民法当中的物权法律所保护和维护的，其根本宪法授权充分而具体。因此，从保护公民物权的角度出发，资本权利和权益应当首先得到包括国家机构在内的尊重。这也是宪法当中明确国家对于公民财产合法性的本质性内涵。但是，当我们回到基础设施服务领域，我们自然会联想到资本的获利必然受到一定程度的法律约束；不仅是约束，在某种程度上可以视为一种对于权利的入侵。行政机关出于约束基础设施服务价格的考虑必然会直接或间接通过限定企业资本收益，即通过限定公民物权和财产权的方式，来使基础设施服务价格供给保证在一定程度的标准之上，同时该标准能够为社会公众所负担得起。高昂的基础设施服务是没有市场的，尽管从完全的经济自由主义出发，市场并不应当排斥市场主体的个人行为和决定，但是，当基础设施服务与基本人权相结合的时候，就是个体物权受到消费和法律约束的开始。所保障的，从根本意义上说，是整个国民经济的存续，甚至某种意义上对于国家规制合法性的法理基础；毕竟从法理意义上说，国家的设立并非为了某些特定的人群或个人权利，而是为了维护与满足社会整体的需要。而当市场开放竞争的时候，也就是实现了政企分开，企业各自通过经济手段获得市场份额与收益的时候，同时，反垄断、反不正当竞争也就成为维护市场基本秩序的主要内容。此时，法理必然要求通过限制或约束企业（法人）的设立方式，解决可能出现的市场垄断情况。而对于法人设立的限制，从宪法角度看，就是约束了公民的结社权利。

上述三方面的限制和制约，体现着国家对经济的调控和规制。但是产生了一个十分醒目的问题：行政权力是否因为宪法的经济管理授权而凌驾于公民权利之上，公民权利难道只能屈尊于行政管理权力之下？这个问题其实是从另外一个角度探析公民与国家（政府）之间的法理关系。西方资产阶级革命之后，尤其是当西方法治思想在中国取代了既往传统的中华法系的时候，我们更是徘徊、游离在两个极端。有人说，公民应当无条件地守法，接受来自政府（行政权力）的管制；另一派则主张单纯的自由，认为既然宪法法治理论是政府（国家）的成立，而政府的成立是为了更好地保护公民的利益，那么，自然公民的权利，特别是最基本的权利，如生命权等，就应当受到国家的尊重。作为经济法学的研究者，我们无法从法理上给出答案，只是从经济法的角度认为，市场并非绝对的自由，市场的自由度其实是宪法和法律事先设定的。

（四）基础设施服务价格规制的合宪性

无论经济学者还是社会学者，必然都认为，市场经济是法治经济。当然，在经济学和社会学的视角之下，法律本身可能存在着与法学研究不同的深刻内涵。但是总括而言，法治经济说的是一种秩序统领之下的经济模式。在法学研究的视域之下，经济秩序就是明确规范在成文法律之中的约束市场内各方面主体的条文。我们可以质疑这些条文是否在经济运行过程中受到了来自不应当存在的外在势力的影响，比如规制俘获效应的出现，但是我们并不能否认市场秩序本身的决定性意义，因为无论怎样的秩序都比没有秩序要好。这就如同夜间行路，我们十分期待指引我们正确前进方向的灯光的存在，但是并非路边的灯光就一定能够正确指引我们前进的方向，甚至灯光可能对我们的视线产生一定的干扰和影响。不过，尽管在我们前进的道路上并非所有的光线都是我们所期望的，也远远好过没有任何的光亮。换言之，一个漆黑一片的环境并不适合行路。因此，我们在审视和否定市场经济运行对于基础设施行业法律规制所产生和形成的负面影响的同时，也就是否定和部分否定基础设施服务市场秩序（以及市场机制）的时候。我们不能否认的是，市场机制和市场秩序的建立一定比没有市场机制和市场秩序要好，因为没有市场机制也自然无法形成通过市场手段灵活配置资源的可能。而一切重回计划经济是所有人都不希望看到的。① 所以，秩序是市场经济的前提，法治是市场秩序的另外一种描述方式。

我们应当看到，秩序本身是具有原发性的。市场仅仅依赖自身的运行也能够形成秩序。无论依照经济学理论还是依照对现实经济运行的观察去认知市场和市场主体，我们必然相信，尽管在市场当中可能存在"恶人"，即通过不良方式侵占他人利益者，但是市场中的主体（自然人或法人），如果能够在市场当中存活下来，就必然能够通过自身的方式与方法克服市场风险；而整体上，一旦形成了某一种大众式的克服市场运行风险和微观个体侵害的模式，如对合同履行的谨慎或者对于市场经济周期的正常判断等，那么，实际上这一克服市场风险的模式本身就是一种市场秩序。任何市场主体的存续必然建立在对任何可能的市场秩序的清楚认知基础之上。这个时候，法治的作用恰恰在于降低市场主体的市场秩序认知成本，即降低市场交易的成本。

政府，即市场的行政管理者所拥有的市场行政管理权能并非基于市场运行本身。市场既然能够通过自发性的秩序降低运行风险，自然也就能自发性地管理自身的运行；而此时排除了行政管理成本和附加费用，市场运行成本是最低的。只有在市场本身的能力不足的时候，市场才会需要行政介入。行政介入本身其实是包含了行政目的的，也就是说，并不完全存在单纯的行政管理行为。任何政府一旦介入市场的运行当中，必然希望在其中起到某种直接或间接的作用，这一作用绝非市场能够排斥的，同时它会受到来自各方面所设定的行政目的的影响。比如，在公共服务市场当中，行政管理往往更少地取决于市场本身的特性，而是把政府对于社会服务的某种责任和责任履行目标夹在其中。具体如电力行业，我们通常把社

---

① 参见张守文《定价权分配与行使的法律规制》，载《法学》2016年第10期。

会用电总量作为社会经济发展的重要指标；政府可能也会通过调节电力供应价格的方式，从外部激励生产型企业的用电量，并以此作为外在刺激经济增长的手段。但是，这一外在用电量的增长刺激并非市场原发的，也并非市场经济运行的必然结果，而只不过是一种行政目的的兑现。所以，从市场运行的角度出发，外部的行政介入自然越少越好；但这仅仅建立在市场自身运行良好，市场秩序特别是原发秩序能够有效实现市场机制作用的基础之上。这一判断同时也将作为我们对于基础设施服务市场开放和开放后法治基本原则的核心价值标准。

一旦市场机制失灵，如前所述，出现如棘轮效应等，那么，来自市场之外的政府的规制行为就具有了经济上的正当性和法理上的合理性。传统经济学认为，行政介入这一"有形之手"是唯一能够解决经济规律这一"无形之手"在市场能力不足以实现正常的资源配置时的方法和程式。这就好比当一个人生病无法呼吸时，通过体外的呼吸机实现人体的呼吸功能，目的就是维持个体的存活。从宪法角度来解释，其法理在于政府的公共管理职能。公共管理自然包含对社会经济的管理。同时，由于社会经济的稳定与繁荣决定了国民的生活水平，在某种意义上，政府对经济的管理也在于对公民人权的维护。

一种市场经济的规制模式其实是某一国家具体经济社会属性的反映。因为在设定经济规制模式之前，也就是在法治的整体框架之内，其实法律的授权已然十分明显。人不可能跳出其存在的社会和时代架构，经济规制模式也不能。这就是我们能够从经济运行过程当中很好地认识一个国家的基本经济制度及其所决定的经济法律制度的主要原因。经济管理制度的惯性决定了所有的改革只能是渐进式的，极端的改革必然会耗费大量的社会经济成本和社会管理成本。从宪法角度出发，当我们认识到宪法所保证的公民基本经济自由及其相关宪法和法律条款的重要意义的时候，我们自然能够理解市场当中的行政介入必然应当遵循宪法原则与规范。因此，此时出现的市场规制就需要满足适应社会经济的前提和符合宪法规定的前提，缺一不可。

针对基础设施服务和相关市场，当政府决定介入其中的时候，我们能够理解其中包含的行政目的和宪法要求。无论出于何种原因，决定社会经济稳定与发展的基础设施必然是行政管理的重要对象；管理授权的意义充分性早在宪法制定过程当中，随着立宪者对于国民经济和基础设施的国民经济意义的理解，包含在宪法当中了。同时，随着社会经济的发展，尽管此时宪法可能不能得到及时的修订，但是通过对宪法条文的解释，依然可以有迹可循：基础设施服务的保障义务从未在我国宪法原则和条文解读当中缺席。纵使对宪法缺乏足够了解的人也能够理解基础设施服务供给的充分性具有社会意义；此时的社会意义已然不再完全等同于社会经济意义。一个在 21 世纪不能够有效满足国民基础设施服务需求和需求增长的国家，一定为国民所排斥。① 因而在宪法的本意上，基础设施服务其实已然和国家的义务联系在一起。这一点能够从德国《基本法》对国家铁路、电信、邮政等基础设施服务的供给保证义务的规定当中直接反映出来。而当一个国家的宪法直接规定了上述国家义务的时候，此刻的基础设施服务和相关市场就不仅仅是经济学理层面的客观存在，其中一定被赋予了社会和宪法法律的特定意涵。这一意涵由于存在于宪法当中，也必然与国家的基本制度（甚至有可能是基本政治、经济制度）息息相关。从上述角度出发，可能形成这样一种认识：基础设施服务价格的法律规制将不再仅存在于经济范畴，而是超越经济范畴进入社会和国家政治意涵当中，这才是严格意义上的基础设施服务价格法律规制的重要性的体现。也因此，无论经济法律当中如何规定基础设施服务价格的法律规制，其自身早已与宪法本身合二为一；宪法本身即体现了基础设施服务价格法律规制的合宪性，因为基础设施服务价格法律规制是宪法当中的条文意涵或宪法原则在现实社会经济当中得以运用的重要内容。

### （五）市场开放对于基础设施服务价格法律规制的约束意义

既然我们一再强调市场经济是法治经济，同时法治是一种对秩序的描述，因此在这样一种秩序结构当中，相关主体之间必然处于一种稳定的平衡状态。用经济法学的表述方式，即市场主体之间无论其权利义务还是法律所保障的正当利益都是均衡的。进一步来说，既然市场经济环境当中存在着市场主体的自由和市场行政管理者的调控规制宪法授权，那么，双方之间的关系也必然存在于法治的统合之下，并且为法治所调和。要实现这样一种稳定，同时能够为经济健康发展服务的积极状态并非易事。市场当中同时存在的市场经济主体和法定授权市场管理者之间其实是存在矛盾的。对于市场经济活动和市场行为的施加者即市场经济主体的自然人和法人而言，他们需求的是一种在宪法和法律保护框架之下的经济自由。反映

---

① 新浪财经：《美国记者体验中国高铁 感叹美国基础设施太落后》，2018 年 5 月 14 日，http://finance.sina.com.cn/stock/usstock/c/2018-05-14/doc-ihapkuvk2216399.shtml。

在宪法和法律体系当中，市场主体的经济自由受到民事自由、商事自由等诸多保护，当事人的意思自治绝非通过任何法律条文就能够完全地从市场经济自由原则中被抽除；宪法保护市场经济自由，并以此推动市场活力的目的的实现也是从保护市场经济主体的市场行为自由、意思自治开始的。在这样的情况之下，市场主体一方面希望自身的经济行为不被外界所干涉或打扰，言下之意即经济活动更多地将依赖于经济规律，行政管理与市场经济活动成本越少越好。另一方面，对于市场机制本身存在的风险，即市场经济主体难以克服的风险，需要通过行政介入进行排除；而排除经济风险和市场机制失效的行政成本，市场经济主体希望尽可能小。市场主体如同一辆在高速公路上行驶的汽车，汽车的主人希望路面平整以提高车速，同时降低油耗。此外，汽车的主人还希望高速公路的收费尽可能低廉，最理想的状态是免费。作为矛盾的利益方主体，政府的市场干预和规制其实依赖于法律的授权；而一旦法律授权，则又在某种程度上转化为法定义务。政府的不作为也可以被称作政府对市场干预的失灵，因为立法的目的通常需要通过积极的行政行为来达到。当然，法定授权是不能够允许政府无条件、无前提、无限制地介入社会经济活动当中的，否则这一授权将存在重大违反宪法及破坏市场经济自由的嫌疑。因此，以政府为代表的公权力对于市场的介入必然是在特定的情况下，如日常式的市场介入只能够作为一种特定情况出现。例如在金融领域，中央银行的公开市场业务虽然属于央行对经济运行的宏观调控手段之一，但是央行的公开市场业务只能够服务于特定目的，并在特定程序之下运行；其绝对排除的是央行利用所能够控制的市场资源获取市场经济利益。换言之，央行的公开市场业务只是为市场经济提供服务，央行并非从市场中获取商业利润的商业银行，这便是由中央银行的属性决定的，其属性同样决定了其日常式的市场介入的特点和所受的限制。再具体而言，任何政府机构对于市场经济的介入（规制）都一定是在宪法和法律所设定的前提之下产生和做出的。没有上述法定前提也就没有政府的市场介入许可。因此，从这一角度来说，政府的市场规制必须符合法律，既包含实体法同时也包含程序法。而立法层面上需要解决的问题就是，实现上述目的，调和市场当中经济主体和政府之间的关系，实现二者之间的平衡，并且不能导致零和博弈情况的出现。在此情况之下，法律衍生出的另外一个重要的责任就是保障公民对于宪法和法律的信赖：既然公民相信宪法框架下不会出现自身利益与政府利益之间零和博弈的情况，那么，用以维护权利关系稳定和利益均衡的法律制度就不能够缺少必要的稳定性。

## 第二章　基础设施服务领域（宪法）经济自由权利及其限制

在宪法框架之中，市场经济必然强调市场主体的自由；而受到宪法原则和具体条款保护的市场经济自由在法治中的反映一定是代表市场主体自由意志维护的私法地位的上升和私权利范围的扩张。具体内容如民事法律对于物权的维护将被视为一种实现和履行政府职能的法制存在；任何接受民事法律保护的合法物权，尽管可能同时存在于行政管控和支配之下，也必然得到整个权力体制的尊重，即依照法律并经法定程序不得予以剥夺。在这样的状态下，公民（同时包括法人）自然获得了更加有利的市场地位和更加充沛的市场活力；自由虽然并不一定意味着市场活力的增加，但的确是保持市场活力的决定性因素。而权力的扩张同时也意味着其他领域，如行政管理或政府市场规制等领域边界的受限。尽管二者之间并非零和博弈关系，但是私权利的扩张必然意味着公权力在某种程度上受到削弱。这是在市场开放过程当中必然出现的结果，因为只有将市场最大限度地交给具有自由意志和行动能力的市场主体，市场才能够真正存在和存续。

不过，在基础设施服务领域，我们也必然会看到，由于基础设施服务供给保障义务具化在宪法条文当中，因此，市场当中依照公共利益和国家责任所描绘的基础设施服务及相关宏观调控的法定要求并不会消解变通。换句话说，不会因为基础设施服务市场开放，就必然出现减损供给保障数量或标准的可能性；市场主体可能会多元化或者社会经济属性会变动（由垄断性国有企业转变为经济独立以及股权结构多元的商业公司），但是承担的社会供给责任和职能却不会改变。社会经济当中存在的基础设施（企业硬件）的社会经济属性，即满足于社会总体需求而建设的基础设施，必然应当更加符合社会经济的整体利益，而非企业的个别利益。更加明确地说，前文所分析的在基础设施建设过程中由于人为因素造成的、在经济层面出现的棘轮效应、Averch-Johnson 效应等现象都是在市场开放之后，无论在法理上还是在具体法律规制意义上都是绝对禁止出现的。国家（政府）必然依照行政管理职能和供给保障义务设定基础设施服务市场的宏观调控目标，以保证在符合公共利益的基础上实现服务供需平衡。

因此，基于上述两点，如果依然沿用传统的政府以直接行政方式规制基础设施服务价格，必然会在市场主体与行政主体之间产生一定的矛盾。市场主体会因为行政主体的价格规制权力而丧失自主定价自由，继而从根本上失去自主调节经济行为的能力和活力。相反，如果行政主管机构失去基础设施服务价格的法定规制权，则市场必然出现经济周期等因素所左右的服务价格波动，而受影响的必然将是社会经济整体利益。虽然我们不能认为经济周期和价格波动必然导致负面的经济结果，但是不稳定的基础设施服务价格本身就与保障稳定的基础设施服务供应原则相矛盾，因为价格一定会影响到服务的消费和消费水平。

作为基础设施服务市场开放的产物，政府的价格法律规制模式也必然因此发生改变，甚至是完全转变。这不仅仅影响到行政权力的运行，同时也包含对立法、司法权力的影响。首先，对于立法者而言，法律的制定必须符合实质的正义与形式的正义。这一点我们已经谈过。对于市场经济而言，最终市场经济运行所产生的利益必须在社会当中进行公平的分配，分配过程也必须符合法治的根本前提。由于市场环境中法律是市场秩序的基础，因此市场主体的利益必然牵涉到法律的内容。价格的制定既然作为企业物权行使的重要表现，规范价格的制定，也应当顾及其内在的经济合理性。而价格法律规制的外在反映是行政权力对于私权利的约束，因此程序的公正决定了法治的水平和准确。其次，对于司法制度而言，市场的公平意味着权利的保障，也意味着司法的介入。只有当私权利能够获得充分的救济渠道，能够通过司法方式对抗绝对强势的行政权力即公权力的时候，市场才能够获得足够的信心和拥有自主能力。此时，公民的自由才能够有效抵抗来自外部的侵犯。我们不能排除市场行政管理和规制过程当中会出现这样或那样的侵权事件；绝对廉洁和高效的政府仅存在于理论当中，因为一旦行政机关具有了经济利益或者行政执法人员掺和到市场运行的过程当中并可能获利，任何法律机制都不应该排除由此所需要具备的纠错措施，而司法方式正是有效的第三方纠错措施。所以，法院处理的关于基础设施服务价格法律规制的案件数量其实能够作为基础设施服务市场开放性的一个重要标志。再次，在行政的市场介入和管理规制过程当中，行政执法的模式和方式因为市场经济的特性而必须注意对于市场经济活力的维护和保护，也就是通过给予市场当中生产者、消费者等主体更多选择的权利，以保障市场经济的自由和开放性。这样，传统意义上的行政执法将演变为一种非直接的市场管控。在这一市场法律规制模式之下，政府的职能和责任更多的是提供一种市场本身缺乏的外在的经济激励，以此取代既往通过行政审核等方式对市场主体的僵化、官僚模式管理。

以上三方面，即市场开放对基础设施服务价格法律规制的约束，从表面上看是市场开放之后出于维护市场经济自由而不得不对立法、司法、行政模式加以改革，但是从更深刻的层面理解，实质上还在于：第一，市场开放本身意味着公民权利在经济层面的扩张和公权力在经济层面的被约束（或者被削弱，如果我们可以用削弱来形容它的话）。尽管二者之间并非此消彼长的关系，同时也没有必然的扩张和受约束的比率，但是无疑在整个国家的管理模式上，市场主体自由权利的扩大，意味着管理者必须依法对上述自由加以尊重并且通过自身权力的运行维护公民自由权利。在市场环境范围之内，市场主体的自由的扩张意味着公民（包含法人）与政府之间的单纯管理与被管理关系模式的变化。政府的行政权力既然要被用来维护公民私权利，则二者之间将不再必然是单纯的仅仅具有单向的权力约束力影响之下的双边关系。更加重要的是，司法权的介入使得公民在市场范围之内的私权利能够得到更加充分的保护和尊重。司法机关作为制衡市场经济管理权力的作用将更加彰显。某种意义上，一旦司法机关（法院）能够对市场规制过程中行政权力的形式即执法者的职权的合法性加以判断，这意味着法院对行政机关的市场规制行为进行着监督，尽管这一监督模式属于事后的监督，其是否发挥作用尚存在一定疑问，但这是随着市场开放才使法院获得的新的司法职能。纵然我们不能判定法院在中国的经济法律实践过程中是否已经完全具备了相关能力，即目前我国的法院系统是否能够监督市场法律规制的正确执行，但我们依然能够感受到其中带来的深化改革的重大意义。公民在市场经济环境中权利得到有效救济本身就意味着市场机制将发挥更大的效能。第二，由于基础设施服务的经济特性，特别是属地性，随着市场的开放，传统意义上的由中央政府所垄断的市场规制权（不绝对完全包含定价权）将为地方政府和地方立法机构所分享。这是一种自上而下的适应市场经济发展变化的权力的去核心化。基于地方基础设施行业市场的平稳运行需要，尤其是我们需要看到中国在区域基础设施行业市场方面存在重大的地区和价格差异，我们便可以很好地理解其中的意义。市场开放并非一定意味着政府财政补贴的减少，也不意味着全国基础设施服务价格的摊平；它意味着市场竞争主体的多元化和市场运作方的确立。此时，地方政府由于对本地基础设施服务供给负有保护责任，因此必然从现实基础上需要获得充分的法律授权，以顺应地方市场的建立、监管、规制等责任。不同点在于通过经济手段还是法律手段。地方政府的职能将更加丰富，也必然由此需要更多的法定自由裁量权。

（六）基础设施服务价格法律规制的核心意涵

作为市场经济领域内的立法，凡牵涉到基础设施服务价格的内容应当首先遵守经济原理。当然，这一经济原理本身并非单纯的学术理论，而是同时包含了现实市场特征基础之上的经济运行实际情况和立法者基于对市场未来发展的考量。当立法者希望通过市场机制的方式配置基础设施服务领域的资源，以实现对供给的保障和对生产效率、降低成本等符合公共利益的目标的时候，实际上的市场开放等同于将一个完全不同的市场结构加以合法化并确立形成。既然市场机制的核心功能是通过竞争形成的，因此市场发挥资源配置作用的主要机理也在于实现市场竞争，同时由此带动生产技术水平的提升和成本的降低。以上是经济理论层面对于市场开放的粗浅解释。但是，从经济法律层面解释基础设施服务市场的开放则存在不同的角度和内涵。市场的开放意味着市场主体的经济行为自由及相关领域内的充分授权，政府在开放市场的同时也必然承担着新型市场结构下对秩序的重建。尽管这个时候政府并非必然直接介入，但是行政行为对已经开放的自由的市场内部存在的竞争的规范，即对市场主体竞争行为的行为模式的约束，以及作为外部主体对企业设定服务价格的干涉和影响，都应当视为必然的对新市场的外界约束。这里，无论政府的行政目的是否与前述的推动市场资源配置效率和企业生产效率，乃至降低基础设施服务生产成本以维护和提升社会公共利益相一致，从法理的层面上都属于一种行政干涉，都是对依然需要维护的自由的市场经济的一种限制。也正是这样，决定了限制行为的实质正义前提和形式正义前提。具体来说，包括三点：①政府在自由市场经济运行过程中的外部干涉必须获得正当性，即合法性。要实现政府的基础设施服务市场管理、规制的合法性，首要前提即在于立法。不过，并非立法者简单规定一部法律，其中蕴含了基础设施服务市场（价格）规制内容，就等同于给予了政府主管部门介入的合法性。否则，此时的立法与计划经济模式中的立法不存在多少区别。在市场经济条件下，立法应当符合宪法与法制体系对于市场经济的基本保护规则。②法律的市场规制授权必须通过设定严格的行政行为约束要件，也就是在条文中应当明确行政介入的前提和判断标准。此时关于基础设施服务价格形成的经济规律和重要学术理论将具有重大的评估价值和作用；其所评估的将不仅仅是行政规制的实际效果，同时还应当包含对于市场机制（自由）本身的维护作用和功能。严格意义上说，尽管立法活动本身与经济理论之间并没有直接牵连，但是立法过程中间，以及法律条文当中，应当包含经实证证明准确的经济理论的作用和影响。③在法治的重要前提和原则规范之下，政府的规制行为必须受到约束和监督，同时保证行政相对方的权利救济途径。这一点已经在市场开放的意涵当中有所阐述，此处不赘述。

在法学视角下，与经济学差异最大的是对效率的理解。在一般市场经济学的理论当中，市场开放是和促进市场运行效率（以服务价格效率为标志）联系在一起的。但是，经济学强调的效率意味着单位成本基础之上产出的扩大，法学意义上则没有这么简单。①在法学的核心思想当中，效率或者市场效率并非一个简单的数学函数，也绝对不是一个基于客观评价标准建立起来的成本和产出之间的比例。在社会经济当中，我们不能够抛弃社会的公平和社会的整体（公共）利益谈论效率问题。基于经济学上的效率，企业可以完全无视法律上的限制，同时无视社会责任层面对企业的约束，进而开除无效的生产单位，以此换取生产的完全效率。但是对于基础设施服务而言，保留一定的生产能力冗余其实是必须的。社会需求随着经济的增长和需求环境的变换会发生波动，这一波动本身是有弹性的，也就是一定会有所不同。例如，夏季的电力需求会高于秋季，春节期间的铁路运输会形成春运峰值，等等。此时不能要求企业按照正常的市场消费需求比例设定最为优化的服务产能，换言之，最有效率的生产产能安排不适用于基础设施行业。同时，我们应当看到基础设施行业的社会责任，其中甚至包含了促进就业方面。因此，保留一定的生产和人员冗余，尽管在经济学层面减损了企业效率，但在法治层面则提升了社会公平意义上的效率。二者之间需要达成相互协调或者妥协，否则，尽可能提升的市场生产效率将严重损害社会经济利益。而立法者本身并非"经济人"，一个完全的经济理性也绝对不可能为有人性情感的立法者所接受。②单纯在生产层面，效率的标准是一个复杂的体系而绝非一个简单的指标。效率标准对企业而言意味着生死存亡，市场当中的企业只有符合效率标准才能够生存下去。因此，在法律条文当中设定的，能够决定企业生产效率标准，并用来决定基础设施服务价格的效率标准就一定不能够仅仅符合"优劣"这一二元对立理论。一个具有优势的生产效率和在此基础上形成的企业服务价格不应当对社会经济环境中的其他企业的正常经营形成威胁，并且由此可能威胁到基础设施服务的社会供给水平。因此，在立法过程当中，需要明确的所谓效率，其实是一种"次优"的效率标准。这一标准，如我国实行的标杆电价，在基础设施行业当中处于中间部位的效率水平；只有中间部位的效率水平才能够一方面保护绝大多数企业的市场存活可能，另一方面又能够激励处于标准之下的企业提升能力，以便满足达到法律规定的标准。在这个时候，我们回过头来发现，经济学原理其实在立法的过程中被牺牲掉了；所谓的效率不过是立法过程中立法者对现实经济情况的妥协。纵然我们理解这样一种妥协是不可避免的，但是用"效率"来描述它是不准确的。我们只能够说，此时的效率是法治意义上的效率，而非经济意义上的效率。③与社会经济领域中的其他行业不同，基础设施行业内部的科技发展是缓慢的。我们以邮政为例，就可以很好地看清楚这个问题。从最早的英国皇家邮政服务开始，邮政的属性并没有发生什么变化，所变化的不过是运输工具而已。换言之，在邮政行业内部，我们是看不到科技的影响的，所有的影响都来自外部世界。因此，邮政行业实难以通过投资科学技术获得行业发展；行业外部的运输工具研发绝非来自邮政企业的投资。因此可以看出，科技研发对于基础设施行业的生产效率提升仅存在于某一特定的方面或者时期，比如新型运输工具的出现时期等。一旦社会经济发展稳定，绝大部分生产工具的科技水平处于一种平稳状态之下的时候，最为主要的提升行业生产效率的方式将以成本监督（市场规制）和市场竞争为核心代表。而市场竞争的作用是提升企业内部管理水平，以及企业资本利用率等。这样，法治手段介入到提升市场效率问题的过程中的时候，就存在着诸多不同的阶段和阶段差异性。在不同的阶段，法制的作用也必然不同。在生产技术研发能够极大程度上促进基础设施服务生产效率的阶段，法治的核心也必然在于激励企业和社会研发；在社会生产技术相对平稳的阶段，法治的主要作用则更多地体现为规范市场竞争和企业定价行为。应当说，法治所处的市场生产技术发展阶段是一种客观的存在，不以立法者的个人意志为转移。任何一种超脱于所从属的社会生产技术阶段的立法都是无意义的，也必然产生不了应有的社会经济效果。综上，实际上我们能够看到，存在于基础设施服务市场当中的立法其实是一种市场主体基于客观现实，同时又是市场主体之间相互博弈所形成的结果。

在开放竞争的社会经济环境当中，基础设施服务价格的形成取决于以下五个方面。

第一，供求双方之间的合同。在市场开放背景之下，市场竞争将不仅作为宏观经济层面资源配置的主要方式，同时也直接决定着微观经济领域服务供求双方之间的权利义务，即对价给付水平。如果排除严格意义上的政府定价行为的影响，把政府的价格规制视为一种既有的市场秩序的一部分，那么，市场竞争所带来的必然是不同服务供应者的不同服务价格标准，而市场将作为订立服务价格的最终舞台和机制，供求双方也必然能够就基础设施服务的价格形成相互博弈并最终达成一致。最简单的例子就是目前尚存在大用户直接购电，用电大户可以直接和供电企业达成协议，通过合同的方式获得比其他用户更加优惠的市场电力价格。

第二，政府的价格法律规制。无论是事先的价格审批还是事后的价格审核，也就是无论价格法律规制属于事先或事后哪一类型，政府的价格规制行为必然对企业产生决定性的影响。由于基础设施服务的特性，自然垄断企业在市场当中处于一种相对于消费者而言的绝对优势地位。因此，政府的价格法律规制必然对市场中供求双方之间的不平衡地位加以平衡，以便保护弱势一方，即消费端大量基础设施服务消费者的基本社会经济利益，实现宪法中对公民权利的维护。

第三，币值的稳定。一国的货币币值稳定意味着该国的经济运行正常。基础设施行业往往与国际大宗货物交易相关，而国际现货和期货市场价格存在着不确定性和价格波动周期性，因此，如果一个国家的政府希望维持该国基础设施服务价格的稳定，就必须通过克服国际市场大宗货物价格的波动实现基础供给的保障，如原油、煤炭等。同时，由于基础设施服务价格实际上决定着一个国家的物价水平，任何国家出于维护国民经济稳定的目的，也必须维持基础设施服务供给的基本标准。而牵连其中的就是各国的货币。基础设施服务供应本身是难以替代的，因此，本国本币价值的稳定也意味着所能够享受到的基础设施服务供应稳定。相反，某一国家的货币币值不稳，将直接导致基础设施服务价格的波动，继而从整体上影响对于国际大宗货物的需求。例如，某国本币贬值，将直接带动该国石油进口价格的上涨，同时带动电力、铁路等能源交通领域的基础设施服务价格上涨压力；如果该国政府不能够进行及时、有效、充分的基础设施行业财政补贴，则由币值贬值所带来的通胀压力将转化为企业的运营亏损，最终将使得整个基础设施行业处于崩溃的边缘。

第四，稳定的经济政策。在一个国家的国民经济当中，基础设施行业是十分重要也十分庞杂的。同时，这一行业与国民经济政策之间的联系也最为紧密。由于基础设施行业牵涉到整个国民经济运行的稳定和国民经济的发展，因此，国家经济政策的调整对基础设施行业有较直接的影响。前文已经提到的国家劳动力政策、货币政策、产业政策、对于社会投资的保护性政策等，都会对基础设施行业产生重大影响。因此，稳定的国民经济政策往往意味着基础设施领域内的稳定；外部的侵入越少，内部的稳定性越强。而一旦有关领域内形成新的政策并得以贯彻落实，基础设施行业也必然会有一种新的面貌出现，如市场开放政策。

第五，其他成本决定因素。基础设施服务价格是一个复合成本决定的服务价格。很多社会经济因素决定着基础设施服务价格和价格水平，如货币币值。但是随着社会经济的发展，特别是绿色经济模式的出现，意味着基础设施领域内传统生产经营模式的转变，也自然会对基础设施服务价格产生影响，如环境成本的增加等。

以上对于基础设施服务价格形成起到决定性影响的因素意味着国家在下列几个方面的责任和义务。首先，国家应当保证法治的稳定和法治的贯彻。市场当中的法治虽然是一种国家政治制度和基于相关政治制度所形成的顶层设计和安排，但正是由于这一制度设计本身具有根本性，因此不存在任何轻易被动摇的可能，否则将对整个国民经济产生严重的负面影响。这并非意味着根本制度从本质上排斥改革或者深层次的改革；相反，有利于制度和机制进一步发展的改革都应当为立法者和执政者所鼓励与支持。中国社会主义市场经济发展的经验从实践角度证明了，只有不断进行改革，才能够有效破除制度设计原本存在的问题，进而适应社会经济发展进步的需要。不过，这里面蕴含的并非激烈的社会变革，而是渐进式的"改良"，以避免可能会形成的社会经济混乱与动荡。同时从社会主体，也就是宪法角度的公民视角进行观察，我们应当明确政府和法律本身对于公民所担负的信赖利益的保证责任。一个国家的公民，在国家的政治、经济运行良好的状态之下，较容易对国家政治和经济制度产生信任。换言之，当公民生存或存在于国民经济体系当中时，无论出于何种角度的利益分析，都会选择支持本国国民经济，因为这种支持本身也是对自身经济利益的支持和维护。因此，国家经济体制在实践当中就与公民之间形成了一种捆绑式的关系，二者互惠互利。而基于对国民经济的依赖，公民有理由相信本国的国民经济和相关经济法律制度的合理性。此时，宪法和法律本身应当维护和保障本国公民对经济法律的信任，以此形成社会经济运行过程中的良性循环。否则，一旦在法律制度当中破坏了公民对法律制度的信赖，简单来说，即公民对法治的信赖受到了破坏，那么，在社会经济体制之内也必然形成棘轮效应，也就是随着信任的打破，公民不再信任任何法律制度，随之而来的是制度的毁坏和对制度本身的破坏。这一恶性循环对国民经济而言无疑是毁灭性的伤害。因此，我们需要强调，出于维护公民对法治的信赖利益，社会经济的变革以及服务于相关变革的立法需要尽可能地保护公民利益，以避免形成可能产生的制度性问题。即此，法治的稳定和贯彻不仅仅对市场经济具有重要意义，对国家的根本稳定也具有重大影响。

其次，对于市场的行政干预，即法律规制行为应当符合市场经济的规律。既然法律的授权必然形成对市场自由的限制和影响，那么，立法者或者市场主体自然都希望法律的贯彻能够解决现实市场经济中市场机制难以解决或者解决成本过高的问题。市场在资源配置过程当中，随着价格的波动必然形成投机的空间，这也是市场经济环境下基础设施服务存在期货市场的主要原因，如电力产品期货等。而通过市场方式来解决市场机制存在的问题，必然需要付出相应的经济层面的代价，也就是市场交易过程当中必然出现的成本。这一交易成本因为市场经济的运行和特性无疑会由终端消费者所负担，从整体上看，就演变成为整个社会经济运行的成本。从一定意义上说，如果市场方式能够克服自身风险，并且成本较低的话，那么，社会经济的运行其实是可以吸收相应成本的，因为有成本自然也会形成社会经济收益，两相抵消，社会依然获利。但是，如果交易成本太高，甚至突破了社会经济承受能力的时候，比如形成了完全的社会经济环境下的垄断价格，那么就需要通过相对成本较低的行政介入解决问题。此时，行政介入的重要前提就是尊重市场经济规律。因为一旦行政权力介入市场，市场主体是难以获得或者具有与之抗衡的法定授权或行为能力的。世界上没有什么私权利主体能够在法治层面获得对抗公权力主体的可能。因此，一旦出现行政机关违反市场经济的基本规律和原则，承受负面影响的只能是市场和市场主体。此时行政介入的社会经济成本将远远超过市场主体预期和所能够承担的范围。例如，各地出现的所谓"良种"的坑农绝收现象，[①] 以及由于环境问题而"禁养"导致农户受损的情况。上述现象虽然表面上看起来存在官僚主义和"一刀切"式的简单行政模式，但是从根本上看，属于没有尊重基本市场经济规律，忽视了市场本身的运行模式，更没有通过符合市场运行基本规律的外部介入方式实现预期目标，才产生了上述问题和负面结果。

再次，基础设施行业需要外部经济环境和经济政策的稳定。基础设施服务本身与国民经济存在着千丝万缕的联系，同时也是直接受到经济形势和经济产业政策影响的行业。一个稳定的货币、市场、经济产业政策环境对于基础设施行业而言具有决定性的意义。在市场开放这一改革过程当中，实际上基础设施行业面临一项重大的定价领域的改革。在改革之前，基础设施服务价格是被政策制定者用来维护货币稳定、调节通货膨胀的重要工具。基础设施服务价格的社会经济意义和作用使经济政策制定者能够用稳定基础设施服务价格的方式维持社会通货膨胀率，并且用调节基础设施服务价格的方式带动市场环境下通货膨胀率的变动，从而达到稳定货币币值的目的。简单来说，如果基础设施服务价格稳定，则货币购买力稳

---

① 参见姜刚、张紫赟《追问安徽万亩"隆平稻田"减产绝收真相》，载《经济参考报》2015年4月17日，第A11版。

定，继而币值稳定。但是，随着社会市场经济的发展，基础设施服务价格的上述功能已经消失。中央政府能够直接通过央行的货币政策调节币值，通过金融市场直接管控通货膨胀率。而在市场开放背景之下，基础设施服务价格也将变得更加直接和单纯，其价格仅仅是基于企业成本收益基础之上的产品和服务市场价格而已。在失去社会经济运行过程中的附加作用和意义之后，回归到简单产品服务对价的基础设施服务价格，就应当仅仅满足市场经济运行过程中的基本定价规则。此时，市场经济政策的影响，而不是基础设施服务价格政策对于市场经济的影响就成为改革之后的重要变化。

　　基础设施服务市场的开放对市场主体而言无疑是一个重大的经济环境变化，以此作为契机的基础设施行业法律规制同样也是一项重大变革。基础设施行业因为自身的经济特性，在市场开放之前，通常是由纵向垄断的企业所把控。市场中虽然可能存在着竞争或者理论上的竞争，例如我国的电信服务市场是由三大巨头（中国移动、中国电信和中国联通）所垄断经营，三者之间存在着服务市场的相对较弱的竞争形式，但从整体上看，少数企业所构成的市场主体本身却有着共同的利益。这一共同利益就是，市场开放的程度越低，市场当中的企业所能获得的垄断利润就越高。而这一共同利益在实践当中会鼓励或引导企业联合抵制任何市场开放的努力以及政府的外部介入。任何行政管理或者规制行为都会被市场当中的企业所排斥。在这样一种情况之下，市场变得日渐封闭。而市场越是封闭，越难以实现商业竞争，难以通过市场机制真正调节资源配置。因此，市场开放政策和相关法律规制的现实经济作用就在于提升市场活力，推动市场主体的多元化，从而形成良性竞争，并提升竞争水平。这也必然会受到市场中垄断企业的抵触和排斥。因此，从这个意义上说，市场开放的立法更加有利于整体社会经济利益和公民利益，但是一定减损垄断企业的利润，也必然会受到来自企业的压力或阻力。来自企业的压力或阻力在经济转化的过程中，可能会变成某一种政府游说活动，从而产生规制俘获的潜在风险。因此，如果因为企业的游说，或者行政当局认为市场主体的数量已经达到某种程度，则可能进一步导致错误的判断——基础设施服务市场内的去规制化就是由于英美政府错误地判断了市场自身的调整能力，误认为市场主体之间的竞争关系已经能够克服市场风险，从而盲目削弱政府对基础设施行业的管控能力，导致了服务价格的虚增和社会经济利益的损失。因此，出于对以往错误判断的修正，目前欧美国家已然开始重新通过一种更加符合经济规律的方式，试图重新确立市场管理者的规制地位。尽管这样一种

## 第二章 基础设施服务领域（宪法）经济自由权利及其限制

简单的外部经济激励规制模式并非政府人为的市场直接介入，也绝非人为方式削弱市场机制的根本性作用，但是无疑政府市场规制职能与责任的重新回归符合基础设施行业的特点，也能够更好地维护宪法和法律所应当维护的社会与公民的利益。

从企业的微观经济学角度观察，基础设施服务企业的服务价格形成受到了以下三方面因素的制约。其一是基础设施整体的服务承载量。这是由其作为硬件的基本服务供应条件所决定的。我们做一个简单的比喻。一辆汽车，它的承载是受到其自身客观物理条件约束的，换句话说，一辆汽车的有效承载量是一定的，如果人为加大它的承载负荷，则意味着系统的失灵或崩溃。一辆只能载重5吨的汽车是无论如何也无法承载50吨的。因此，基础设施的承载量就意味着它能够履行社会服务供给的总量，超过的部分必须通过扩大或改建基础设施硬件体系的方式来解决。其二是市场供求变化周期。《鬼谷子·持枢·全篇》有云："持枢，谓春生、夏长、秋收、冬藏，天之正也，不可干而逆之。逆之者，虽成必败。故人君亦有天枢，生养成藏，亦复不可干而逆之，逆之虽盛必衰。此天道、人君之大纲也。"换句话说，古人认为"人不能胜天"，只能是依照天地的周期规律做出顺应四时变化的安排，如此方能够成功。对于基础设施服务而言也是如此。例如，北方的夏季绝对不需要供暖服务，但在冬季，供暖服务却是日常必需的。又如，随着冬季光照时间的缩短，居民照明用电的总量会比夏季增加，等等。经济周期等对基础设施服务而言都有着重要的意义，企业只有用大数据分析的方式才能够有效预判未来周期内需求的增加或减少。其三是固定资产投资。无疑，非常耗费资本的基础设施在固定资产领域需要固化企业的大量资本金。这也是在欧洲国家，由于国内市场规模相对较小，因而形成基础设施行业国有化的重要原因——随着市场基础设施服务需求量的不断增加，固定资产投资数额也成倍增长，私有企业很难在短时间内获得充分的资本，并在较长的基础设施运行周期得到经济回报率相对较低的资本回收。因此，如果基础设施服务企业希望通过有效的经济方式从市场当中及时收回海量的投资资本，市场的反应往往会证明上述目的是不现实的。换句话说，尽管排除了市场本身可能面临的政治性风险和自然灾害风险（比如军事政变导致的政权更迭，或者重大自然灾害导致的投资毁损）等非经济原因对巨大投资资本的威胁，国民经济的市场公平原则以及消费规定对公民利益的维护也绝对不允许基础设施服务企业通过经济手段（如涨价）实现资本的快速回收。因此，在一个相对长的时间周期之内，基础设施企业需要面对巨大的融资成本压力和资产维护成本压力。这双重的经济压力往往不能够保证企业会获得充分的市场经济回报。尽管可能存在政府的财政补贴，但是相对于其他基本流动周期短的行业，基础设施服务市场并非一个获利及时的领域。这决定了，首先，企业的服务价格必然受到约束；其次，政府在鼓励和吸引私人资本投资基础设施领域的时候必须给出一个相对于市场其他行业具有吸引力的投资回报率。但是，现实当中我们能够看到，市场对于基础设施行业投资的犹豫。① 同时，投资者也必须注意的一个问题是，一旦基础设施服务价格上涨，可能导致消费需求的减弱。这在航空服务领域得到了很好的证明。

　　以上三方面决定着基础设施企业的服务价格在定价计算的过程中必然会存在一个与企业现有生产能力和效率相一致的"企业最优"定价，在社会经济层面同时也必然存在一个能最大限度满足社会基础设施服务需求的"社会最优"定价。这两个不同的定价标准之间其实是一种反映在经济运行过程当中的宏观经济调控与微观经济规制之间的矛盾关系。正是由于"企业最优"定价与"社会最优"定价之间的差异性客观存在并且不可调和，这两个定价将直接决定着企业和社会公共利益的收益与亏损，因此，在基础设施服务市场开放的过程当中，国家不可能也不可以将基础设施服务价格的制定权完全交给企业。其目的是保证基础设施服务供给的社会公平性，避免由于企业人为定价而造成的社会不公正，比如更加有利于富裕阶层的基础设施服务供给价格。因为我们都清楚，公民的基础设施服务接收水平其实反映了一个国家和地区公民的基本生存状况和当地的经济发展程度。因此，如果在一个相对富裕的地区，一个高昂的基础设施服务价格将导致低收入阶层不得不花费更多的收入维持基本生存条件；而对于富裕阶层来说，基础设施服务价格的增高，其实并不能够对其生活质量产生负面影响，相反，可能进一步扩大贫富差距。例如，对于一个月收入2000元的中低收入者而言，每个月的用电、用水、公共交通开支等将极大程度上受到基础设施服务价格水平的影响，如果整体费用上涨100元，就意味着增加了相当于个人5%收入的额外开支。这5%的花销对于月收入2000元的收入者来说，是一个较大的数额，也必然在极大程度上影响他的生活质量。而对于一个月收入100万元的高收入者来说，如果每个月同样增加5%，即5万元的基础设施服务消费，不但意味着他个体生活质量的极大提升，而且没有对他的整体收入产生很大的负面影响。因此，基

---

① 参见张智《民资不敢参与，铁总无奈入股 川南铁路：国欲退，民不进》，载《华夏时报》2015年5月8日。

## 第二章  基础设施服务领域（宪法）经济自由权利及其限制

础设施服务价格更应该照顾中低收入群体的利益，而绝对不是高收入群体的利益。基于此，在市场开放的过程中，尽管市场机制将对企业服务定价产生更多的和更为主要的决定性作用与意义，但是在市场开放的同时，政府也绝对不能将基础设施服务定价权向着更为有利于企业的"企业最优"定价标准倾斜，相反，市场法律规制应当保障"社会最优"定价标准得到更好的维护。市场开放的作用在此时，更为主要地反映在，通过扩大市场主体范围，破除垄断，并推动市场公平竞争，从而带动生产效率的提升和服务成本的下降，以此扩大服务供给，满足市场需求。

作为市场的监督者，政府在基础设施企业定价过程当中，虽然由于市场自由的维护和市场开放的需要不得不转化法律规制模式，但是应当通过有效的手段及时发现市场当中企业存在的定价问题。服务于这一目的，就需要政府建立及时的市场监督和数据收集机制。具体而言，通常政府会通过设定关键供应商指数（PSI）和剩余供应商指数（RSI）的方式对市场价格的波动进行监测。所谓的关键供应商指数，是对市场当中主要服务供应企业的价格进行监督；而剩余供应商指数则是对应其他规模相对较小的服务供应企业的价格。

综上，我们可以对基础设施服务价格法律规制的法律特性加以总结。简单来说，包含以下四个部分。

第一，基础设施服务价格法律规制是一种行政机关依法应当履行的法定职责，绝非法定授权范围内的自由裁量。既然我们把市场环境当中的基础设施服务价格相关的规范管理，特别是对于定价的规范管理当作一种市场秩序，那么，一切所依赖的就是法律的本意和立法者在立法期间所设定的规则。行政执法者在对市场进行规范管理的时候，是负有法定责任的。市场的规范管理，尽管可能在市场运行过程当中会出现非常多的个案，但是从本质上来说，法律的规定必须执行，而不能够依照现实情况做出任何妥协或者变通。也就是说，行政机关只不过是立法目的的执行者，并且这一执行者不能存在任何自身意志。基础设施服务价格具有十分重要的社会经济和社会政治意义，因此，不能够在法律的框架之内允许任何变更的可能。其目的就是更好地实现宪法和法律规定中对于公民利益和社会利益的保护；而这一保护义务相对于行政权力具有绝对性，不容挑战。

第二，在依法执行基础设施服务价格法律规制的过程中，行政机关不受外界干扰和干涉，独立行使法定权力。价格法律规制是一项需要专业知识基础的行政工作；而基础设施服务本身的特性使得任何一项特定的基础设施服务价格在定价过程当中都必然会包含诸多关联性的经济、会计、法律，甚至物理、网络等方面的专业知识。同时，由于基础设施服务价格的社会敏感性，使得任何相关利益主体都会关注定价的过程和结果。因此，保护授权机关在不受任何外界干扰的情况下，运用专业知识，对有关价格进行法律规制，才能够在程序上保证行政行为在客观和主观方面的合理性。

第三，基础设施服务价格法律规制需要完整的法律授权。前文已述，在基础设施服务市场开放的过程当中，服务价格的法律规制模式也发生着重大变化。先前的政府主导的事前和事后审核模式逐渐被间接的外界激励规制模式所取代，这就要求行政执法者在法律规制模式变更的过程当中能够获得完全明确的授权和程序约束。法律只有对权限和权力行使程序给出具体和明确的答案，才能够保证行政机关严格依照法定内容履行价格法律规制责任。否则，将会在市场开放的过程当中形成或出现不必要的行政混乱，造成市场开放过程中的社会经济损失。

第四，基础设施服务价格法律规制应当具有可诉性。在市场经济环境当中，特别是在宪法明确保护公民财产、自由的权利的前提下，法律规制应当接受司法机关的监督和制约；同时，也只有私权利得到有效途径的法律保护，才能够进一步提升和促进市场主体的法律地位，并在经济层面鼓励公民和企业的投资。在我国基础设施服务领域的改革过程当中，从目前来看，司法体系并没有有效地承担起对市场主体权益的保护，以及对市场规制主体的有效监督职能。其核心原因在于：①立法层级低，法院受理案件没有法律依据。关于价格法律规制的立法形式通常为部门规章；依照部门规章做出规制行为本身，按照《中华人民共和国行政诉讼法》的要求，是难以通过司法程序寻求司法救济的。②行政权力过大，行政机关处于市场超然地位，影响了行政权力的制衡。由于行政权力的法律授权本身构建了相对强力的市场主管部门，因此，在法治体系当中也难以同时塑造一个具有同等行为能力的机构对其加以制衡。由于行政复议本身只能在价格法律规制机构内部进行，而法律往往规定国家部委具有价格规制权，因此相关决定的复议也只能在部委内部进行，从而导致行政复议的实质作用并不是用来制衡行政决定的违法做出，而是进一步巩固行政权力的法定内容。③市场结构单一，国有企业依旧处于垄断地位。虽然经过几十年的改革开放，我国在城市市政服务、电力、电信、邮政等基础设施服务领域实现了公司化经营，将过去政企不分的基础设施行业改造成为由国有企业经营的市场格局，但是相对而言，市场本身是不存在竞争的，如邮政、铁路、城市市政服务等行业。而一元化的市场主体格局本身造成了政府基础设施服务价格规制的方式单一，本身出现的规制俘获现象也说明了这一点。政府虽然从法律层面已经和企业进行了切割，但是在经济运行过程当中，依然和企业存在着千丝万缕的联系，甚至在某种意义上只不过是"政企不分"改换了一种形式而已。企业在市场机制中的作用并没有通过企业化改造而得以实现，市场机制也根本上没有实现的可能。我们需要深刻认识的是，在我国，基础设施服务行业的经济特性，是我们是否具备通过符合市场经济模式的价格法律规制约束企业经济行为的前提。如果我们的国有基础设施企业不能够从根本上获得市场主体地位，当然这种市场地位的获得也意味着企业与政府联系的丧失，那么，我们对于一个不存在的市场经济，也就无法进行市场经济所需要的改革。

（七）特殊事项

对于基础设施服务价格法律规制而言，还存在几个较为主要的特殊事项，其同样关系着基础设施服务市场的形成和相关法律规制的设计。

第一项特殊事项即国有企业（简称"国企"）在垄断行业内部的改革问题。改革开放40余年来，我国的国有企业改革经历了四个主要阶段。第一阶段是1978年至1986年。在这一阶段，中央政府主要进行国企经营层面的改革。传统的国企的管理包含了政府垄断企业的经营权和产品的支配权以及收益处置权，因而导致国企长期处于低效率的运行状态。针对政企不分的弊端，中共十一届三中全会后，政府颁布了一系列关于扩大企业自主权的文件，推动了国企经营权层面的改革。1979年4月中央工作会议做出了扩大企业自主权的决定，同年国务院颁布了《关于扩大国营工业企业经营管理自主权的若干规定》等5个管理体制改革文件，并在四川省进行扩大企业自主权的试点。根据中央政策，政府向企业让渡了一定的生产自主权、原料选购权、劳动用工权和产品销售权等14项经营权。企业经营权的部分让渡意味着企业的经营者具有了一定程度的剩余产品的控制权和索取权。这一阶段改革意在使国企成为自负盈亏、自主经营、自我约束、自我发展的"四自"经济实体。第二阶段是1987年至1992年。这一阶段主要进行国企从经营权向所有权过渡的改革。随着改革的深入，不进行产权改革，改革是没有出路的。当然，在社会政治经济领域也相应地产生了两种不同的改革思路。一种思路主张将国企改革仍限制在原有财产关系之内，进一步推进或深化经营权层面的改革。与这种认识相对应的制度选择是企业承包制或租赁制。政府决策部门也倾向于这种改革思路，于是从 1987 年至 1992 年，国有企业经历了两轮承包和租赁改革。与承包制、租赁制的改革主张不同，国内理论界的一些学者提出了深化国企所有权层面改革的主张，与这种主张相对应的制度选择是股份制。股份制改革是国企在所有权层面改革的一个重要推进举措。其根本目的是要改变由国家垄断的企业财产制度，使国企内部形成多元化的产权主体，优化国企内部的治理结构，对股东、董事会和经理层进行有效的激励和制约，调动全体职工的积极性，促进企业更好的发展。第三阶段是 1993 年至 2004 年。此阶段，中央政府主要推进建立现代企业制度的改革，同时对国企布局和不合理的结构进行调整。1993 年，中共十四届三中全会通过的《中共中央关于建立社会主义市场经济体制若干问题的决定》中，明确提出了国企建立现代企业制度的目标和步骤。1994 年以后，建立现代企业制度的试点在国企中展开。建立现代企业制度的目标是通过产权结构的改革，使国企成为"产权清晰，权责明确，政企分开，管理科学"的现代企业。在现代企业产权结构的制约下，政府不能直接控制和经营国企。政府可通过其代理人即国有资产管理公司或控股公司参与国企重大事宜的决策，但这个决策也要受所有者出资额即所持股份数额限制，不能一家说了算。当然，政府可在国企清算和转让时依据终极所有权来实施和表达自己的意愿。因此，在现代企业组织框架中，从发展上看，政府的意志是递减的，是受限的，而股东的意愿和权利可得到组织和制度的保证。在现代企业制度中，权利、责任和义务是由法律规定的。决策只能由董事会成员讨论后通过表决做出，这就可以避免长官意志和个人意志的独断专行，从而为企业的科学决策及其实现提供组织基础。在此期间，国企的现代化改革取得了明显的绩效。第四阶段是从 2005 年至今。这一阶段，改革的主要任务是在原有改革所取得成就的基础上，深化对国家控股的股份公司特别是上市公司内部的改革。这里更值得关注的是国家控股的上市公司内部产权分置制度的改革。① 可以看出来，上述国有企业改革都并没有触动行业核心领域，即没有涉及改变行业领域内的垄断问题。

  同时，我们发现，针对基础设施行业垄断问题，特别是有关法律研究的学术研究成果数量非常之少。通过中国知网搜索到，涉及基础设施领域内垄断问题的经济法学研究成果仅 12 篇，其中一些甚至为"知网错误列入"。结合相关研究成果，大致上，认为有关基础设施服务应当加强行政干预，通过法律规制的方式克服垄断带来的问题。例如，国家发改委经济

---

① 参见宋养琰《国企改革 30 年历程回顾》，载《中国经贸导刊》2008 年第 19 期。

## 第二章 基础设施服务领域（宪法）经济自由权利及其限制

研究所研究室刘泉红研究员在《自然垄断行业的行政垄断行为及其治理——从新建居住区供电配套工程收费说起》中认为，我国仍处于经济体制转型阶段，政府组织体系和管理权限较为涣散并导致政府管理市场的水平较低，行政性垄断成为我国现阶段最多、最严重的一种垄断形式。我国的经济体制改革使利益格局重新调整，导致某些行业的行政性垄断现象十分显著，地区封锁、设立行政公司、行业壁垒、政府限定交易等形式的行政性垄断层出不穷。行政垄断扩大了行政人员的自由裁量权，对经济活动进行不恰当的干预，扰乱了国家的行政秩序。其实质是行政权力的滥用，是一种超经济性垄断但又与经济性垄断有紧密联系，实施主体主要是各级政府及其主管部门，因而治理难度较大。[①] 上海大学法学院李俊峰教授则在《产业规制视角下的中国反垄断执法架构》中认为，竞争规制可以被视为产业规制的应有之义，但我国目前的反垄断执法高度依赖于产业规制机构，难以超越垄断格局下的既得部门利益，以致成为实施反垄断法的羁绊。因此，我国反垄断执法的最大阻力不是源自市场主体，而是与垄断有紧密利益纠葛的产业规制机构。反垄断法要想获得真正的尊重与执行，就必须对执法权进行集权化与分权化改革，建立超越产业规制格局的反垄断执法架构。[②] 北京邮电大学文法经济学院王远方教授在《中国电信"拆分"行为法理分析——从反垄断视角阐释》中认为，"拆分"是世界上大多数国家电信业反垄断的救济措施，从行政法角度分析，拆分是一种政府行为，体现了政府管理市场的经济职能；从公司法角度分析，拆分于某些情况下等同于公司法上的"分立"，与"合并"相对应；从反垄断法角度分析，拆分是一种反垄断的救济措施，中国电信的三次"拆分"推动了中国电信业的发展。但仍急需反垄断法和电信法的出台。[③] 以上研究论文，核心内容方面都没有论述基础设施服务本身的职能特性和行业特征，没有从根本上阐述清楚什么是基础设施行业的法律规制。

由此我们可以看出，学术界层面还没有能够服务于基础设施行业深化改革的成果出现。而以此为观察点可以形成一个结论，那就是在研究层面上，目前我国基础设施服务领域内的深化改革并没有准备好。这和中共十

---

[①] 参见刘泉红《自然垄断行业的行政垄断行为及其治理——从新建居住区供电配套工程收费说起》，载《团结》2012年第5期。

[②] 参见李俊峰《产业规制视角下的中国反垄断执法架构》，载《法商研究》2010年第2期。

[③] 参见王远方《中国电信"拆分"行为法理分析——从反垄断视角阐释》，载《重庆邮电大学学报（社会科学版）》2008年第5期。

九大报告提出的基础设施服务领域全面深化改革要求是不匹配的。

当然我们也必须承认，国有垄断行业在市场经济环境当中，实质上是经济法律（反垄断法）所设定的特例。如江汉大学杨卫东教授在《国企改革与"再国有化"反思》中的总结，目前我国国企改革正处于停滞不前的困惑期，因此有必要从理论上进一步探析国企改革的一些重要问题。国企改革前后出现过两个目标需要调整：一是让国企成为自主经营、自负盈亏、自我发展、自我约束的经济实体的目标违背国企本质特征；二是建立现代企业制度在逻辑上的问题。国企改革标准大体有三种：效益标准、产权标准、程序标准。这三种标准都不能用来判断国企改革的好坏与对错；相反，可能将改革引入歧途。国有企业的本质应该是政府调控经济与社会的工具。当前国企开始逐步扩张，重新呈现出垄断市场之势的"再国有化"浪潮。"再国有化"的根源是缺乏对国企性质与国企功能的正确认识。国企改革与发展要进一步遵循市场经济原则，不能无边界地发展。[1] 而在《论新一轮国有企业改革》中，杨卫东教授则认为，中共十八届三中全会决定是新一轮国企改革的纲领性文件。新一轮国企改革的特点是以实现国企功能为导向的改革，其改革的重点是推进国企的四大转移，即从一般领域向国家安全和国民经济命脉的重要行业及关键领域转移，从竞争行业向公共产品与公共服务领域转移，从传统产业向具有前瞻性的战略性产业转移，从控股向混合所有制转移。文件解析了国有资产管理新思路，对政府职能的改革提出了建设性意见，认为新一轮国企改革成功的关键在于能否改革政府作为利益主体的体制，能否实现政府工作重心真正向社会公共事业的转移，能否真正变革政府的调控模式。[2] 暨南大学产业经济研究院陈林研究员在《自然垄断与混合所有制改革——基于自然实验与成本函数的分析》一文中分析认为，中共十八届三中全会决定已针对城市公用事业等自然垄断领域提出了改革的纲领。但是，自然垄断领域应该如何推进混合所有制改革仍不明确。具体来说，混合所有制改革应优先在哪些公用事业领域推进，理由是什么，等等。该研究员使用1998年至2008年全国规模以上的公用企业数据，剔除产品价格因素的影响，以成本函数分析方法测算不同的公用事业领域的自然垄断属性及其全要素生产率，并以基于自然实验的三重差分法对自然垄断、混合所有制改革与企业

---

[1] 参见杨卫东《国企改革与"再国有化"反思》，载《华中师范大学学报（人文社会科学版）》2013年第1期。

[2] 参见杨卫东《论新一轮国有企业改革》，载《华中师范大学学报（人文社会科学版）》2014年第3期。

生产效率之间的关系进行实证检验。结果表明：①在统计意义上，混合所有制改革不能显著提升自然垄断环节的企业全要素生产率；②混合所有制改革不应该在全国和所有公用事业领域"一窝蜂"地推进，不区分自然垄断与可竞争程度的改革存在政策效果的不确定性；③相对于自然垄断环节，进行混合所有制改革后竞争性环节的企业生产效率得到显著提升，体制改革的"政策红利"更大。因此，混合所有制改革应优先在竞争性环节开展。① 进一步，中山大学管理学院的蔡贵龙等人在《国有企业的政府放权意愿与混合所有制改革》中以2008年至2015年的国有上市公司为样本，收集整理企业年报披露的前十大股东性质、关系、持股比例与委派董事、监事和高管的数据，将国有企业混合所有制改革程度细分为股权结构和高层治理结构两个层面，考察政府放权意愿对混合所有制改革的影响。结果发现：政府放权意愿越高，非国有股东持股比例和委派董事、监事和高管的比例越高，这表明政府放权意愿对国有企业混合所有制改革具有重要的促进作用。在股权结构维度，政府放权意愿对于不同行政层级和不同行业竞争程度国有企业的混合所有制改革进程均具显著促进作用；而在高层治理结构维度，这种促进作用仅在地方国企和竞争性国企中显著存在。② 以上研究成果其实从侧面反映了，是否开放，以及如何开放垄断性行业本身属于国家的政治经济判断，将更多地遵从于政府，特别是中央政府的意愿，而绝非法律强制义务。

　　第二项特殊事项是对于宪法保护的某些原则本身存在特例。前文我们已经谈到，宪法权利虽然是对市场经济和市场主体的重要保障，但是由于基础设施服务本身的社会公益性质，以及由于基础设施行业自身的经济特性，所以在宪法权利的实现过程当中必然出现对相关权利的限制和约束，其目的就是维护社会经济的健康发展和社会公共利益的公平和谐。但是，我们在我国法律学界看不到相关的研究成果，在中国知网的搜索结果当中，竟然没有一篇文章对于宪法规定的"平等""自由""公民工作权""财产权"等基本权利自由的基础和限制做出学理上的解释说明。不能不说，如此重要的问题在我国法学界尚未得到有效的讨论，其实是一件非常令人遗憾的事情。而当我们不得不面对社会主义市场经济环境下基础设施服务市场的开放和深化改革的重要问题的时候，由于没有基础的社会科学

---

① 参见陈林《自然垄断与混合所有制改革——基于自然实验与成本函数的分析》，载《经济研究》2018年第1期。

② 参见蔡贵龙等《国有企业的政府放权意愿与混合所有制改革》，载《经济研究》2018年第9期。

研究成果，也在无形当中迟滞了社会经济改革开放的脚步。

宪法规定的"平等""自由""公民工作权""财产权"等基本权利自由的保护和限制并非没有自身特性。同时，对于上述公民基本权利自由的限制本身也存在着重要的社会经济和法律前提。从宪法基本权利属性和基础设施服务市场开放的大背景中，我们能够提炼出的主要前提是，如果现有基础设施服务市场中的市场主体的自由竞争（包括竞争秩序）未被干涉，或者当对市场主体的基本权利的限制与约束在经济效果上并没有导致新增的市场垄断的出现，则国家出于对国民经济运行的干涉和监督管理责任而设定的对于市场经济主体所享有的宪法规定保护的"平等""自由""公民工作权""财产权"等基本权利自由的限制等，并不违反宪法和法律原则。

上述表述可以这么理解。首先，国家对于市场经济的运行本身无疑具有主要的规范管理权力。为国家所享有的公权力，其在对抗公民所享有的私权利的过程当中，自然处于优势和主导地位。国家通过中央政府的行政管理实现和保证国民经济的平稳运行和健康发展，既是履行宪法规定的国家责任，同时也是在基本经济层面上保护每一个公民的社会经济利益。从这个意义上说，国家的经济管理行为本身是具有天然的合法性的。但是，当市场经济能够通过竞争的方式更好地配置资源，并且通过市场机制能够进一步发挥符合公民以及公共利益的维护作用的时候，特别是国家已经通过宪法和法律确定了，比如在基础设施服务市场领域的竞争开放，那么，如果在行政管理过程当中，经济管理主体做出了违反或破坏市场竞争的行为，就必然侵犯了社会的公共经济利益并破坏了市场经济机制正常运行的基本前提。在这样的情况下，无论做怎样的解释，都不足以赋予行政主体合理的以及符合宪法规范的法理基础。

上述限制并不包含对于垄断的设定，而是包含对市场准入标准的变更、区域市场壁垒的增加或者其他烦扰市场主体正常经营活动的行政行为。这些行为从本质上是与政府的市场经济政策背道而驰的，同时也属于经济法律当中需要加以摈除的非合理性的经济干涉行为。在正常市场经济环境当中，任何市场法治都不可能允许行政机关在没有经济合理性的前提下搅乱市场的正常运行；而尽管某些行政行为在当时可能存在行为的必要，比如对市场主体的调查或者信息收集，但是一旦该行为本身与国家和中央政府之前设定的市场开放政策相违背，就一定会为市场法治所否定。

关于新增市场垄断的问题则较为复杂。因为无论政府和市场都对垄断保留着一定的排斥心理，大家都会觉得市场无形中突然出现了新的垄断必然会对市场的开放性和竞争性产生负面影响。但是有些时候，一些新增的市场垄断却是政府不得不做出的决定，尽管这些决定可能并非市场主体所能够左右或者认同。例如在中国的基础设施领域，我们重新改组了通信和石油行业，组建了全新的中国铁塔股份有限公司（以下简称"中国铁塔"）和中国石油管道公司。依照上述公司的介绍，中国铁塔是在落实"网络强国"战略、深化国企改革、促进电信基础设施资源共享的背景下，由中国移动、中国联通、中国电信和中国国新控股有限责任公司出资设立的大型通信铁塔基础设施服务企业。公司主要从事通信铁塔等基站配套设施和高铁地铁公网覆盖，以及大型室内分布系统的建设、维护和运营。2014年3月26日铁塔公司筹备组成立，7月15日公司注册成立。公司实行总分架构，总部设在北京，同时在全国设立了31个省级分公司和各地市级分公司。截至2019年年底，公司塔类站址数量达200万座，资产规模为3380亿元，"凡有人烟处，皆有通信塔"。公司成立以来，新建宏站共享水平快速提升，有效节约行业投资和社会资源。公司坚持穿新鞋、不走老路，建立起灵活高效的体制机制，全面加强和推进商业模式创新、技术业务创新和管理创新，夯实了企业长远发展的基础，效率效益得到明显提升。公司改革发展成效得到各方的充分肯定，被总结概括为"共享竞合的铁塔模式"。① 中国石油管道公司作为中国石油天然气股份有限公司的地区分公司，主要承担国内陆上大部分油、气田油气外输管道的建设组织及运营管理任务，是在中国管道运输领域占主导地位的专业化公司。公司下辖大庆、长春、沈阳、大连、锦州、丹东、秦京、中原、长庆、塔里木、乌鲁木齐、兰州、兰成渝、华中、廊坊油气储运等15个输油（气）分公司和4个管道工程项目经理部、1个管道科技中心，所属单位分布在全国17个省、自治区、直辖市，运营管理的原油、成品油、天然气管道北起大庆，南到川渝，西至阿拉山口，东达鸭绿江，总长8900多千米。② 以上企业的出现更多的是由于整体产业结构的调整和优化。此时，其对于市场的负面影响或者其他作用难以成为基础设施服务市场开放政策的考量范围。

第三项特殊事项是财政补贴问题。先看一个案例。即根据《海南省工业和信息化厅 海南省财政厅关于印发2017年海南省信息基础设施建设

---

① 参见中国铁塔股份有限公司的公司介绍，http://zhaopin.chinatowercom.cn/。
② 参见中国石油天然气集团有限公司的公司介绍，http://www.cnpc.com.cn/hdipad/trqgd/201404/6670f3535b234549a6dbc84fb0593863.shtml。

财政补贴实施方案的通知》(琼工信信安〔2017〕289号)要求,五指山市各电信运营企业提交的2017年信息基础设施建设财政补贴项目如表2-1所示。

表2-1  2017年五指山市信息基础设施建设财政补贴方案

| | 项目企业 | | 电信 | 移动 | 联通 | 有线 | 铁塔 | 艺进 | 申请合计 |
|---|---|---|---|---|---|---|---|---|---|
| 光纤宽带网络 | 自然村 | 申请数量(户) | 47 | 0 | 0 | 0 | 0 | 0 | 47 |
| | | 申请补贴金额(万元) | 94 | 0 | 0 | 0 | 0 | 0 | 94 |
| | 旅游扶贫重点村 | 申请数量(户) | 2 | 0 | 0 | 0 | 0 | 0 | 2 |
| | | 申请补贴金额(万元) | 6 | 0 | 0 | 0 | 0 | 0 | 6 |
| | 农垦 | 申请数量(户) | 10 | 0 | 0 | 0 | 0 | 0 | 10 |
| | | 申请补贴金额(万元) | 30 | 0 | 0 | 0 | 0 | 0 | 30 |
| | 农业基地 | 申请数量(户) | 1 | 0 | 0 | 0 | 0 | 0 | 1 |
| | | 申请补贴金额(万元) | 3 | 0 | 0 | 0 | 0 | 0 | 3 |
| 4G网络覆盖 | 自然村 | 申请数量(个) | 73 | 16 | 40 | 0 | 0 | 0 | 129 |
| | | 申请补贴金额(万元) | 36.5 | 8 | 20 | 0 | 0 | 0 | 64.5 |
| | 农垦 | 申请数量(个) | 8 | 1 | 1 | 0 | 0 | 0 | 10 |
| | | 申请补贴金额(万元) | 4 | 0.5 | 0.5 | 0 | 0 | 0 | 5 |

续上表

| 项目企业 | | 电信 | 移动 | 联通 | 有线 | 铁塔 | 艺进 | 申请合计 |
|---|---|---|---|---|---|---|---|---|
| 农村铁塔 | 申请数量（座） | 0 | 0 | 0 | 0 | 10 | 0 | 10 |
| | 申请补贴金额（万元） | 0 | 0 | 0 | 0 | 20 | 0 | 20 |
| 抗灾能力提升 | 第二路由光缆 申请数量（段） | 0 | 2 | 0 | 0 | 0 | 0 | 2 |
| | 第二路由光缆 申请补贴金额（万元） | 0 | 6 | 0 | 0 | 0 | 0 | 6 |
| | 后备电源 申请数量（个） | 0 | 1 | 0 | 0 | 18 | 0 | 19 |
| | 后备电源 申请补贴金额（万元） | 0 | 0.5 | 0 | 0 | 9 | 0 | 9.5 |
| 光改提速接入终端 | 光纤化提速改造 申请数量（户） | 1561 | 0 | 1011 | 2295 | 0 | 0 | 4867 |
| | 光纤化提速改造 申请补贴金额（万元） | 18.732 | 0 | 12.132 | 27.54 | 0 | 0 | 58.404 |
| | 农村地区光纤用户发展 申请数量（户） | 0 | 0 | 0 | 0 | 0 | 297 | 297 |
| | 农村地区光纤用户发展 申请补贴金额（万元） | 0 | 0 | 0 | 0 | 0 | 3.564 | 3.564 |
| 申请补贴金额合计（万元） | | 192.232 | 15 | 32.632 | 27.54 | 29 | 3.564 | 299.968 |

资料来源：五指山市科技和工业信息化局《2017年五指山市信息基础设施建设财政补贴方案》，http://wzs.hainan.gov.cn/wzs/1200/201809/f8f6ce6800704abaab4e3bf6e4c5fca9.shtml。

无论从经济法律理论上说，还是从现实市场经济效果上理解，财政补贴都是对于宪法当中明确规定的"平等"原则的特例。市场主体如果不能够公平获得相同数量的来自政府的财政补贴，则意味着其市场经济竞争地位的降低。但是，政府的财政补贴，例如上面五指山市的案例，并非完全依照企业给予，而是依照实际的经济运行情况加以分析，而且在进行财政补贴的行政决策过程当中，尽管存在法律上的明确程序规范，也难免出现自由裁量的可能。

由于政府有对基础设施服务进行财政补贴的法定义务，因此，在市场当中市场主体其实是获得了一定的信赖利益的；也就是说，市场主体存在依照法律向政府寻求财政补贴的权益，并且这一权益受到了法律稳定性的长期维护。但是，政府行政裁量的自由，会对市场主体信赖利益产生某些影响。同时，我们必须明确，市场主体的信赖利益本身不足以对抗政府的行政裁量权力。当事人不能够因为依法享有财政补贴的获得权利，就必然获得相关利益。这也是基础设施服务市场当中的重要经济规范性问题。

# 第三章  关于规制的理论

关于规制本身，无论经济学界或者经济法学界，都将规制置于市场与政府的双边关系中。无论我们翻开哪一本教科书，几乎都会得到统一的知识：经济法是解决关于政府与市场两个失灵问题的法律规范。例如，在张守文教授主编的马克思主义理论研究和建设工程重点教材《经济法学》当中便提到，事实上无论是市场之手还是政府之手，在资源配置方面都可能存在低效或无效的问题，从而带来"两个失灵"的问题。经济法的调整必须结合"两个失灵"的成因，解决相关的体制和机制问题。[①] 以上对于经济法的描述可推导出经济法对于市场经济的规制作用和法律特性。这样的一种设定，虽然能够用来很好地解释"双失灵"情况下的国家对应调整策略，但是不足以反映在"市场经济场域"范畴之内的全面架构。也就是说，在我们认定市场经济是法治经济的前提下，法律与法制框架内的市场与政府关系如何？现实当中，我们必须回答市场失灵和市场不足之间的区别，同时站在市场经济的基础之上明确政府作为行政管理者对市场施加的影响和法律后果。

在回答市场不足的时候，可以发现，其实市场失灵的定义并不严谨，因为我们必须首先肯定市场的存在，才能够在逻辑上建立市场失灵的概念。也就是说，只有当市场中的必要构成要素充分（如市场主体、市场交易要素等），但是当资源的分配在市场的单纯作用下已经不能够形成正常和自发的价格波动的时候，也就是在依照市场手段进行资源配置出现偏差的时候，市场才能够被认为是失灵的。否则，在未形成市场的情况下，我们只能够说，市场经济尚未建立。而在市场要素并非充盈或者充分的情况下，如在市场主体数量匮乏或者市场交易要素严重缺乏流动性的时候，我们才能够将其称为"市场不足"。克服市场不足的方式也是通过政府的行政干涉，积极地创造市场主体和交易对象。这个时候，政府的责任不是绝对意义上的市场规制，而是市场培育。

---

[①] 参见张守文主编《经济法学》，高等教育出版社 2016 年版，第 12–13 页。

而只有在市场形成或者已经能够在市场主体的自发经济行为基础之上自主进行经济运行的情况下，才具备了严格意义上的政府规制前提。当然，在政府的市场培育过程中，我们也可以从广义上认为，这是一种直接的外界市场介入，而此种介入本身是为了达成某种非市场本身的预设目的。从这个意义上来说，也可以将其划为广义上的市场规制行为。

此外，无论对于政府的市场规制行为做何种解释，前面谈的经济法当中的"两个失灵"的描述都不能够解释市场本身和政府之间的互动关系。或者说，既然存在两种失灵的可能，在这种情况下，在法制的框架内，市场和政府当时是如何行为和决策的？既然政府的市场规制行为是以市场失灵作为前提的，政府又应当如何认定市场本身失灵？同时，当政府失灵是市场开放和扩大市场经济自由的原因，那么，政府又应当如何行政以配合并适应上述市场开放？法律规范具有单线性，即法律不可能同时规定一种行为的两种截然不同的法律后果，但是在市场失灵和政府失灵的情况下，任何一种情况的出现，法治后果必然矛盾。在此种情况下，作为市场主体和市场管理者，以及立法者，又当何去何从？

为了回答上述问题，我们需要进一步明确在市场这个场域空间范围之内的政府与市场之间的关系。同时，我们的法治常识告诉我们，任何市场当中，市场经济活动和政府的行政规制（管理）行为都绝非独立或单向的；双方如同一对矛盾，共同运行在市场空间内，相互影响，共同发挥作用，并在发挥作用的过程中形成动态的平衡关系。而这一种平衡关系，既是立法者需要通过立法加以设定和规范的，同时也是在学术研究过程中通过实证分析加以明确的。为了更好地说明这个问题，笔者将政府与市场之间的法律关系细化为七个部分：①政府与市场的价值边界；②政府与市场的相互影响；③政府与市场的作用力方向；④维系政府与市场之间平衡的关键；⑤突破现有法治的意愿和冲动；⑥"进取"精神和意志；⑦广义经济法和狭义经济法。通过分析上述问题的节点，我们将有可能进一步明确政府与市场这两只手在法治的框架内是如何分别对市场产生影响的，同时也将明确市场与政府这两只手之间的博弈和动态平衡关系。

为了更好地解释上述问题，我们首先画了一张图（如图3-1所示）：

图3-1是笔者在分析了政府与市场在现实生活中的双边关系之后初步形成的结论。简单来说，也是中国目前市场经济管理过程中的某些实际反映。对此需要一一加以解释说明。

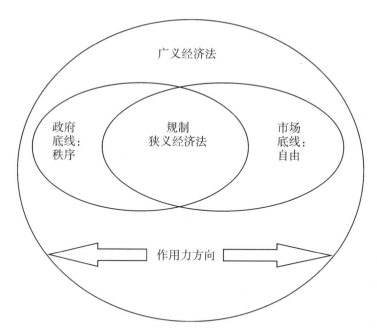

图3-1 政府与市场之间的关系

## 一、政府与市场的价值边界

通俗来说，就是存在价值判断过程中的底线。政府的存在并非单纯为了经济发展，其底线即所维护的核心利益价值在于保障全面的社会（包括社会经济）秩序。经济管理或者通过管理的方式促进经济的发展只是政府的责任与职能之一。任何一个国家的政府，无论中央政府还是地方政府，都有其建立的基础。而法理基础在于宪法，政治基础在于谋求稳定的社会秩序。因此，经济发展在政府的眼中必然成为在尊重社会正常秩序的前提下所衍生出来的结果；这一结果同时不能够成为政府行政的目的，因为一旦经济发展成为行政的目的，则必然滋生更为严重的社会问题，比如对环境的破坏或经济资源的浪费、权力腐败等。因此，对于政府而言，秩序是相较于经济发展要优先的保护对象。这也很好地解释了为什么目前我国基础设施行业尽管存在资源浪费、效率低下、机构臃肿等通病，但是有针对性的，能够直接提升企业经济效率和效益的改革措施并不多。关键原因是，相对于改革可能产生的经济利益，维护社会秩序的稳定运行具有更高意义上的社会价值，至少是基于政府层面的判断标准。

同时，市场的底线在于自由。区别于计划经济，市场经济所被赋予的特性在于能够发挥市场主体的自主性，通过对经济利益最大化的价值追求，实现整体市场的效率和效益优化，最终实现社会经济的发展。这一过程的前提在于市场主体必须拥有，或者严格意义上来说，必须依法拥有一定空间范围内的经济自由。简单来说，凡是能够为社会生活所接受的自由，即不抵触正常社会道德习惯的自由，都应当能够为法律所赋予；同时，基于每一个公民而形成的公共利益的法律保护所对于公民自身经济自由的约束与侵犯，应当受到限制和压缩。只有在这样的经济环境中，市场主体才有可能在市场运行和行情波动的情况下进行自主选择，而非由其他人所替代。自由在宪法学研究领域意义过于宽泛，在经济学领域，其实质含义就是法律所设定的，市场主体能够在不考虑其他非经济因素的情况下进行选择的空间。没有这一自主选择的空间，即没有自由，也就没有市场经济。因此，对市场而言，自由成为不可或缺的基础与一切市场经济价值的底线。

基于自身底线，政府与市场在经济场域空间内，在法律的授权与影响下，相互之间才发生了关系。而失去各自的底线，实质上就等同于失去了政府与市场的职能作用：过分强调秩序而剥夺市场自由的后果是计划经济；过度保护市场自由而摒弃社会秩序的结果是市场自身的迷失，即市场手段的失灵，如垄断、不正当竞争、寻租等。由此可见，市场经济场域空间内政府的秩序底线和市场的自由底线都是不能够触碰的。法律的作用即在于确定底线的不可触碰性，也就是条文中权利的维护和维护手段的设定。

## 二、政府与市场的相互影响

在这里，实质上规制法律与狭义经济法是等同的。规制的本意即在于对经济的管理，而狭义上经济法的作用也在于规范市场经济行为。当然，由于经济法的内容实在太宽泛，因此对于政府与市场之间关系的内容可以另外归属于广义经济法当中。需要注意的是，经济法的概念本身是缺乏严格的国际性定义的；经济法的很多内容与公法相同，也完全可以归入公法领域。因此，经济法的广义和狭义，在规范基础设施服务价格的过程中，其区别就在于是否涉及政府与市场的关系。如果是单纯地作用于基础设施服务市场之外，同时并未牵连到基础设施行业内部的政府与市场的关系，我们就可以把它笼统地归到广义的经济法范畴之内。

原本，笔者更加希望通过一个能够反映基础设施服务领域政府与企业之间关系的词语来形容规制与规制法。在这里，笔者选择了"进取"这个词。不过，由于在描述相关理论的过程中，"进取"本身的动词词性可能产生歧义和误会，所以最终依然用了"规制"这一耳熟能详的术语。但是，有必要对规制本身的作用加以描述，即说清楚笔者选择"进取"的原因。"进取"的实质含义是笔者在读中国古典名著，特别是先秦著作过程中所注意到的一个词语。其反映的是一种积极的意愿，或者希望同某种介入实现某种目的的趋向性。相对于"保守"或者"守成"，"进取"的意思在于突破某些限制，从而达到一种特定的状态。当然，在这一过程当中，可能存在着某种经济利益上的追求。就此，"进取"的实际含义是通过某种方式实现一种积极的突破而达成特定利益。结合这一定义反过头来看基础设施服务领域的政府与市场之间的关系就显得更加清楚。政府希望对市场施加影响，继而约束市场主体的自由，从而实现秩序的最大化；市场则希望通过积极削弱政府的权力，弱化秩序原则在市场中的优先地位，从而获取更大的经济利润。因此，双方在互动关系上形成了拉扯：每一方都希望自身的权力扩大，都希望抵消掉对方的作用和价值优先地位。最为直接的反映结果便是体现政府与市场作用力最终状态的规制（经济法律）的修改或调整。此类例子不胜枚举，典型的如《中华人民共和国电力法》在两次电力体制改革方案实施之后对于市场的部分授权。

规制和相关的经济法律规则本身虽然在一段时间之内是客观的规定与规范，必须严格遵守，但是，相对而言，正是由于政府与市场都在向着对方的方向前进，希望通过积极进取的方式取代对方或削弱对方的作用，因此，法律在这个时候通常是非常具有弹性的。换句话说，只有一个有良好的弹性空间的经济法律才能够适应政府与市场之间的相互关系。从立法技术层面看，通常情况下法律规范的内容都较为抽象或者笼统，但是作为辅助和贯彻立法者意图的行政性法规通常规范得较为细化和精确。现实中并非立法者不想或者不能对法律规范做出精细化的规范内容，而是在中国这样一个各地方差异性较大的国家，尤其再加上各省市之间在贯彻法律规范内容过程中的能力的强弱不均，使得任何代表国家强制力的法律都必须谨慎面对一个问题，即如何能够让立法者的真实意图在现实中如实地得以贯彻而不是被地方政府所敷衍。因此，在立法过程中更多地通过笼统的规范内容给予地方政府进行配套规范的空间，使得整体上的立法意图得以实现，尽管在这一过程中可能丧失一些具体规范所能够产生的严格规范社会经济活动的效果。不过，也必须认识到，目前我国的权力机关组成人员和人大代表的法治能力也是良莠不齐的。从中央到地方层面，人大代表的构成决定了他们不可能对过于专业的经济问题有深入、精专的了解和掌握，对于投票表决，更多地需要专家的辅助或协助，比如需要专家专门的讲解等。因此，人大代表的构成本身决定立法将倾向于原则性规定。实践中需要的内容可以在法律的授权范围内交给中央和地方政府，通过配套立法的方式将法律所设定的原则贯彻落实。当然，这里面就包含着中央立法对行政权力的某些妥协与让渡。让渡的空间与范围与时间等却不能够完全交由立法者决定，因为立法者自身需要首先判断，应当如何有效地调动或者利用行政立法的效能，行政立法的空间和作用反过来将决定着权力机关立法的内容。这一悖反关系在某种程度上意味着立法作用的局限。因此，我们能够肯定的是，一个弹性的立法模式及其结果将在一定程度上限制经济法律对于基础设施服务领域的规范作用，因为规范一旦过于弹性，又由于我们现实生活中缺乏制衡或者补充立法的司法实践，则最终导致法律的政治化。在这个时候，无论是法律的政治化，还是某种程度上的政策法律化，都将对市场法制经济产生震荡，动摇的可能不仅仅是基础设施服务价格本身，还包括由此可能导致的市场信心的不足。例如，在四川铁路混合所有制改革过程中社会投资者的却步等。尽管我们不能一概而论地肯定或者否定单行立法规范的现实意义，但我们能够在基础设施行业内看到的是，法律的原则性造成了行政立法配套的必然性；仅有行政立法而无法律的行业是难以产生市场开放效果的。

　　另外，当规制法律缺位的时候，也就无法在政府与市场之间搭建一个适度、有调整和回转余地，同时保留双方的积极进取作用的相互关系的时候，市场必然是混乱的。这个时候行政管理的简单粗暴模式反而能够提高效率，尽管社会观点在此刻难以给出完全的正面评价。在一个谋求实效的社会经济范围内，国民可能对于法治的空缺并不敏感，这一点在电信市场表现得最为明显。而这样一个市场场域对于立法者而言实际上是一个巨大的挑战：法律本身必须能够符合社会对经济治理的预期，也就是任何社会公民都将拒绝一个不能带来积极效果的基础设施服务领域立法，特别是当该法律牵涉到敏感的服务价格的时候。法治所带来的形式上的公平和公正对于普通消费者而言是缺乏法理上的合理性的。在实用主义的影响下，基础设施服务消费往往更加倾向于价格的低廉，而不是建立在法治基础上的经济合理。同时，在社会认同程度较低的情况下，基础设施服务价格也绝对不是一个环境友好型的"绿色"价格，因为普通消费者并不倾向于为立法者所设定的环境成本买单。但是，我们必须对权力下的制度安排保留一定的警惕。权力的任意性和寻租可能，使得在失去法治约束的情况下，任何充满不合理因素的行政命令都有可能出现；同时，在失去法治的透明化要求的基础上，外界是很难看到行政决策的程序以及实质合理前提的。我们的基础设施服务领域，特别是在改革开放初期，是取得了一定经验教训的。比如在城市供水领域，法国威立雅公司利用当时我国国内法制不健全的时机进入中国城市供水市场当中，再加上我国目前城市水务市场立法规范的严重滞后，该公司每年从中国市场取得12%~18%的净利润收益。这一数字远远超出中国城市基础设施行业现实的盈利额，这与中国城市基础行业现状不符，也使该公司日渐成为阻碍中国城镇化发展的障碍，如多次曝光的城市水污染事件。[1] 但是，碍于当时所达成的外资企业投资协议，该公司还将在未来很长的一段时间内存在于我国城市水务市场当中。在这一背景下，法治的作用将不仅仅局限在社会经济大环境中，而且将牵涉到全面深化改革的背景之中。

## 三、政府与市场的作用力方向

政府和市场的作用力方向是相反的，因此存在着打破二者统一关系的可能。站在民法的角度，任何市场都是充满风险的"热带雨林"。但是实际上，市场当中不可能缺少政府的人为影响，特别是在政府对货币、投资、金融、信息、劳动力等市场因素加以干预的时候。这个时候，其实无论市场还是政府对于彼此都是既需要又介意的关系。市场离不开政府对于经济周期的调控，任何独立存在于市场当中的企业都不可能拥有政府对于市场中资金、劳动力、信息等必备信息的掌控和规制权力（包括权能）；同样，政府也不可能总是对敏感多变的市场供求关系做出有效的反应，以及及时提供有效影响市场供给关系的经济手段。实际上，在市场经济活动过程中，政府与市场主体之间无时无刻不在博弈。《韩非子》里面讲到，"上下一日百战"，说的就是这样一种关系：市场和政府都在不断地试探对方的意愿和底线，并且在试探的基础上做出再次的试探，以保证自身能够不断持续性地扩大经济（权力）利益。因此，从最初的层面来看，政府与市场之间存在着不可调和的矛盾，并且这一矛盾是一种零和博弈，不存在双方共赢的可能，只能由一方获得绝对的经济权力和利益。在这样一

---

[1] 参见鄢银婵《威立雅的中国水生意：在多个城市因污染多次被罚》，见每日经济新闻，2014年第4月14日，http://business.sohu.com/20140414/n398173303.shtml。

个可能会对社会发展产生极大负面影响的情况下，法律的作用便在于打破零和博弈模式：通过梳理特定的权力运行模式而将政府的行政行为转化成与经济运行并轨的"服务"；实际上就是将行政权力用于保证经济的健康发展以及经济发展的成果归属于全体国民。

  在没有法律规制的情况下，我们能够看到政府的部分权力被滥用，比如对企业的乱收费情况，同时也能够看到个别政府权力的寻租，比如对于城市土地用途规划的任意更改，等等。这一时刻，司法其实是失去了制衡行政的可能的。我们无须致言于地方政府对于地方法院的财政影响力，同时也无须致言于中国特色模式的权力分配格局。仅仅从现实生活的情况出发，我们便可以得出充分的结论：现时经济环境之下，基础设施服务企业或者基础设施服务消费者通常不会采用司法诉讼的方式解决其与行政主管单位之间的矛盾；法院在缺乏完善的法制保障基础的前提下，也很难对基础设施服务及相关市场行为做出司法判决。行政立法虽然能够替代法律做到规范行政权力运行、规范市场主体的权利义务、规范基础设施服务价格标准，但是不能够保证市场主体获得司法救济。特别是当我们目前能够代表基础设施服务消费者利益的行政程序性规范意见失效的情况下。例如，近年来日渐消失的基础设施服务价格听证程序——正是由于企业在法律规范的范围内滥用了权利，未遵守法制的本意而将利益相关人（比如企业家属）隔离于价格听证程序之外，造成听证程序本身失去了反映市政服务价格的市民消费者的真实意愿的功能，最终导致价格听证起到反效果，非但不能制约企业涨价，反而确立了企业服务与产品价格上涨的合理与合法性。因此，法治的缺位始于法制的不健全，法制的不健全则推动市场中企业权力的膨胀和对正常市场供求关系规律的背离。

  我们通常会对行政权力对市场的过度干预产生抵触情绪。因为现实中的不少行业（特别是新兴行业）出现"政府一管就死，一放就乱"的情况。但是相对于市场中存在的乱象，我们宁可减少不必要的人为干预，将最终的经济决定权交给市场主体。在这个时候，政府的介入应该是在市场形成某些风险之后，而且一定是市场主体未曾意识到并且难以克服的风险。例如，最近频频发生的 P2P 平台"爆雷"事件。对于动辄百亿元的市场融资，如果政府不介入而任由市场主体自由行为的话，宏观经济的运行也必然受到严重影响。基于此，便产生了一个政府在什么情况或者前提下介入市场运行当中更为恰当或者最为恰当的问题。这一问题，相信更应该由经济学家来回答，因为毕竟每一个特殊的市场领域都会有自身的运行特点，行政干预或者监督管理都应当以遵守市场经济规律作为首要前提。

法律在这一情况下，需要给予行政权力运行的必要前提空间；但是，同时又要隔离任何权力寻租的可能。特别是对于行政立法权即准立法权，在经济学当中将政府的经济规制行为视为一种市场运行中的特殊变量，这一变量同时能够严重影响甚至决定市场的发展变化，因此就成为一种能够通过经济价值加以衡量的"产品"。换言之，当政府的法律规制成为一种与经济利益直接相关的市场供给品种，它的特殊价值将在很大程度上为市场主体所重视；一旦存在市场主体对于法律规制供给的经济交换，权力寻租即告成立。

　　传统的行政理念在中国社会形成了一个十分不好的"父母官"逻辑，在西方则被称为"上帝视角"。用最为简单的语言解释，就是当局者存在一种想象，认为只有在一个认真负责的政府行政管理制度的监督之下或者在一个思虑周全的裁判者的决断之下（比如法官），市场才能够健康地存在和发展。其实，这完全是官僚主义的一厢情愿。任何未经市场实践检验的理念和假设都不足以成为掌控市场命运或者决定市场主体地位的算筹，而市场的多变性和复杂性也绝对会远远超过立法者与司法裁判者的判断能力。从这一个角度来说，法律的原则性其实是先验性地设定了一个美好的基础以及价值评价标准，任何市场行为应当与其相一致。尽管可能存在市场演变或者科技进步导致的市场变迁，但是市场主体的行为性质本身，应当与法律的原则这一先验性的"美德"相一致。只有如此，才能够摆脱主观的人为介入。同时，一旦行政权力或者司法权力不足以在所有维度保守法律原则设立的"美德"，也能够使市场主体获得救济的可能。非常遗憾的是，我们经常看到在市场当中，由于行政或司法裁判者自身的市场经济行为价值判断独立于法律所设定的原则之外——这里面有行政或裁判者自身知识结构的原因，也同时存在法律规范内容的不足——导致在某些行政决定和司法判决的过程中，想象的市场公平推动市场走向垄断或者不正当竞争的错误巷道。这些问题首先需要通过立法者的价值观念转化加以解决。也就是说，无论法律还是行政法规，立法者都应当首先谦虚地站在市场的对面。立法者需要首先承认市场的自主地位，也就是市场的自我完善能力，如此才能够在真正的市场经济模式当中找到解决市场问题的方法和道路；否则，一切将重新回到计划经济的老路上。任何"上帝视角"，其实不过是经济管理者在计划经济体制下看待市场主体的方式。这一根本上的歧见是与推崇市场主体自由的现代经济模式格格不入的。

　　当然，通过实证，我们已经在现实的社会主义市场经济模式当中否定了市场的绝对自由主义倾向。在中国，社会主义市场经济模式中政府的行政监督、规范、管理和调控等被证明是多年来经济持续发展的主要原因之一。同时，放纵市场主体的绝对自由，以及服务于此目的的去规制化趋势都被证明必然形成未来的市场风险，并且这一风险将由整体社会承担，市场主体的风险性反而弱化，社会与国民经济的风险对价则成倍增长。因此，行政主体的市场管控就成为立法过程中必须保留的内容，只不过在不同的市场当中，行政介入的权力范围与力度各有不同罢了。这其中需要秉记的有以下四点核心原则：①社会主义市场经济的社会主义特点和特性。尤其是在涉及宪法所保护的共有财产领域。针对基础设施服务，还有明确服务本身的社会属性，即服务于社会大众和公共利益的本质。因此，其价格的标准应当与社会经济的特性和社会基本宪法原则相一致。②市场主体的社会责任并非由于市场经济的自由而能够被放弃或者减除。我们虽然没有在宪法当中明确规定国家的基础设施服务供给保障义务，即该保障责任并非政府的宪法义务，但是存在于现行法律和现实经济体制之中的供给保障传统需要被立法者尊重。任何改革或者立法行为都不能任意对基础设施服务供给保障的内涵做出不必要的修改。例如，在城市市政服务范围内，与居民生活息息相关的服务水平虽然由于社会经济成本的增加而面临政府财政补贴方面的不足，但是不能够以此为由轻易通过立法的方式降低服务质量标准，以避免公民由于法令的修改而承受生活质量方面的损失。③约束市场主体的经济活动自由同时意味着行政管理职能的积极履行和法律上对于怠职的惩处。既然在社会主义市场经济环境中明确了政府与市场的不同职能与作用，任何一方的消极履行其实都是对法治的削弱。在这里尤其需要强调政府的职能性。市场的专业化分割要求市场管理者的知识结构与所监管的对象相一致。专业化的市场监管意味着部门之间、单位之间的协调和履行职能的不可代替性。因此，一旦政府的市场监管责任在法律上被确立下来，就应当积极地贯彻法律的内容而非有选择性地贯彻落实。④鉴于基础设施服务的特殊性，消费者的利益永远要放在行政机关和企业利益之前，并在法律上得到切实的保护。社会进步的标志之一便是社会公民所能够享受到的基础设施服务供给保障，这也是基本人权得以贯彻的经济前提。在进入现代社会或迈向后现代社会的过程中，公民的基本生活保障已经完全超越了传统意义上的衣食住行，无论在能源消费、资源享有、生活便利等领域，公民的基本人权已经扩展到十分宽泛的范围。这个时候，出于现代化国家的基本治理理念和基本保障人权的法治思想，公民的基础设施服务都必须得到现有社会经济发展水平的无偿支持。总之，一个超越现有国民经济发展水平的基础设施服务供给标准是不现实的，但是一个落后或者远远落后于现代化国家标准的基础设施服务供给同样不符合宪法当中对于公民权保障的原则要求。

## 四、维系政府与市场之间平衡的关键

维系政府与市场之间动态平衡的关键在于法律。这既是法律的作用，也是保证市场能够健康发展的基础。对于如何理解动态平衡问题，笔者的个人理解是：首先，政府与市场之间需要平衡。这是一个经济学上的作用边界划分的问题，也是法学当中的权力分配的问题。既然在社会主义市场经济体制当中既强调市场又强调政府的作用，那么，二者之间总有发挥共同作用和各自发挥作用的时候。特别是市场与政府各自发挥作用的时候，需要在一个固定的规范原则之下明确二者各自作用的范畴和发挥作用的基本程序以及相关法律责任。上述所谓的固定的规范当然可以是国家政策，但是出于稳定性的考虑，法律将在更大程度上满足市场经济范围内各主体的预期需要。也只有法律才能令人信服地确立好市场与政府行为的边界，而不会导致该边界的设定存在政策性变动或者其他不明确性而导致的市场信心缺乏。因此，一旦法律确立了政府与市场的边界，则二者关系实质上就已经固定下来，这个时候从制度建设角度分析，已然形成了某种平衡。尽管可能由于市场变化将导致政府与市场之间关系的调节，但是法律规范中的二者关系通过立法程序实质上能够为立法者在可预见的知识范围内设定为一种平衡状态，并以此预期市场经济的健康发展。其次，平衡是一种动态化的关系，并非在某一具体问题当中必须强调市场中某一方的权利和义务。我们希望通过设定市场的自主空间以及行政规范监督，共同努力以达到保障和推动市场经济健康发展的目的，在这样一个最为基本的市场经济发展预期基础之上，相信任何法律规范都不会过分强调政府权力与市场自由。因此，动态平衡实际上意味着在法律制度设计过程中给予行政自由裁量的空间和范围。换言之，在社会主义市场经济体制当中，市场是自由的，这一自由为法律所保障；同时，政府的行政介入在一定程度上也是自由的，自由的前提是行政机关的自由裁量，即市场运行是否达到必须进行行政介入的阶段与规模。行政自由裁量权就成为市场经济运行过程当中的变量，而这一变量将带来市场与政府关系中的动态调节：政府的宏观调控或者微观规制都将直接对市场主体产生经济上的影响，市场主体除根据政府的行政行为做出被动的经济行为调整之外，在本质上并无对抗手段。当然，这里不排除司法介入的可能。但是，在我国司法体制深化改革的进程当中，针对专业性的经济问题，法院尚缺乏实质性的解决问题的能力。不过，法院用以解决经济问题的能力其实也存在苛求成分。再次，在基础设施服务市场领域范围内，政府与市场之间的动态平衡关系对于保障基础设施服务供给是效率和效果最优的。没有任何超越上述原则以外的原则。依照经济学理论，基础设施服务的单位供给成本并不能够通过服务供给数量得到摊薄。这就决定了基础设施服务企业其实并不能够通过扩大市场供给规模的方式获得更多的利润。例如，随着供电量的上升，电网投资压力也在进一步增大，供电系统的维护成本也在增加，因此，在超过现有电网载荷能力的电力需求情况下，电力企业非但不能够从经济上获益，反而将承担增加的电网投资成本压力和市场需求变化风险。这个时候，很多城市供电市场都采用了阶梯电价的方式抑制消费，以期缓解由于电力需求增加所带来的经济困难。在市场当中出现了经济运行的悖论的情况下，政府的行政规范权力实际上所要考虑的则是如何尽可能满足基础设施服务的供给保障问题。如前所述，阶梯电价虽然抑制了部分电力消费，但是实际上缓解（或者部分解决）了一年四季中由于市场电力需求的波动（比如夏季、冬季的电力需求增长和春季、秋季的电力需求降低）对企业经济的影响，从整体上保证了电网投资的经济合理性，降低了供电的直接单位成本。这是对城市低压电力供给市场有益的合法的政策性举措。

  既然谈到政府与市场之间动态平衡的关键在于法律，那么，对于立法者而言，这其实是一项非常专业的工作。这就牵涉到权力机关与行政机关在立法中的权力分配与协作问题。特别是针对那些市场中基础设施服务企业过于强势的情况，更加需要明确立法权。目前，尤其是在电信和城市市政服务领域，我国的法律规范一直相对较弱。作为法学研究者，笔者也很难从外部分析这一法治缺失的根本原因。但不可否认的是，正是法治的缺失导致相关市场的开放性、自由性、竞争性都较低。市场经济的本质在于通过创立自由、开放的市场和市场环境，激励作为市场主体的企业提升竞争水平，并借此提高社会生产效率，降低服务价格，满足消费需要。如我们在 WTO 协议当中明确规定了对外开放电信市场的义务，但令人惊讶的是，虽然中国拥有世界上最大的国内电信市场，且电信市场需求旺盛，但是没有一家国际电信企业能够加入中国电信市场。其中的主要原因在于，当国际电信企业进行投资的时候，必将评估投资目的国国内的市场风险，而没有完善法治监管的市场是风险系数较高的，因此在无法明确市场法律风险系数的情况下，国际电信巨头很难百分之百地倾向于投资。同时，不得不说的是，尽管国内电信企业就此能够获利，但正是由于国内电信立法的滞后,使得国内企业难以适应国际通常的电信市场法治规制模式或规则模式,这也在一定程度上导致了我国的电信企业对于国际电信市场竞争规则的把握缺失,直接后果便是我国电信企业也难以投资西方发达国家的电信市场,难以在更加广阔的国际电信舞台上展现中国的服务能力。

从长远来看,法治的缺失对于市场的开放性和安全性是不利的。我们不能否认,从某些角度而言,法律的工具属性使得其能够在特定阶段通过"有"的方式服务于国民经济的发展,同时在其他时候能够通过"无"的方式服务于国民经济。这是中国人特有的经济智慧。缺乏法治并不一定在某些情况下对市场的健康发展不好;但是时移世易,西方国家的发展经验告诉我们,法治的完善,特别是对于国际惯常法律规范的理解和运用其实是企业的核心竞争力之一。缺乏这一法治能力,企业并不能够在失去行政保障的情况下"笑傲江湖",立于不败之地。

## 五、突破现有法治的意愿和冲动

前文已述,法治可以维系政府与市场之间关系动态平衡,这一动态平衡需要在某种程度上分别约束政府与市场的某些权力与经济利益。并且,进一步而言,法律不仅约束了政府与市场主体,还将特定的法律责任加到二者头上。这意味着政府的监管责任和市场主体的市场义务。在基础设施服务领域则意味着政府必须通过法定的方式尽可能地满足市场需求,这其中市场方式又是法律所明确规定的优先方式。对于市场主体而言,单纯的市场竞争并不能够为基础设施服务供给保障的社会责任所兼容,企业需要接受来自政府与社会成员的监督和制衡。例如,在基础设施服务领域,企业并不能够如其他竞争性市场主体一般由自身的经济意愿决定市场的准入和市场的退出。无论从宪法本意还是经济法律规制都将设定一系列的实际限制,以保障企业的经济行为与社会利益相一致,即企业的经营行为更多的是在为社会经济利益服务,而不是单纯服务于企业自身利益。这一差别性使得基础设施服务领域的法治贯彻具有其他领域所不具有的难度:法律本身就需要明确哪些基本原则和内容是政府与市场主体所不能够超越的,同时又是必须依照法律严格加以遵守的。因此,在法治的前提下,基础设施服务的成本可能远远高于其他市场中的企业商业成本。我们在这里暂时先不讨论企业基础设施服务的价格问题,而是先提出这样一个前提,即基础设施服务企业并非传统意义上的商业企业,而是依照法律接受行政规制和社会监督的负有一定社会责任的"实体"。在此背景下其实可以清晰地看到，政府在承担监管责任的同时，其实还背负着行政成本、接受社会监督责任、信息公开义务等附加的法定义务，以及在正确规范企业行为和经营的基础之上审核基础设施服务价格，并对企业采取补贴等经济方式弥补企业损失等额外的行政职能。一句话，当法律明确规定，市场方式是政府在履行法定保障基础设施服务的最优先方式的时候，政府的责任与职能是呈几何增长的。这在法律和政策的精简机构和精兵简政、适当放权要求存在着某些难以两全的情况。因此，政府在现实情况下对于严格执法存在着制度、人员、经费等方面的难题。这些难题只有通过全面深化改革、贯彻全面依法治国的纲领和实际立法才能够得到解决。对于企业而言，法治的束缚其实是约束了企业的经营自由的：市场准入、价格审核、雇佣限制、信息透明等问题都是对企业经营中能够依照市场原理加以解决问题的限制。这些限制的目的是保证基础设施服务供给的稳定、安全和价格合理，但是并非严格符合经济规律。前文已经谈到阶梯电价的问题，这里无须赘述。可以肯定的是，法治的外在压力对于企业而言必然直接转化为经营成本，出于提升自身经济利益的考虑，企业一定会希望法治规范的越少越好，规制的程度越小越好。因此，受现实经济规律的影响，无论行政机关还是市场主体，都有克服或者突破现有法律规制的"意愿"和"冲动"。

上述"意愿"和"冲动"恰好作为反证，证明法律规制存在的意义。因为没有法律的严格约束，基础设施服务供给的标准、供给的稳定性、价格的合理性等均难以在市场当中得到维护。之前谈到了法律的柔性：一种介于政府和市场之间的动态平衡稳定器，现在则需要明确法律的刚性。作为以国家强制力为基础的法律，其内容在修正之前是不容违反的。长期以来在社会中形成了一种错误认识，认为只要能够产生实质性的效果，对法律的遵守是可以灵活调整的。这种实用主义的思想其实是中国传统文化精神的一种反射；我们的法治传统更加注重精神上的"道德"因子，换句话说，只要符合道德的礼数标准，法律条文则可以任意解释。而道德是抽象的，所以条文在规范之后，其客观内容便成为灵活对待的对象。在尊重历史的前提下，当我们回看中国传统文化对于道德价值的判断优先于法律规范的社会意义时，能够发现，这原本是对过于严苛的传统法治的一定程度上的人性化的修订。一个相对宽松的社会管理规范，比如"约法三章"当然对厌恶苛政的人民来说具有强大的政治吸引力和规范灵活度，可以更好地适应社会的多元生态。经过两千年来的封建社会法制传统和人文精神的洗礼，我们今天其实很难完全摆脱作为中国人这一个体在本质上对于严苛法令的"内心拒绝"。而这一种心灵上的拒绝直接影响了我们对于条文规定的态度：要么条文规范过于笼统或机械，要么在贯彻条文规范的过程中因遭到人为地打折扣导致不完全履行。在这样一种状态下，其实我们是不适合用西方法治精神标准来判断中国的法治问题的，但是，问题难就难在当我们的市场经济已经发展到与西方国家比肩的程度时，如果我们过于强调自己的法治文化的独特性，我们将可能失去借鉴西方法治经验的可能性。因为当任何法律规范都有可能在贯彻落实的过程中被执法者或者规制对象所规避，以及在执行的过程中被打折扣，那么，这一法治体系的引入其实是不成功的，尽管其中可能包含着我们所希望借鉴和我们所推崇的社会道德内涵存在。因此，我们必须在市场经济法治的前提下尽可能地强调法律条文的崇高地位。任何人，包括立法者，都不能够非经法定程序而对法律规范内容提出挑战。当然，这个时候，很多中国学者会提出法学家是否存在"思想僵化"的问题。依照笔者个人的理解，这不是是否存在思想僵化的问题，而是我们是否相信法治本身的作用问题，以及在此基础之上形成的对规范的尊重（而不是挑战）。可能此时对立法者提出的要求会更高，当然，在现实生活当中会存在法制不完善的情况，但是一切的起始点在于，我们是否相信并且遵守法治精神。如果我们判断市场经济是法治经济，法律是市场运行的最基本保障和市场主体核心的行为规范，那么，我们就不应当对法律条文的内容在贯彻落实的时候心存犹豫或者在执法过程中有所偏差。一句话，法律的修改和完善是一回事，法律的贯彻和执法是另外一回事，二者不能够混淆。同时必须强调的一点是，在市场经济环境下，不存在党和法律的权利属性的矛盾和冲突。党对于立法的指导和领导地位是基于宪法、党章等最为基础的法律文件所确定的。换句话说，在中国的社会主义市场经济环境中，任何不遵守与不尊重党的立法主导权的思想，都是不合法的，是与社会主义法治精神相背离的。

## 六、"进取"精神和意志

需要更加清晰地描述和理解政府与市场的"进取"精神和意志。在前文中我们大致上探讨了政府与市场对于突破现有法治约束下的双方关系动态平衡的意愿和经济成因，也就此可以形成结论：法治在某种意义上是同样需要保持动态的，如此才能够更加适应其承担的调节政府与市场之间双边关系的作用。而根据上述论断，我们需要进一步明晰为什么政府和市场都存在着更为积极主动的试图突破双方关系平衡的冲动，这里我们将其称为"进取"，即希望通过积极主动的行为获取当下并未能够获得的利益。

　　在提到经济法的形成过程的时候，我们通常将其称为一种滞后性的经验总结性立法。经济法并非对西方哲学思想中的先验性精神突破，也不是西方神学当中的神祇，即一种超越科学的具有预言性质的指引，当然也并非中国传统文化当中的基于政治和社会道德标准而形成的制度标准。经济法律从来都是对市场当中曾经存在的对正常市场健康发展产生威胁的负面行为的总结和戒除。简单来说，就是市场当中必然首先要出现一个聪明的"坏人"，这个人通过巧妙的经济安排使自身获利，但是严重损害了其他同样存在于市场中的正当、善良的市场主体的利益，并且这种损害是市场经济发展所不能接受的（这一点非常重要）。因此，这个时候代表了绝大多数市场主体利益的立法者才出面制定一部法律，将上述危害性行为加以严格约束，并制定相应的惩罚性措施，保证该行为在未来不会被市场所接纳和允许。因此，我们可以将经济法律的特性加以描述。①在法律尚未禁止某些行为的时候，立法者（包括需要严格执法的市场管理者）对于危害到善良市场行为的做法其实是不应该加以禁止的。试错，是市场经济当中必须为法律所尊重的经济行为特性，因为谁也不能够预见一个行为在出现或者萌芽阶段是与相关联的根本社会价值相背离的。同时，判断经济行为的标准本身即在于经济创造性——是否能够产生新的价值或者推动价值标准的提升。在具有创造性的经济行为刚刚出现于市场当中的时候，如果行政权力过早介入，则要么揠苗助长，要么扼杀创新。这两种可能都是对市场机制本身的毁灭性打击。因此，立法者和执法者对于市场创新更多地应当保持中立，以避免对市场自身的创造力产生不必要的干扰。②市场的错误可能通过市场机制本身得到克服，这个时候也无须外界介入。市场是动态的，市场主体本身存在于市场环境中，一定有与之相匹配的市场生存能力和经济判断力。换句话说，市场环境当中并不存在超越常人的智力和能力的经济活动，任何基于一般智力水平基础之上的经济活动，最终都将接受同等智力经验水平的市场主体的检验。因此，很难说在市场当中会真正存在着颠覆性、摧毁性的力量，而这一力量将严重侵犯每一个市场主体的正当经济利益，特别是在市场经验能够很快在市场主体之间进行传播的情况下。在这时，外界的干涉反而不利于通过摧毁—建构—再摧毁—再建构的周期性循环实现市场资源的流动。③政府行政权力的介入更多地存在两种情况：一是非均衡性博弈，即市场主体双方存在经济能力、经验和知识、产品服务信息等方面的不对称；二是当政府对于市场发展本身存在引导或引领意图的时候。对于非均衡性博弈，最为典型的是对于消费者权益的保护。由于市场当中消费环节具有无可替代的作用，正常的经济消费行为是经济运行的基本需要，因此在制度设计的过程中需要将供给、需求双方保持在一种能力的均匀对称状态。而由于产品和服务的生产销售者对相关产品和服务具有无可比拟的信息垄断地位，因此，无论出于法律上的公平原则，还是出于经济上的正当交易原则，法律应当更加倾向于在市场当中推动信息的透明和消费者的自主选择权利保护。其目的就在于，能够由此使得具有通常知识和判断能力的消费者真正在建立正确知识和信息的基础上形成选择，以此保证市场的消费行为更加科学理性和可持续。同时，当政府对市场的发展存在自身目标的时候，必然更加倾向于引导市场资源的投入，以带动市场朝着自身期待的方向发展。典型的例子如政府的"五年规划"和其他经济计划。但是，区别于计划经济模式，在市场经济体制当中，特别是在开放市场竞争的领域，政府是很难直接通过行政指令的方式实现市场引导的。这个时候，政府通常会采用所谓的间接引导模式，即通过税收、财政、补贴、金融等方式带动市场主体。当然，通常情况下市场会产生一定的波动，并且最终所产生的结果可能并非政府最初所预计的结果。这里在经济学中被称为"折射"理论，即任何政策性的经济引导最终都会在市场中因为经济行为的不确定性和不可控性形成并出现一定的偏差。这种偏差可能是时间上的，也可能是效果上的。简单来说，经济学家从来都认为，经济并不是一头易于驯服的猛兽，任何政策的刺激可能都不足以达成政府最初所做的预判结果。

  以上经济层面的分析能够使我们更好地理解经济法律形成的背景。但是，当我们回过头来重新看待经济法律在市场中的作用时，我们还是首先需要明确法律本身的制度设计作用，以及在这一制度设计之下市场主体的能动性。在经济学当中，市场主体被描绘成为一个客观理性的"经济人"。这一描述其实在经济法律的实施过程当中也应当被立法者所接受。而影响一个经济人的最为主要的因素是市场经济行为的收益和支出比。马克思曾经形象地说过，"有百分之三百的利润，它就敢犯任何罪行"。这一描绘实际上是对市场主体的一种收益判断行为做出的形象表示。市场主体在进入市场环境当中的时候，其唯一考量的便是实现自身经济利益的最优化。换言之，市场本身对于市场主体而言是创造财富的场所，而非浪费经济资源的地方。我们必须承认，市场主体并非依靠社会道德从事经济活动，其经济行为的目的也绝非履行自己的道德义务。因此，市场本身是道德中立的，任何市场都不是推动社会道德水平提高的地方。这一点必须为立法者所接受，否则，法律的制定就将遭到市场的严重挑战。同时，对于市场主体而言，任何法律制度的约束，更多地将反映在法律本身的惩罚性是否充分的前提基础之上。由于市场经济行为的特点，我们在这里要隔离并排除刑事法律对市场经济行为的规范作用，而在排除刑事法律设定的经济行为刑事责任之后，我们能够简单看出，经济法律惩罚性社会规制作用是与市场主体的违法行为成本直接关联的，并且与市场主体的经济收益成反比。任何市场主体，只要他是经济学当中所描绘的经济人，而不是一个严格接受了社会道德约束的行为人的时候，他必然会在做出任何市场经济行为之初判断自身可能面对的市场风险，即包含了违法责任在内的市场经济行为代价。而当市场主体判定，自身行为违法的结果是来自法律的经济性惩罚水平远低于可能在市场中所获得的经济收益，则违反法律规定的行为将成为必然；反之，当违法成本远远高于可预期的经济收益的时候，如行为人可能面临天价罚单或者终身从业资格禁止，这个时候，行为人会理性地选择严格遵守法律，以避免因违法可能产生的经济成本。经济人的理论很好地说明了在立法过程中法律责任的设定其实是能够引导和规范市场主体经济行为的。而在这个时候，其实也能够解释市场的"进取"意图：一个市场中的主体当然希望获得更多的经济收益，而突破法律的约束所能够产生的经济效益便是市场积极行为的原动力。法律的规范在这个时候其实是起到激励或抑制市场采取积极行为试图突破法律规范内容作用的。当然，立法者在立法的过程中需要面临各种价值标准上的判断，同时也要面临各种政治经济的考量。在这一复杂的判断形成以前，可能对于市场主体的激励或抑制作用在判断标准序列中并非处于优先，由此则导致了目前我们市场当中出现的一些问题。例如，金融领域的违法行为，随着金融交易的高收益和法律罚则标准的过低，变得屡禁不止。当然，作为立法者，需要判断一个较高的违法责任是否会严重影响到市场主体的法律风险判断，从而在一定程度上抑制经济行为（交易）的形成。但是，我们还应当强调，一旦立法，法律就应当得到足够的尊重，法律规范内容就必须严格得到执行。法律的调整和修改是基于市场的反应和法律本身的市场作用而自然形成的结果。不存在能够规范所有事物和时间的法律，同时，在面对市场与政府弹性关系时，如果没有法律的及时调整与完善，受损的将不仅仅是市场能否得到较好的行政规范管理问题，而有可能足以影响到市场与政府之间的关系问题，从而导致双向失灵，即在市场失灵的情况下政府的介入无力（或过度），以此导致经济层面的整体失效性。

同时，反观政府层面，当政府对经济的规范和管理监督本身被视为市场运行当中的必然变量时，政府的规制行为本身便与市场主体所处的经济大环境形成了直接关联，政府的行为本身也将演变成为一种能够产生特定经济影响力的"产品或服务"，即我们在经济学当中强调的规制供给。在一个与市场和市场经济主体之间存在中立关系的政府面前，市场规范的制定本身应该首先遵从一系列的因素。首先是宪法和法律。这是建立法治政府的必然要求，是行政机关得以存在的法理基础，即将宪法作为法理基础的必然结果。其次是社会公共利益。这是建立民主政治的前提和结论，即政府的存在本身应当服务于社会公共利益。再次是市场经济规律。这里并不是说市场规律不重要，而是处于第三的优先顺位，经济规律本身是客观的，但是站在法理的角度，客观的规律应当服务于法治社会和公共利益，否则该规律应当成为被回避或者被调整的对象。最后是行政本身的权力运行和规范前提，这是实现有效政府和有效管制的自然逻辑。因为一个难以融入行政体系之中的行政行为或者指令，必然面对贯彻时的困难。不过现实情况下，上述理论中的行政规制决策考虑顺序会发生变化。行政本身的成本、行政机构的行政能力和行政人员的清廉与意愿成为在政府规制市场经济行为过程中必须优先考虑的对象：如果过于强调市场规制的目的性，尽管该目的可能完美地服务于社会公共利益，但是在行政机构本身缺乏能力或者存在阻力的情况下，市场规制的结果将远不及预期。在这个时候，政府本身需要考虑自身的能力与利益，并将其作为前提而列入影响决策的因素名单之中。

虽然上述现实问题可能会令人在法治和民主政治的实现面前产生悲观情绪，但是，当我们能够清楚地意识到政府在制定市场规制法令方面存在自身的情况，我们将能够更加熟练地解决这一问题。客观承认政府在市场规制过程中的自身利益，以及同时承认市场规制本身由于对市场运行的直接作用和对市场主体的经济利益的影响，能让我们清楚地明白立法者需要在怎样的现实情况当中制定法律，以及应当如何通过法律的条文切实有效地规避上述问题的负面效果。因为对于法律的制定者来说，他并非对市场，特别是特定的经济领域有着切实并且深入的了解，同时他对有关的经济理论缺乏足够的专业知识加以辨析和运用，因此在立法的过程中法律条文往往趋向于原则化或者抽象化，以赋予行政管理者更加广阔的行政自决空间，便于行政立法过程中获得更加便利的行政授权。正是这个原因，才使得法律一旦失去对于行政权力的制约，则反而成为助长行政权力膨胀的工具。当然，行政机关更加乐见于市场当中法制的空缺，这个时候的先期行政立法将会导致对于市场规范相关的所有权力归属于行政机关；缺乏制衡的权力和权力运行则必然导致权力寻租的大量存在。这也是腐败滋生的原因之一。因此，作为总结，在市场规制规程中，笔者个人更加倾向于精确立法，即权力机关这个与市场运行本身存在一定空间距离的国家权力机构应当制定更加详细的法律规范以明确行政管理范围和法律责任。权力运行的约束力将在极大程度上限制由于规制行为本身与市场经济利益之间的直接联系而导致的权力寻租，同时有效隔绝行政机关自身利益对规则制定的巨大影响。

## 七、广义经济法和狭义经济法

在经济法的学理上，广义经济法和狭义经济法的区分点就在于对政府和市场关系的直接与间接影响。前文主要阐明了规制法也就是狭义上的经济法所需要调整的是政府与市场之间的动态平衡关系。而广义上的经济法还同时对政府和市场的运行产生多元化的间接影响。首先，经济立法决定着市场和规范市场行为的行政管理行为的存在。市场的开放，特别是出于维护投资的信心需要，必将在市场形成的最初阶段（或者成熟阶段）通过立法的方式将市场的基本行为规则加以确定。而出于维护市场的基本规则需要，以及调整在市场运行过程中存在的市场机制失灵的可能性的需要而设立政府的人为介入因素，已达到保证法律确立的开放性的市场的稳定和发展。因此，可以说规制行为即狭义上的经济法需要以广义上的确定市场存在为任务的广义经济法为前提。当然，在现实经济运行的过程中，法律的存在并非市场存在的客观前提。以电信行业为例，法理的缺失并未对市场本身的存在产生决定性影响；但是在经济运行过程中，法律的缺失却实实在在地影响到电信市场的开放、电信消费者的权益保护、电信从业的竞争关系等方面。这也是未来在全面深化改革的过程中需要认真分析和研究的问题，即我们是否需要通过立法的方式带动我国市场经济特别是基础设施服务领域市场的开放和发展。西方国家的经验已然表明，市场开放并非意味着政府调控的放弃，其仅意味着政府调控能力的提升。因此，无论出于怎样的政治考虑，在基础设施服务领域内的法制建设对相关市场的发展都是积极和富有建设意义的。其次，广义上的经济法在一些情况下并非直接影响着市场的运行，而是通过对市场主体的直接或间接影响，达到对市场的某些调控作用。比如涉及基本经济制度和社会保障领域的经济法律未必对市场经济产生直接作用，特别是对于市场主体而言，可能仅仅意味着企业投资股权比例或者运行成本等，但是通过这一系列的经济制度安排，市场本身的特性将能够通过宏观的形式呈现出来。比如我国宪法对社会主义公有制主体地位的规定就决定了在国有企业的混合所有制改革过程中，民间资本的投资和持股比例必然要受到一定的限制和约束；而反过来，民间资本对特定行业的投资比例限制又将直接反映为国民经济运行过程中特定行业的国有企业属性，以及在此基础之上形成的社会主义经济体制特点。同时，例如在社会保险领域法律对企业的要求，其经济上的表现为企业成本会计中特定的企业运行成本开支；但是对于宏观经济而言，市场主体必须将获得的市场经济利益中的一部分返还社会，即出于社会主义市场的要求，全体社会成员都将分享经济发展所带来的好处，体现社会主义市场经济的公平性和宪法对于社会公平的原则约束。以上这些间接的影响汇总在一起，构成市场主体在经济活动过程中所受到的直接和间接影响，即市场环境。当然，这个时候，立法者其实不一定如市场规制行为一般直接对市场主体产生行为上的干涉；法律和法治的设立更多地将以一种"无为"的方式，依照市场主体的自觉守法而得以贯彻实现。

作为市场的管理者，市场规制主体的积极行为既可以认为是对市场经济效果的追求；同时在法治环境中，特别是在法治理论的框架中，可以被称作一种法律责任的履行。积极行政并非与市场机制自主决定经济运行相悖。而所谓的"积极"行政，包括政府应当在特定的情况下主动从市场运行过程中脱离出来。政府的主动经济介入与脱离其实都是严格意义上全面履行法定责任的方式。在绝大多数情况下，市场本身的作用应当成为政府尊重市场经济特性的前提和结论。政府在法定责任面前应当审慎地选择介入市场经济运行的时机和方式。虽然在一定情况下，其介入市场的方式为法定，但是其强度和力度则是行政自由裁量权的判断内容。简单来说，政府并非"无为而治"，当然也绝不能"无为"，而是需要在法治和理性的基础之上，在尊重市场经济运行规律的前提之下，在隔绝或者严格限制政府自身利益的情况下，出于维护公共利益的目的而做出市场规制行为。这一行为既包括行政立法，也包括行政命令和对于经济纠纷的行政裁决。

作为维系社会经济运行的重要工具性公共产品，无论广义上的还是狭义上的经济法都是在现行法治体系当中承担着重要责任的经济行为规范。但是，二者之间也必然需要保持稳定和一致的关系。特别是在经济运行过程中，无论对于市场主体的直接或者间接影响，都必然在现时的经济环境当中产生作用和后果。任何理性的市场管理者都不会期望自己的行为可能对市场的正常运行产生短期或者长期的负面影响。因此，在法治空间范围内，法律规范之间的协调就成为最关键的问题。而当我们已然区分了广义和狭义上的法律规范，也必将得出结论：二者无论在立法过程当中还是在实践过程当中，抑或在立法的基本原则与制度规范设计层面，都将是有区别的；一旦二者本身并非从属或者具备法律上的上下阶层关系，则在立法过程中很难保证制度规范之间的协调性。这是对立法者的巨大挑战。而当市场规制的立法权力归属于行政机关时，不同的行政机关之间由于不存在隶属关系或者科层序列关系，将无从保证立法上的严格协调，这时候立法本身将面临严峻的挑战。在立法当中，我们虽然能够找到基本的规则，但是还应当结合市场经济运行的基本特征对可能出现的问题加以解决。

# 第四章 市场法律规制效果的判断

## 一、基础设施服务行业法律规制的影响因素和立法意涵

在事后判断市场经济环境下法治对市场运行的效果方面,需要首先承认立法本身是受到了诸多立法者难以克服的因素影响的。因为我们很难完全将立法者放置在一个与市场相隔离的空间范围内,同时也不可能希望立法者能够超越其所处的时代和市场发展阶段,以及不能够排除来自政治和非政治因素的影响,所以,最终形成的法律(条文)案,在现实经济生活中并非一定能全部实现在立法之初所设定的目标。在基础设施服务领域,以上情况是非常普遍的。以最为基础的《中华人民共和国能源法(草案)》来说,尽管早在多年之前便由国务院牵头组织专家起草,但是依然难以满足来自市场和改革的实践需要,因此被搁置。从这样一个例子来说,在立法者之外存在着很多影响甚至决定立法(包含立法内容)的因素。

当我们承认立法是受到外界影响的同时,我们也必须强调,法律制度在市场中所起到的重要作用和产生的影响力。一旦法律草案经过法定程序通过并在市场经济环境中得以实施,那么,法律就将成为直接决定市场环境下所有市场主体经济、法律行为的标准,决定与此相关的经济活动和经济行为的合法性,决定上述行为与活动的最终法律和现实效果。因此,生效的法律一定会对市场产生强大影响,这一影响是市场在法律生效之后只能够遵守而不能够反对的。法律对市场的决定性从经济学的角度来看,意味着干涉经济行为和相关经济利益的重要变量和决定因子。市场主体无论出于什么样的经济原因,都会希望法律对市场的介入有利于自身经济利益,因而在立法之前和过程中必然会通过各种渠道对立法形成自己的观点、态度和联系。一旦超越了必要的限度,对立法者而言,市场主体或者与立法相关者对于立法的影响都可以被视为一种阻碍。当然,在我国的政

治经济体制之下，为党和人民服务，服从党的领导，而将党的政策等转化为经济立法也是立法工作的重要内容。

　　西方关于经济立法的怀疑论者通常视立法者为一种单独的或者中立的地位，因此强调立法不能够受到外界的任何干扰；而出于对外界干扰的警惕，将立法者的工作视为可以用来寻租的权力。这样，立法者的行为，无论是否真正受到外界比如游说集团的影响，都会处于一种高压之下。但是，我们在国外的经济立法过程中，特别是行政立法的过程中，经常能够看到院外集团的游说，特别是当立法者作为民选代表必须面临选举压力的时候。而无论从何种角度来说，通过对立法的影响形成对市场经济运行规则的管控，对于同样处于市场环境中的立法游说者而言都是成本最小、收益最大的干涉市场正常运行、获取直接和间接利益回报的最佳方式。而一旦立法本身不可控，即院外游说的力度远大于立法机关的组织纪律，市场将同时面临失控的境地。这也是一种用于否定院外游说的重要理论依据：因为虽然游说者代表同样存在于市场环境中的部分市场主体的利益，但是相对于整体社会经济和全部市场主体的利益而言，这都是少数派。而民主的意涵即在于少数服从于多数。个体的利益仅在合法的前提下才能够依法对抗集体或整体的利益。

　　在我国社会主义市场经济环境下，虽然我们不能完全排除外界对立法的干扰，但是相对于西方国家经济体而言，在中国共产党的领导下，我们的市场经济立法工作所受到的影响是最少的，立法的独立性和严肃性能够得到保证，并以此服务于国民经济的整体发展和全体国民的利益。这是我们引以为傲的社会制度的优越性和先进性。

　　另外需要强调的一点是，前述外界对立法的影响更多的来自人为因素，也就是出于局部利益而形成的立法游说行为。对于经济立法而言，同时还存在着很多客观决定因素，也就是无论是否出于维护特定利益的需要，现实的经济运行都必须遵守，立法者也同样不能违背。简单来说，基本经济规律和市场的客观情况都属于以上客观决定因素。市场的经济法治必须强调客观和中立。中立是针对市场主体的干扰而言的，而客观指的就是必须尊重现实和经济规律。例如，我们在基础设施服务领域不能违反基本的自然法则，人为地控制服务在自然状态下的消费。古人云："春生、夏长、秋收、冬藏，天之正也，不可干而逆之。逆之者，虽成必败。故人君亦有天枢，生养成藏，亦复不可干而逆之，逆之虽盛必衰。此天道、人

## 第四章　市场法律规制效果的判断

君之大纲也。"① 以上便是古人在总结基本社会运行过程中形成的最为朴实的道理。在现代市场经济立法过程中，同样需要懂得尊重基本经济规律的道理；任何违反经济规律的立法要么得不到遵守，要么必将失效，并对市场经济产生负面影响。

基于基础设施服务的社会经济属性，在立法过程当中还需要关注人权维护意志。虽然我们不能够在基础设施服务领域违背基本的市场经济规律，但是在特定情况下，客观的市场规律需要让位于宪法上更为优先的人权保护意涵。现代社会中，作为一个具有社会属性的个人（通常是自然人），其本身的社会尊严和作为人的社会存在，是通过宪法和法律加以保证与维护的。具体而言，在现代经济环境下，一个自然个体的社会尊严与独立很大程度上是基于基础设施服务有效供给得以保证的。因此，无论出于怎样的维护人权的基本责任，政府都将有责任确保基础设施服务的供给；市场和市场经济主体的利益只有在能够有效为社会提供价格合理的基础设施服务的基础之上才能够得到法律的保障和维护。简单来说，相对于被服务的社会公民的人权而言，基础设施服务企业的经济权利在法治体系中永远处于次位。

随着社会经济的发展进步，尤其是随着市场经济的发展与完善，基础设施服务的供给保证责任更多地将交由市场主体承担。也就是在法治范围内，私法上的主体如企业等将承担着公法意义上的社会保障责任。这是经济发展和基础设施服务供给保障责任模式在发展和转变过程中在法治领域的反映。但是，公民人权的维护需要和社会尊严的保证需要，使得经济运行规律在基础设施服务行业发生了一定的偏离：市场的供给与需求之间的平衡与互动不能够单纯交由市场机制决定，价格作为调节供给关系的指标和杠杆的作用不能够完全在市场运行过程中形成。换句话说，以基础设施服务价格法律规制为标志的市场法治模式与传统和普遍意义上的市场经济法治模式存在巨大的区别。由于这一区别，政府在必要的情况下必须干预市场经济的运行，必须通过公共财政的方式补贴基础设施服务企业，以满足宪法和法律在维护人权方面做出的最为基本的要求。

综上所述，我们能够在基础设施服务领域看到法律规制的普遍性与自身特性。一方面，作为市场法治化的必要前提，立法必须克服不必要的外界干扰，同时，作为遵守市场经济规律的规范性内容对市场的运行起到保证作用；另一方面，政府对于公民的日常生活水平的法定保障义务决定着

---

① 《鬼谷子·持枢·全篇》。

立法本身必须为政府的供给保证责任、企业的供给保障义务以及公共财政的补贴行为预留合法性空间。随着市场经济的发展以及政府实现基础设施服务保障方式的多元化，比如通过特许经营权的授予或者成立混合所有制企业等，作为市场主体的企业这一私法意义上的完全主体将依法成为承担着公共服务保障职能的公法意义上的义务主体，由此牵涉到非常多的立法需求，以保证私法主体能够在承担公法义务的过程中符合公共利益的需要和必备的法定前提。同时，作为管理和监督市场的政府也需要通过立法的方式实现市场监管、规制的职能和履职方式的改革。从这个意义上说，基础设施服务的法定供给保障义务规范推动了相关市场的发展和市场与法定责任主体范围的扩大，而这一市场主体范围的扩大必然牵涉到履行法定责任和义务的方式转变；作为规范以上变化的基础性制度，立法的市场需要变得更加迫切，政府的职能转化也使得立法的内涵发生了巨大的变化。

## 二、行政的偏差

纵然我们在法律中明确规定了行政机关在执行法律的过程中应当严格执法，做到"有法必依、执法必严、违法必究"，但是我们依然能够在现实经济生活中感受到行政行为对于法律执行的偏差。前文已经谈到在立法过程当中，立法行为本身受到了诸多外界因素的干扰，甚至某些因素能够直接决定立法的内容和内容变更。同样，在执法的过程中（这里同样包含为了执行法律而制定行政法规的抽象行政行为）行政行为也受到了外界和内部的诸多干扰和制约。传统儒家理论认为，严格的法律、精确的条文表述，最终还是需要通过国家的官僚机构和遍布在机构当中的官员（自然人）来实现立法的用意和目的。而人本身并非隔离于世界之外，他是一个有着自身经济利益和价值判断的个体，同时，这一个体在对法律条文的理解上还存在着智力、能力、心智等方面的差异性和匹配性差异。因此，受到外界的干扰是行政行为必须面对的实际情况。

这里我们需要用一个经济学的模型方式来更好地解释有关理论。首先是立法由于受到外界干扰而形成了与立法目标之间的差异，如图4-1所示。

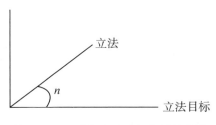

图 4-1 立法与立法目标之间的差异

这里面立法的最终结果和原本在事先设定的立法目标之间的夹角 $n$ 意味着立法与立法目标之间的差异性。夹角 $n$ 的数值越大,意味着在现实情况下立法与立法目标之间的差异越大,同时也意味着立法行为在市场经济条件下受到的外界影响越大。

同理,对于行政执法行为而言,其情况如图 4-2 所示。

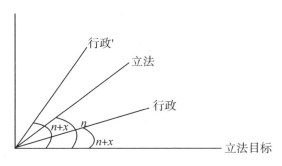

图 4-2 行政执法行为与立法之间的关系

在图 4-2 中,行政和行政′同时代表着存在这样一种可能,那就是政府的行政行为,或者准确地说,行政执法行为有可能是在法律授权的范围之内,也有可能是超越了法律授权的范围。在依法行政的法治基本要求之下,行政行为应当不能够超越法律的授权,也就是说,行政行为与立法目标之间的夹角 $n+x$ 应当小于立法与立法目标之间的夹角 $n$。用公式表示为 $n+x \leqslant n$。只有在这样的情况之下,才意味着行政单位的行政行为更加有利于立法目标的实现。而当 $n+x>n$ 时,则意味着行政行为有可能已经越过了法律的授权,成为违法行政。此时必须通过有效的法治方式约束并更正该行政行为,同时对于可能给行政相对方造成的损失要通过有效的救济方式加以补偿(或赔偿)。

西方经济学进入新自由主义阶段的时候,① 相关理论认为政府的经济管理行为本身必然受到外界因素的影响,同时源自政府内部的权力,在缺乏有效而系统的权力约束的情况之下,必然导致权力寻租;而无论是受到了外界干扰还是权力内部发生寻租行为,最终都将导致行政机关对市场的规制失效。因此,形成的结论是,只有通过消解政府对市场的规制行为,才能够真正为市场创立公平开放的秩序,并由此通过市场自身的调节实现经济的增长和社会经济的繁荣。这一理论是发端于经济学对于现实行政执法以及政府对于经济管理过程中出现的诸多越权和立法偏差的一种反思。基于这样一种反思,反映在西方国家同期的市场规制模式当中,就表现为"去规制化"。也就是政府主动放弃自身对于市场的规制权力,通过消解权力,达到开放市场和释放市场主体自由的目的。

我们从法律研究的角度是难以对上述新自由主义经济模式发表意见的。因为在宪法当中,实际上存在着保障公民自由的核心规范。从保障公民自由的角度出发,必然涵盖了公民在市场经济领域的权利和权益意涵。因此,纵然市场管理和建构市场管理的政治模式(如政府机构和人员设置等)在现实市场环境下存在调整和保留的政策性决定权力,即一切需要通过政治性话语权力决定,但是在市场法治化的前提之下,很难排除政府本身保护公民市场经济自由或者在更高层面上有序扩大公民市场经济自由的权力运行本意。

从上述角度出发,扩大市场主体的经济自主和能动性,扩展市场主体的权利范围,并进一步削减和降低行政行为对市场运行和市场商业行为的干扰,其实是在依照宪法保护公民自由的过程中,从法制理论中推导出来的法治意涵。

而当市场经济经历了新自由主义的影响,却同时承受了新一轮的市场自由化所带来的种种代价之后,新的反思即后自由主义便形成了。② 此时,市场开放所带来的好处也随着市场主体权力膨胀和缺乏有效市场监管的双重原因得到削弱。市场特别是金融市场,在经历了 2008 年世界金融风暴之后,必须面对来自对传统市场规制理念及其重要性的重新承认。这

---

① 参见夏庆宇《20 世纪西方国家经济政策的嬗变及理论启示》,载《深圳大学学报(人文社会科学版)》2017 年第 3 期。

② 参见孙旭鹏、王樱霖《约翰·格雷的"权宜之计"及其局限》,载《华中科技大学学报(社会科学版)》2016 年第 6 期。

便是在法治层面上被称作"再规制化"的市场管理制度设计。①

单纯从法理的角度观察,所谓的再规制化,其核心与意涵与市场法律规制的意涵基本相同。同样是希望通过政府"有形之手"的人为干预,在市场经济运行的过程中调整因为市场机制失灵所造成的经济损失。但是,与早期的市场规制理念不同,在规制化过程当中,政府更多地希望通过提供一种外在的经济激励的模式,引导市场当中企业的行为和行为模式变更。最为简单的例子,在环境保护领域,政府将通过财政补贴的方式引导企业通过"绿色发展模式"进行生产经营,从而克服传统意义上的单纯行政执法或者行政命令造成的机械僵化。随着经济的发展以及对市场运行的理解的加深,政府引导市场主体按照自身希望从事经济活动的能力与手段越发多元化。在经济法领域,以上方式和手段被统称为宏观调控模式。但与宏观调控模式不同的是,市场规制更加微观,往往直接牵涉到企业的实际利益。因此,在市场规制相关的立法过程中,立法者需要保持更多的对于维护经济稳定运行的预期和判断,也需要立法者对相关行业市场有着更加深入和符合市场特性的知识积淀。同时,在行政执法的过程中,需要更加注重行政行为即市场规制行为的专业性,以保证符合市场运行的预期。特别是针对基础设施服务领域,由于其涵盖的社会范围更加广泛,对相关专业知识的要求更高,因此,市场规制的行为和有关行为法律后果的救济要求也必然面临更高的法治要求。

## 三、对行政偏差的判断

鉴于在实践当中,行政行为并非与立法者的立法内容和立法本意完全一致,也就是在行政自由裁量权的基础之上,行政主体有可能在法律授权之内或之外对市场经济运行进行规制与干预,因此,需要与此相适应地去客观判断行政行为的效果和与法律条文意涵的相互关系。

在现实法治生活实践中,当我们听到"依法行政"的时候,往往会产生一种来自法学基本理念的认同感,也就是我们通常会认为依法行政是一种好的或者中立的并且能够产生积极社会经济效果的行政行为。其实,这更多的是一种错觉和误解。严格的依法行政等同于将市场经济运行过程中非常多变的市场情况的判断以及与此相关的行政调整行为的判断权利完

---

① 参见贾文华《欧盟公共政策的规制性解析——理论述评与实证考察》,载《欧洲研究》2012年第6期。

全交给了法律。而这是由于人们本身并不能够百分之一百地理解并运用法律条文，因此，必然会在运用法律的过程中出现对法律理解的偏差。这是一种情况。在这一情况之下，其实根本无法谈及依法行政。而错误的理解必然导致错误的行政与行政结果。因此，在推动依法行政的过程中首要前提是执行法律的人员必须能够正确、全面、完整地理解法律。这并不是对执法人员的主观要求，而是一项十分客观的行政要求。而在另外一种情况下，尽管执法行政人员能够正确认识法律的内涵，但是不能有效地分析现实经济情况，进而选择适用的法律条文。在此情况下，同样也会犯与对法律条文误读相当的错误。而更为严重的情况是法律条文本身因为市场形势发生变化等原因难以适用于当下，由此希望执法人员能够在理解法律的情况下将法律适用于现实经济运行当中。这实属缘木求鱼。

因此，我们应当总结依法行政的前提要求。①要求法律本身必须不能犯错误。法律条文的规范性仅在能够符合当前市场经济运行规律的情况下才能够存在适用性。例如，传统意义上的计划经济法律在今天的市场经济形势下已经难以适用。②要求行政执法人员对法律的理解不能出现偏差。通常情况下，经过有效的系统培训，行政执法人员能够达到这一要求。但是，这中间同样存在因为知识结构体系的差异性所导致的对法律规范的认知区别。简单来说，经济学层面法律的作用和意义与法律学视角下的经济法律条文意涵不同。执法人员需要更多地从法学角度来理解法律条文，而不是从经济学角度来理解或者试图进行阐释。③对于市场经济的实际情况的正确认识，并基于此对法律条文正确适用。在成文法国家，法律条文更多的是一种抽象上对于事物和经验的总结。这要求在适用法律的时候必须将抽象条文与现实世界的具象标的相结合；二者之间的联系尽管从哲学角度是一种随机"臆想"，① 但是这样一种人为的抽象与具象之间的联系应当符合社会经济的实际，符合社会大众的基本心理预期。例如，在干扰市场经济正常运行的违法犯罪行为性质判断的时候，到底应当适用经济法对违法行为加以罚款，还是因为行为涉及犯罪，需要通过刑事审判方式使责任人必须承担刑事罚金责任，这是一个十分具有讨论意义的话题。

依法行政的法律政治内涵在于约束行政行为的自由裁量权。行政机关在执法的过程中必须事前接受法律规范的约束力，这样就能够避免或者降低权力运行中存在的客观、主观错误。当然，以上解读存在着对权力本身

---

① 我们是否能够正确认识世界，这是一个十分抽象的哲学问题，在法学研究领域我们无法回答。

的不信任，或者说由于社会大众对权力的敬畏而不得不需要权力之间也存在一定的制约和制衡。但是，当我们在市场经济当中将行政机关也看作一个能够随着经济的发展变化，不断地在市场当中释放影响或干预市场运行变量的能动的主体时，我们对于行政机关的执法行为的要求就应当超越所谓的依法行政。这时我们还需要重新看一下行政与立法之间的关系图（如图4-2所示）。

在依法行政的要求下，实际上的效果是将行政与立法之间的夹角变小，直至等于零。用公式加以描述就是：$n+x=n$。这个时候 $x$ 这个夹角应当是不存在的。当然，由于前述的依法行政存在三方面的前提造成了行政′的存在，也就是行政效果可能会弱于立法者的期待。对于执法的"依法行政"要求，实际上就是要求执法者尽可能将行政′的存在去掉，从而能够将市场当中的行政执法作用限定在立法者所期望存在的范围之内。

但是，在市场经济不断发展，同时市场规制理论不断丰富与进步的今天，我们很难完全接受行政机关的机械式执法方式。这一点以中国市场更加突出。今天我们看到人民群众对政府的期望日益高涨，尽管我们的政府在是否能够完全达到人民的期望的问题上还存在诸多不足，但是如果将政府的行政行为对限制在依法行政的框架范围之内，是难以满足当今中国社会和社会经济发展的实际需要的。这个时候，实际上社会经济更加需要优于立法的执法行为或者经济管理规制行为。用公式加以描述就是：$n+x<n$。也就是说，必然要求在法律的实践过程中存在一种能够提升执法的实际效果的变量；这一变量可以是行政立法、行政执法或者行政司法。例如，在基础设施服务领域，由国家市场监督管理总局贯彻落实的全国供水、供气、供暖、电信领域价格检查。依照新闻的披露，"为贯彻国务院领导2017年在全国深化简政放权放管结合优化服务改革电视电话会议重要讲话精神，2017年11月至2018年6月，各级价监机构开展城市供水、供气、供暖、电信领域价格重点检查。此次检查涉及单位点多面广，各地围绕民生热点问题，扎实开展检查，取得较好成效：一是查处、纠正一批价格违法行为，将多收取费用退还给消费者；二是通过严格细致的执法，将对弱势群体的价格优惠政策切实落实到位；三是通过媒体宣传、提醒告诫、大力查处，切实提高了经营者严格执行价格政策法规的意识。据统计，各地共计检查相关领域企业12784家，截至8月底已退还

消费者 3803.35 万元，没收上缴国库 522.43 万元，罚款 308.31 万元"①。这一例证表明，在价格管理领域行政机关的行政行为能够更好地实现对于基础设施服务价格的管理规范，并在此基础之上保障人民群众对于相关服务的基本需求和服务价格的合理性。实际上，执法的效果要优于法律，如《中华人民共和国价格法》关于政府定价授权的内容。

依照新闻披露，在市场经济环境中，特别是在基础设施服务领域，如供水、供气、供暖等企业存在混淆用水对象性质等变相提高标准收费、继续或变相收取已明令取消的收费、自立项目收费、强制收费、只收费不服务、未严格执行价格优惠政策等问题；一些电信企业存在标价之外加价出售商品、未严格执行明码标价规定、利用虚假的或者使人误解的价格手段欺骗用户、模糊标示或不标示价格附加条件、不履行价格承诺等问题。这其中已被披露的案件有：①福建省南平市建阳区自来水公司于 2016 年 2 月至 2017 年 9 月期间，违反福建省物价局《关于进一步明确自来水价格分类范畴的通知》（闽价〔2009〕250 号）文件规定，对部分行政事业单位用水未执行民用水价格，而按照其他行业用水价格进行收费（民用水价格标准为 1.55 元/吨，其他行业用水价格标准为 1.7 元/吨），每吨多收水费 0.15 元，共计多收水费 52763.10 元。南平市建阳区物价局依法没收该公司违法所得 52763.10 元，并处罚款 5000 元。②广西壮族自治区来宾市中燃公司违反《广西壮族自治区物价局关于临时降低管道燃气价格问题的通知》（桂价格〔2016〕118 号）"从 2017 年 1 月 23 日起，管道天然气居民用气销售价格由 4.6 元/立方米降为 3.6 元/立方米、非居民用户气价格由 5.8 元/立方米降为 4.8 元/立方米"的规定，应当自 2017 年 1 月 23 日起降低价格，实际在 2017 年 2 月 15 日价监机构开展调查后才执行，共向 5514 户管道天然气用户多收价款 212809 元。来宾市物价局依法责令该公司退还全部多收费用，该公司已于 2018 年 4 月清退完毕。③四川省资阳港华燃气有限公司违反《价格法》《关于商品和服务实行明码标价的规定》，对资阳市 2016 年政策文件中规定的"当地城市低保对象中的'三无'人员和烈属凭民政部门发放的有效证明，其居民生活用气享受价格优惠，且不执行阶梯气价"的优惠政策，未在收费公示栏中予以公示。资阳市发展改革委依法责令该公司改正，并处罚款 3000 元。④陕西省渭南市天然气有限公司违反陕西省物价局《关于降低我省非居民用

---

① 《全国供水、供气、供暖、电信领域价格检查取得较好成效》，见国家市场监督管理总局网站，2018 年 9 月 12 日，https://www.samr.gov.cn/xw/xwfbt/201809/t20180912_278090.html。

天然气价格等有关事项的通知》(陕价商发〔2016〕96号),在更换到期居民燃气表具时,继续以358～390元/块不等的标准收取更换燃气表费。渭南市物价局依法责令该公司停止价格违法行为,退还缴费者多收款项5850元,没收违法所得258952元。⑤甘肃省金昌联通公司在未经用户同意的情况下,强行为用户申请办理"漏电"提醒业务,并收取3元/月服务费。金昌市价格主管部门已依法责令该公司整改,退还全部103名用户多收费用309元。以上,由于供水、供气、供暖、电信价格涉及千家万户,因此国家市场监督管理总局要求各相关企业单位要严格遵守价格政策,规范价格行为;同时要严格执行优惠减免政策,尤其是要确保特困户、低保户、困难职工、残疾人家庭等享受到应有的优惠政策。总局对不按规定执行的,将查处一起,曝光一起。市场监管总局将持续关注供水、供气、供暖、电信领域价格收费问题,及时查处举报投诉、曝光典型案件,维护群众合法权益。①

以上案例中,无论新闻曝光还是经济处罚,实质上都是行政对于市场运行的规制。而效果也好于立法中抽象条文的规范。

另一个案例是国家部委联合对违法违规高尔夫球场的处罚决定。在新闻稿中,我们能够看到,"为彻底刹住违法滥建高尔夫球场之风,2017年,国家发展改革委、原国土资源部、原环境保护部、住房城乡建设部、水利部、原农业部、原工商总局、体育总局、原国家林业局、原国家旅游局、原银监会等11部门继续开展高尔夫球场清理整治工作,共发现吉林抚松长白山国际滑雪中心雪上二项夏季高尔夫球场和娱雪区夏季高尔夫球场、黑龙江哈尔滨太阳岛体育公园高尔夫球场、江苏扬州东高高尔夫球场、贵州贵阳保利公园2010高尔夫球场等5个高尔夫球场存在弄虚作假、死灰复燃、恢复建设、隐瞒不报等严重问题,上述高尔夫球场均已被地方政府取缔,并严肃追究了相关单位和人员的责任。至2017年底,全国高尔夫球场清理整治工作已累计取缔115个高尔夫球场"②。以上的行政处罚实际上超越了市场经济运行本身的能力边界,很好地起到了规范行业发展和自然资源利用的立法目的。从实际效果上看,也远优于相关立法条文本身。

因此,当我们回过头去观察行政与立法之间的互动关系的时候,特别

---

① 《全国供水、供气、供暖、电信领域价格检查取得较好成效》,见国家市场监督管理总局网站,2018年9月12日,https://www.samr.gov.cn/xw/xwfbt/201809/t20180912_278090.html。

② 《国家部委联合公布5个违法违规高尔夫球场取缔结果》,https://www.mct.gov.cn/whzx/whyw/201807/t20180711_833757.htm。

是在判断行政是否优于立法（条文）的时候，需要通过行政行为的市场经济效果作为最终的判断依据和标准。而在这里需要强调的一点是，经济法律与其他法律的最大不同在于，经济法律更多的是依照经济实际效果即是否能够提升生产力、是否能够发展市场经济、是否能够提升国民经济生活水平作为最终的评价标准。与任何政治或者宪法理论无关，经济的发展与进步并非主观的而是客观的。在基础设施服务领域更是如此。是否能够有效保障服务的供给、是否能够保证服务价格的合理、是否能够满足人民群众的生活需要是判定相关立法和行政行为的最终标志。由此，我们能够将行政与立法之间的关系图加以完善，如图4-3所示。

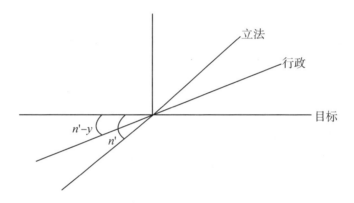

图4-3　行政与立法之间的关系

在图4-3中，当行政的社会经济实际效果由于立法实现所设定的社会经济效果，即当行政的投影与立法目的之间的夹角 $n'-y$ 小于立法（法律条文）的事先设定效果与立法目的之间的夹角 $n'$ 时，就能够判定执法（行政行为）实质上优于立法。用公式加以描述为 $n'-y<n'$。其中，$y$ 即意味着执法行为的社会经济效果，其数值越大，则效果越明显，则意味着行政行为越加优于立法。

# 第五章　基础设施价格法律规制

　　基础设施服务价格法律规制的前提是对垄断行业的拆分（亦翻译为"分解"）。待垄断企业集中于自然垄断行业，这一法律规制的方式约束服务价格，以此提升市场活力和价格效能。

　　国际上对于垄断行业的企业拆分形成的历史背景和逐步发展的过程进行过研究。以英国为例，按照车明等人在《英国天然气产业的行业发展历程、现状与启示》文章中的介绍，实际上英国的燃气垄断行业拆分经历了四个阶段，即区域分散经营阶段、全国一体化垄断阶段、部分市场化竞争阶段、全面市场化竞争阶段。

　　第一，起步阶段，即区域分散经营阶段（1813—1948年）。英国的燃气工业起步于1813年，伦敦与威士敏斯特燃气照明和焦炭公司取得了威士敏斯特140盏煤气灯的市政煤气照明合同，代表着现代燃气工业在英国的发迹。在早期发展阶段，燃气主要用于照明。由于管道技术的限制，无法远距离输气，此阶段的经营模式主要是由区域燃气运营商与燃气制造者及煤矿企业成立联合特许公司，本地区小范围的上、下游一体化。燃气灯的应用使英国大城市的夜间治安情况有了明显改善。1847年，英国皇家委员会决定，允许燃气公司跨区给公众供应燃气，以鼓励竞争和提高效率，从而拉开了行业竞争的序幕。早期的无序竞争并没有让消费者获利，两个燃气公司之间的激烈竞争导致短时间内其中一方破产，幸存的公司会让消费者弥补其竞争期间的损失。1861年，英国第一条燃气管道铺设成功，中游管输业务拉开序幕，同时燃气行业更大范围的竞争开启。直至1948年，英国遍布1000家私营燃气公司和市政燃气公司，燃气市场主要分散在地方，由小公司运营。由于英国煤炭工业发达，此阶段燃气以煤制气为主。

　　能够看得出来，这一阶段实际上是工业革命的早期，出现了燃气企业。这期间的企业竞争其实并没有受到太多的法律约束，经济的发展直接刺激了企业的发展和膨胀；但是其技术和资本规模还没有达到垄断的地步，同时市场本身规模也不大，因此政府并没有意识到或者有实际需要去革除垄断,保障社会经济发展利益。

　　第二,快速发展阶段,即全国一体化垄断阶段(1948—1982年)。"二战"结束后的英国百废待兴,为了快速恢复战后经济实力,增强国际竞争力,英国政府决定对燃气行业进行政府垄断管理和经营。1948年,英国政府颁布了《燃气法案》,成立燃气理事会(British Gas Council,BGC),开始进行燃气工业国有化。1949年5月,全国1049家小型燃气公司被重组为12家分区域经营的燃气公司,这些公司统称为英国燃气公司(British Gas,BG),英国燃气工业完成了由国有企业独家垄断下游供应的市场格局。1965年,英国石油公司(BP)在北海发现天然气,英国本土拥有了自身稳定的天然气供应,英国燃气工业由煤制气向天然气转型。1967—1978年,英国燃气公司进行了大量天然气管网及配套设施的建设与替换,完成了高压长输管线以及液化天然气(LNG)接收站等一系列重要基础设施,奠定了中游垄断地位的基础。虽然天然气上游生产由跨国能源公司自由竞争,但英国政府1964年颁布的《大陆架法案》赋予了英国燃气公司采购北海油气生产商所有上岸天然气的第一选择权。英国燃气通过与北海天然气生产商签订长协合同,控制了英国所有上岸天然气,再凭借独家拥有的陆上天然气管网和配气网络,进一步强化了在上游资源上的独家垄断地位。至此,英国天然气行业上、中、下游垂直一体化垄断格局形成。

　　这一阶段的发展历史实际上告诉我们,存在于特定历史时期的垄断其实并不一定是不好的;对于国民经济而言,垄断的好处在于尽可能地避免了市场竞争带来的市场无序和混乱,同时垄断利润如果能够直接用于企业的扩大再生产,对于国民经济而言绝对是好事。这也是新中国在成立初期施行国家资本主义经济模式的主要原因。

　　第三,市场化破冰期阶段,即部分市场化竞争阶段(1982—1995年)。垂直一体化垄断模式在英国天然气工业发展初期避免了无序竞争,产生了规模效益,使行业实现高速增长。但是,随着天然气工业趋于成熟,高度垄断体制的弊病逐渐凸显。①效率低下。由于缺乏竞争,英国燃气公司没有足够的内在动力降低运营成本、高效利用资源,导致行业运营效率低下。②行业透明度低。由于没有形成自由市场,英国天然气公司从未公布用户的价格表和输气网租用费计算的详细资料,工业和商业用户的气价均是与BG单独协商确定,造成同类用户不同气价,招致用户的诟病。1979年,撒切尔夫人执政的英国政府推行股份制改革,鼓励市场竞争,英国天然气行业迎来了改革的契机。英国政府在整体行业架构、监管机构与企业治理等方面进行了大刀阔斧的改革，其中包括：①重构市场架构，引入竞争。政府将原先的一体化市场重新划分为批发市场、合同市场和资费市场。在批发市场中，卖方为天然气上游生产商，买方除了 BG 以外，新加入了贸易商和独立供应商。在主要面向大用户（1992 年以前，政府规定年用气量大于 25000 Btu 的用户为大用户；1992 年以后，为进一步打破垄断，政府将大用户的标准下调至 2500 Btu。1 Btu = 1055.06 J）的合同市场中，大用户有权与上游生产商直接签订供应合同，也可以自由选择 BG、其他贸易商或独立供应商为其供货。在面向中小用户的资费市场中，仍由 BG 供气，但需定期向用户公布供应价格，并接受监管。②BG 公司进行股份制改革，激发活力。1986 年，英国政府颁布了《1986 年天然气法案》，根据法案对英国天然气公司进行股份制改革，在伦敦股票交易所挂牌出售 BG 的所有资产。为了国有利益最大化，BG 未被拆分，仍作为一个整体打包出售，出售总价为 130 亿美元。股份制改革后的 BG 公司更名为英国天然气股份公司（BG plc.），享有英国资费市场 25 年的特许经营权。股份制改革后的 BG 不仅受政府相关部门监督，同时也受到英国证券投资委员会（成立于 1985 年，1997 年改组为英国金融服务管理局）、伦敦股票交易所，以及近 200 万名股东的监督，经营目标调整为实现企业和股东收益最大化。③建立独立的监管机构，加强监管。BG 公司进行股份制改革后，政府无权直接控制 BG 运营，同时由于引入新的市场参与者，英国政府决定建立独立的天然气行业监管机构。1986 年，天然气供应办公室（Office of Gas Supply, Ofgas）成立，受英国能源部的领导，负责人由能源大臣任命，具有对行业进行独立监管的权力。Ofgas 的主要职责是负责天然气供应安全、用户权益保障、促进行业理性竞争、促进资源合理利用、履行企业社会义务。

以上经验表明，在缺乏外界激励和法律规制的情况下，特别是在市场成熟之后，垄断企业将逐渐缺少主动提升生产效率和提高科技水平的动力，而选择依靠获得垄断利润的方式扩大自身经济优势，并且开始逐步侵占社会经济利益，造成全产业链的诸多问题。这便使下一步的企业拆分成为实际需求。

第四，市场化深化改革阶段，即全面市场化竞争阶段（1995 年至今）。初次改革后的遗留问题主要有两点：①管道准入难。初次改革后，英国垄断与兼并委员会对改革的成果进行了评估，结果发现，由于 BG 作为供应商及管道运营商的利益冲突，仍然垄断着中游管输市场，其他市场参与者无法解决管道准入问题。② BG 公司的价格歧视。上游生产商与

BG 公司仍有大量长期协议,其他市场参与者缺乏气源,BG 公司存在价格歧视行为。

为了进一步促进行业健康竞争,规范企业经营行为,英国政府在行业监管、企业反垄断方面进一步推进行业改革。①为了建立以许可证制度为基础的行业监管框架,规范市场发展,英国政府颁布了《1995 年天然气法案》,旨在建立以许可证制度为基础的行业监管框架,分别向运输商、供应商、托运商、洲际运输商颁发天然气公共运输企业经营许可证、天然气供应商供气许可证、天然气托运商管网使用许可证、洲际输送许可证四类许可证。具有相关资质的市场参与者均可以申请相应的许可证,并从事许可证允许范围内的相关业务。许可证制度的推行,为英国天然气行业的有序竞争、规范发展提供了明确的法律框架。②分拆 BG,提供公平的市场环境。为进一步避免 BG 公司的垄断地位阻碍市场公平竞争,1997 年 2 月,在 Ofgas 监督下,BG 剥离天然气交易与零售业务,注入新公司森特理克集团(Centrica),原公司于 1999 年 12 月重组为 BG 集团(BG Group plc.)。2000 年 10 月,BG 集团剥离管输、通信及技术支持业务,成立 Lattice 集团。2002 年 10 月,Lattice 集团又与 National Grid 合并,组成 National Grid Transco plc.。最终,分拆后的 BG 集团仅保留勘探、生产、储存以及国外天然气下游业务。原 BG 公司被拆分为分别在上、中、下游独立经营的三家公司。③建立天然气交易中心,市场化价格调节。1996 年,英国国家平衡点(NBP)建立,NBP 是一定地理范围的虚拟交易中心,是洲际交易所天然气期货合约的定价点和交割点,是欧洲最具影响力的天然气交易点。NBP 运营公司(Transco)为所有天然气交易参与者提供了一个在线交易系统,主要参与者包括生产商、供应商、托运商、银行和交易公司。NBP 管网共有 9 个注气点和 175 个提气点,卖方使用管道公司的管网并预定管输容量,把天然气输往 NBP 管网的注气点,然后卖给买方,再由买方把天然气通过 NBP 管道运输到指定提气点。NBP 除了履行现货交易职能外,还要承担期货交割职能。NBP 是交易双方实现灵活选择的关键。①

以上英国天然气领域内的企业拆分模式其实就是当前国际上最主要的垄断性基础设施行业的拆分模式。英国的模式实现了行业法治、独立监管、企业反垄断、网络开放等一系列改革,成为天然气等能源领域的促进

---

① 参见车明、于小迪、单维平、刘安栋《英国天然气产业的行业发展历程、现状与启示》,载《中外能源》2017 年第 11 期。

社会经济活力和推动生产模式进步的重要力量，也为后来的欧盟能源市场开放和行业拆分提供了重要的参考。基于英国模式，欧盟才继而在法治上提出了对于基础设施服务企业在公司、人员、会计、信息、所有权等方面的拆分具体要求，形成了严格的维护市场开放和企业独立的法律制度规范。应当看到，随着我国的市场经济发展的深入和领域的扩大，我国基础设施服务领域的垄断问题也日渐明显，因此，我们自然而然就会联想到，是否应当采用英国的企业拆分模式，将我国各基础设施服务行业加以合理规划，进而释放改革动力，推动社会经济整体进步。这个题目其实并非一个严格意义上的经济学课题，而同时包含了经济法治内容——市场的开放与竞争的创造都离不开法治的前提。因此，有必要逐一研究以欧盟基础设施行业企业拆分为模型的最为现代的法治模式，探讨其中的内涵与社会经济作用。

## 一、基础设施领域企业拆分的中国实践

基础设施服务一方面连接着国家公民和生活质量、生活水平，另一方面又与国民经济存在着紧密的关联，这就决定了基础设施企业的拆分相较于其他垄断行业企业的拆分来得更加复杂，有关的法律规范必然更加细化和精确，其目的是避免任何外界的侵入造成对国民经济的伤害或者对公民基础设施服务获取的障碍。但是，这并不意味着基础设施服务领域的企业拆分力度会被弱化，恰恰相反，正是由于基础设施服务企业在行业内存在着历史和经济发展模式造成的纵向垄断，因此，在对基础设施企业进行拆分的时候，需要进一步加大拆分力度，以尽可能地保证拆分产生实际的经济效果。这方面存在着负面的例子。例如，近年来在我国电信领域层出不穷的垄断案件，典型的如国家发改委对于云南电信行业垄断的处罚。《法制日报》2015年6月5日的报道《四家电信运营商垄断价格被罚千万》称：

> 国家发改委今天披露了云南省通信管理局滥用行政权力，组织电信运营商达成价格垄断协议，排除和限制相关市场竞争一案的处理结果。2014年云南省发改委在对一起价格垄断协议案件进行调查的过程中，发现云南省通信管理局涉嫌违反反垄断法，滥用行政权力，组织电信运营商达成价格垄断协议，排除和限制相关市场竞争。为此，国家发展改革委指导云南省发展改革委进行了调查。调查发现，2009

年 8 至 10 月，云南省通信管理局牵头组织中国移动通信集团云南分公司、中国电信股份有限公司云南分公司、中国联合网络通信有限公司云南分公司和中国铁通集团有限公司云南分公司多次会议协商，于 2009 年底达成《云南基础电信运营企业规范各类赠送活动的协议》（以下简称《协议》），对四家电信运营商开展相关赠送活动的内容、额度、频次等进行了约定，包括各企业均不得采取"无预存话费""无保底消费"或"无在网时限"等方式开展赠送活动；赠送通信内产品的价值不得高于用户承诺在网期限内承诺消费总额的 60%，赠送通信外产品的价值不得高于用户承诺在网期限内承诺消费总额的 30%；赠送活动对同一用户每年不超过两次（含两次）；各电信企业制定的积分回馈方案中，用户消费价值与积分价值之比不超过 1∶1，积分价值与兑换服务的价值之比不超过 1∶0.05。由于四家电信运营商是电信市场上的主要经营者，相互之间为直接竞争关系。各电信运营商在市场营销中对消费者给予话费、充值卡等礼品赠送，直接影响到产品最终价格，是开展市场竞争的重要手段。云南省通信管理局牵头组织四家电信运营商达成协议，对赠送的范围、幅度、频次等进行约定，并通过下发整改通知书等手段强制执行，限制了电信运营商的竞争能力和手段。同时，云南省通信管理局制定争议解决规则，要求处于竞争关系的电信运营商在对赠送行为出现争议时，首先进行逐级协调，并争取达成一致，实质上是要求电信运营商就相关问题达成垄断协议，排除和限制了相关市场竞争。因此，上述行为违反了反垄断法第八条"行政机关和法律、法规授权的具有管理公共事务职能的组织不得滥用行政权力，排除、限制竞争"规定，属于第三十六条所列"滥用行政权力，强制经营者从事本法规定的垄断行为"的行为。云南省发改委还依法对参与垄断协议的四家电信运营商进行了处罚。对参与达成并实施垄断协议的中国移动通信集团云南分公司、中国电信股份有限公司云南分公司、中国联合网络通信有限公司云南分公司，处以上一年度相关市场销售额 2% 的罚款；对参与达成但未实施垄断协议的中国铁通集团有限公司云南分公司，处以 20 万元罚款。罚款金额共计约 1318 万元。①

以上的例子表明，在我国基础设施服务领域内尽管成立了独立的电信

---

① 万静：《四家电信运营商垄断价格被罚千万》，载《法制日报》2015 年 6 月 5 日，第 6 版。

企业，但是电信企业之间极有可能通过上级主管行政单位实现价格串联，并且通过价格联盟的方式对地方电信市场形成垄断，侵害消费者的利益。通过行政主管单位的协调进行市场垄断不但从根本上摧毁了反垄断法的立法目的，而且也令行政主管机关的行政职责发生倒转，这已经不再是"规制俘获"，而是形成了"行政俘获"。因此，要从根本上避免出现上述问题，必须进一步严格制定立法，加强监督和执法，只有这样才有可能禁绝基础设施领域内垄断的发生。

从社会经济实践出发，我们能够看出倒逼中国基础设施服务行业改革的原因是多方面的，既包含了市场经济发展的压力、投融资的压力，同时也包含了国有企业传统意义上在经营管理方面的僵化。最好的例子来自中国的铁路服务领域。《中国经营报》2016年1月4日的报道《铁改"堵"在何处》称：

> 中国铁路总公司（以下简称"铁总"）在2016年3月17日将迎来它的三周岁生日。从当前的状况来看，铁路货运量持续下滑的趋势仍然没有任何好转迹象，铁总的债务也如同雪球般越滚越大。
>
> 严峻的形势倒逼铁路部门必须加快投融资体制改革和市场化之路，而这场改革的核心是打破垄断，形成一套符合现代企业发展的管理和分配制度。
>
> 在2013年年初原铁道部撤销，铁总成立后，面对严峻的经济和货运形势，市场化改革成为铁路部门常常挂在嘴边的关键词。2013年以来，铁路货运量持续下降。铁总公布的数据显示，2015年前三季度国家铁路货运总发送量增速跌破-10%，达-11.41%。2015年前11月，国家铁路货运总发送量达24.86亿吨，比上年同期减少2.27亿吨，同比下降11.63%，再次创下自2013年铁总成立以来新低。
>
> 货运量长期萎靡不振，直接导致运输收入骤减，《中国铁路总公司2015年三季度审计报告》（以下简称《报告》）显示，2015年前三季度，铁总运输收入合计4447.7亿元，同比减少0.29%。其中货运收入1741.12亿元，同比下降9.09%；铁路货运收入同比减少174.0亿元。
>
> ……
>
> 在赵坚看来，国家必须下决心对铁路体系进行深层次的改革，破除垄断，将铁总重组为控股公司，将全国18个铁路局重组为三个区

域铁路公司，并使其成为法人实体，赋予区域铁路公司自主定价权和调度指挥权，在三大区域铁路公司之间形成比较竞争。①

在既有的基础设施服务领域，垄断特别是横向垄断的危害已经为社会所确认；并且已经有相关行政主管单位对垄断行为做出了一系列处罚。按照《中国工商报》2017年2月9日的新闻《从6件垄断案分析供水行业垄断行为特点》报道，2015年至2017年，全国工商系统共查办了广东惠州大亚湾溢源净水有限公司滥用市场支配地位案、海南省东方市自来水公司垄断案、内蒙古自治区阿拉善左旗城市给排水公司滥用市场支配地位案、乌鲁木齐水业集团有限公司滥用市场支配地位限定交易案、宿迁银控自来水有限公司垄断行为案、吴江华衍水务有限公司滥用市场支配地位案6起供水企业垄断案，这是工商部门对公用企业滥用市场支配地位限制竞争行为的有力宣战，也体现了工商部门紧扣民生热点，破除行业垄断，维护统一开放、公平诚信、竞争有序市场环境的决心。同时，按照该篇文章的总结，供水行业的垄断行为的表现形式及特点大同小异，目前供水行业存在的滥用市场支配地位行为主要有三类：一是在无正当理由的情况下，强制要求用水户购买与其限定品牌一致的供水器材，如供水企业强制要求用水户出资购买其指定品牌、规格型号的水表、阀门、管材等产品（系供水企业通过政府招投标确定或者供水企业自行确定，且价格高于同类商品的市场价），否则不予供水。二是在无正当理由的情况下，强制要求用水大户将供水工程的设计、施工等业务交由其承担或其指定的企业承担。供水公司采取代政府招标等方式，强行要求房地产开发商、生产用水企业等用水大户将供水工程的设计、施工等工程业务，交由供水企业承担或其变相指定的企业承担（被指定的设计、施工单位与供水企业有着千丝万缕的联系，且工程造价高于市场价）。三是在无正当理由的情况下，强制用水户交纳用水保证金、押金等，且长期占压这些资金及利息等，严重侵犯了用水户的合法权益。究其原因主要有五个方面：一是主观方面。供水企业一般是计划经济体制下建立延续至今的国有独资或者国有控股企业，其经营管理者大多是原体制下的职工。这些企业普遍认为供水服务既然是相关法律政策文件规定的，其在供水服务中的一切行为也当然是合理合法的。二是管理体制方面。现行的大多数供水行业管理体制僵化，已明显与行业发展的实际相脱节，导致"公用企业不公、市场主体不实"，存在政

---

① 孙丽朝：《铁改"堵"在何处》，载《中国经营报》2016年1月4日，第6版。

企不分或者分离不到位、企业资产并未真正"独立"等问题，而僵化的行政管理思维和模式更是让供水等公用企业雪上加霜，其限制竞争行为屡禁不止也就不足为奇了。三是责任追究方面。供水企业的不正当竞争行为由来已久，但目前缺乏对违法供水企业的直接责任人的问责制度，责任追究不力、问责偏软等也是造成供水企业屡次违法的重要原因。四是行业监管方面。现行的公用企业监管体制未能有效建立，现代企业制度和管理体系仍未建立或完善，导致供水企业的依法经营意识较差。五是合法行为被冒用。招投标行为的目的之一本是追求"物美价廉"，但查看供水企业的违法案例可以发现，招投标成为相当一部分供水企业指定供水器材、施工单位等的手段，中标产品（服务）价格高、质量与价格差距大，与招投标目的相去甚远。①

城市供水的垄断问题由来已久，而恰恰是由于供水的服务基础性，导致相关领域内的改革远远滞后于其他基础设施行业，因此有必要在法理上给出一个一揽子解决的思路，以带动城市供水服务的市场化发展，提升供给水平。

然而，在改革时间相对较长，成果特别是立法成果较为丰富的电力供应领域，我们也还没有形成比较系统化的做法，以推动解决供电领域的垄断问题。例如，《法制日报》2018年9月6日的报道《国家发改委剑指电力行业垄断》披露：

> 国家发改委、国家能源局联合发布了《关于推进电力交易机构规范化建设的通知》（以下简称《通知》），各电力交易机构股份制改造工作应于2018年12月底前完成，并持续推进电力交易机构相对独立工作。《通知》指出，要推进电力交易机构股份制改造，股东应来自各类交易主体，非电网企业资本股比应不低于20%，鼓励按照非电网企业资本占股50%左右完善股权结构。
>
> 据悉，2015年3月15日，中共中央、国务院下发《关于进一步深化电力体制改革的若干意见》后，北京、广州电力交易中心和各省级电力交易中心相继成立，在电力市场化交易中发挥了重要作用。但是，目前只有广州电力交易中心和山西、湖北、重庆、广东、广西、云南、贵州、海南8省（区、市）电力交易中心为股份制公司，

---

① 参见高萱、林涛《从6件垄断案分析供水行业垄断行为特点》，载《中国工商报》2017年2月9日，第6版。

其他电力交易中心仍为电网企业全资子公司,尚未实现电力交易机构相对独立和规范运行。

事实上,这是近期电力行业加速扩开放破垄断的一个缩影。继放开配售电业务之后,今年国家还取消了电网投资外资限制。国家电网公司和南方电网公司也在推进混改,实施股权多元化。业内人士认为,这将有利于电力市场公平竞争、规范交易,未来会看到更多外资和民资的身影。

近年来电力企业发展只是看似繁荣。一边是大型供电企业排山倒海式的低价攻势,一边是煤电成本的节节高升。中小电力企业(尤其是火电)生存空间越来越小,却不得不被动进行价格战。可以说,鹬蚌相争的结果,短期内可以让用电方得到实惠,但是从长远来看,却容易形成供电寡头企业对整个供电市场的控制,包括定价权。

为此,近年来国家发改委加快了对电力行业的反垄断执法动作。2017 年 11 月,国家发改委指导山西省发改委对山西省电力行业协会组织 23 家火电企业达成并实施直供电价格垄断协议一案作出处理决定,并依法处罚 7338 万元。这是反垄断法公布 10 年、实施 9 年来,第一次对大型电力企业开出罚单。

此外,电力行业其他领域也在提速破垄断。截至目前,全国三批增量配电网业务改革试点项目总量已达 320 个。在有序放开配售电业务的同时,国家电网公司还向社会资本开放抽水蓄能电站投资,并且推进产业公司上市重组和引入战略投资。①

上述例子很明显地说明,中央政府是十分希望破除基础设施服务领域的垄断行业的,同时也采用了一系列的强制性措施推动业内企业的独立和多元化,但是实际效果还有待实践证明。而在基础设施服务领域内法治的匮乏,也从根本上阻碍了中央政府目标的实现。当然,我们在总结基础设施服务领域内的企业拆分和相关法治核心的时候,需要看到立法的时机和市场的实际需求。我们不能够单纯为了破除垄断而去破除垄断。换句话说,只有当我们全社会都对破除垄断形成共识的时候,才是一个较为合适的时机。例如,澎湃新闻网在 2018 年 9 月 20 日报道的一篇新闻《高铁院士王梦恕:该垄断的必须垄断 铁路不应允许私营企业参加》中引述王梦恕院士的原话:"铁路是国家的生命线,不应该允许私营企业参加。有

---

① 万静:《国家发改委剑指电力行业垄断》,载《法制日报》2018 年 9 月 6 日,第 6 版。

人写文章说铁路应该搞私有制、混合所有制，我明确反对，不但铁路，涉及国家经济命脉的产业都不能搞。如果一个企业既有公有制又有私有制，它很快就会因为利益的关系把公有制变成私有制，造成国家资产流失。政府不管大中型企业还管什么，还有什么权力？为什么大家感到中国伟大，因为困难时中国能很快地把人力财力集中起来，进行抢救，这点在很多国家是看不到的。""该垄断的必须垄断。""垄断不是个坏名词，国家经济命脉必须要垄断。把这些国有经济给了私人，就不叫垄断了？"①

此外，基础设施服务的性质决定其服务价格不可能完全遵循市场规律，因此，对于多元化的投资主体而言，可能意味着市场风险，而对于开放市场的政府机构而言，则意味着随时承接由于市场风险退出市场的多元投资者遗留下的服务空缺。《华商报》2017年3月13日的报道《西安民营公交17条线路被回购　退出导致行业垄断》披露：

> 西安交通部门2016年发布的数据显示，西安市有23家民营公交企业，47条民营公交线路，占全市公交线路近五分之一，但仅有30%企业盈利，剩余70%或持平或亏损。
>
> 面对困境，部分民营公交企业采取缩减车辆、缩线运营、缩减服务等求生存。403路暂时停运风波、716路多次调整线路或减少车辆等。从2014年至2016年，西安发生多起类似事件。而引发的连锁反应是：沿线市民出行难、城市公交公益化进程加快、政府出台回购政策。
>
> "近年来，全国许多大中城市公交回归公益。"甄仁说，许多民营公交企业以各种方式全部或部分退市。8年前，重庆市民营公交全部退市，由国有公交经营。而济南市公交也全由非民营企业来经营。
>
> 甄仁认为，"国进民退"带来很多好处，如车辆更新频率加快，车容车貌改善，线路布局趋于科学、合理，市民出行难问题得到极大改善，但同时也带来严峻问题：当地政府每年不得不对国有公交企业多付出十多亿元的财政补贴，财政负担日益加重。
>
> "前些年，北京、上海等地就实行城市公交集团化、产业化和服务化。"业内人士章盼（化名）说，尤其是上海，无论是国有公交还是民营公交，统一纳入考核，从服务、安全、舒适、市民满意度等方

---

① 《高铁院士王梦恕：该垄断的必须垄断　铁路不应允许私营企业参加》，见澎湃新闻网，2018年9月20日，http://finance.ifeng.com/a/20180920/16517712_0.shtml。

面考核，政府根据考核结果进行财政补贴和扶持。"竞争服务才是当前最重要的趋势，而民营公交退出市场是否会导致国有公交企业行业垄断？是否会加重政府财政的负担？这些都是需要理性考虑和调研的。"章盼说。

2016年2月开始，西安市政府回购因亏损严重无法生存的6家民营公交。其中就有张先生的公司。"四处筹钱，实在没法了，线路部分车辆停运了，只得由政府回购。"张先生称，2016年10月，710线路和所属40辆车上交政府回购。回购规定：每辆车况良好、产权齐全，评估后方能移交，方可得到评估费。"按政策，整个线路40辆车评估费总共500多万，但给员工发工资就需要700多万。"张先生说，19年来自己公司投资超过两千万元。此次回购，就是所有车辆评估费加上站点建设费，公司总亏损仍在800万左右。"去年12月底评估都结束了，评估费至今还未收到。"张先生表示，目前，710线路40辆车集中停放在停车场，产生了巨额停车费，其他被回购民营企业也存在此问题，希望政府有关部门能尽快兑付。

"目前，被政府回购的民营公交线路共有17条，达7家公司，有四五百辆车。"3月4日，一位不愿意透露姓名的业内管理人士说，2014年，面对民营公交企业困境，政府进行回购试点，试点线路是西安巴士实业有限公司的两条线路：709路、606路。目前，这两条线路已被政府回购。①

而与基础设施服务供给保障相关，在非获利市场区域，需要由立法保证财政补贴的正当性和合理性。这一领域对于拆分后的企业而言，是十分重要的。拆分往往意味着市场份额的缩减，同时意味着交叉补贴资源的匮乏和能力的不足，因此，有关法律应当对相关问题提早做出制度性安排。例如，《新京报》2018年10月29日的报道《中国邮政：提高西部省份补贴标准 提升运营质量》介绍：

> 据中央纪委国家监委网站消息 根据中央统一部署，2018年2月23日至5月23日，中央第二巡视组对中国邮政集团公司党组进行了巡视。7月26日，中央巡视组向中国邮政集团公司党组反馈了巡

---

① 程彬、赵彬：《西安民营公交17条线路被回购 退出导致行业垄断》，载《华商报》2017年3月13日，http://news.hsw.cn/system/2017/0313/688916.shtml。

视意见。10月29日公布的《中共中国邮政集团公司党组关于巡视整改进展情况的通报》显示，针对"有的领导人员'人民邮政为人民'的初心使命淡化，对邮政的政治和社会属性重视不够"的问题，中共中国邮政集团公司党组强化初心使命教育，切实重视和做好普遍服务。

……

强化支撑保障，加大普遍服务和特殊服务的资源投入。修订《普遍服务和特殊服务补贴核定方案》，进一步提高西部省份补贴标准。每年新增普服补贴8.66亿元，整体提升15.4%，其中西部省份提升27.5%；安排建制村直接通邮补贴2.85亿元，专项投递成本6.85亿元，加快提升普遍服务水平和投递能力；全额拨补西部地区普遍服务亏损，给予新疆分公司免缴集中资金特殊政策。同时建设邮政普遍服务和特殊服务资金管理信息系统、普遍服务运行管理系统和全国机要总包跟踪监测系统；完成平信条码化系统建设；加快推进在线业务平台建设，拓展线上服务渠道，进一步方便群众用邮。[1]

## 二、基础设施企业拆分的法治意涵

对于基础设施服务行业而言，无论纵向垄断还是横向垄断，都必然会产生一些经济与社会问题。在经济领域，企业的垄断阻隔了外界进入基础设施服务市场当中的可能，同时垄断利润又使得基础设施服务价格存在一定程度上的不合理，因此，在社会生活当中就会形成企业、政府、社会三者间的博弈。企业会通过经济能力尽可能维持垄断利润，于是便会出现 Averch-Johnson 效应、规制俘获效应等社会经济问题；政府迫于社会压力会采取一定的价格约束措施，但是会因为缺乏经济法律规制的实际措施，造成价格人为性过高，脱离市场经济实际；社会群体利益则往往受政府和企业的影响，要么过多地得到行政的维护，要么被垄断企业所坑害。而问题的核心在于，垄断企业内部存在着交叉性，也就是有更多的规避法律规制的可能手段。因此，从立法角度来说，基础设施企业的拆分意味着：其一，对于企业经济能力的约束，使得垄断企业的经济手段和实力被限制和

---

[1] 《中国邮政：提高西部省份补贴标准 提升运营质量》，见新京报社官方账号，2018年10月29日，https://baijiahao.baidu.com/s?id=1615667836756121748&wfr=spider&for=pc。

削减，从而增强法律规制的强制性和不可逆性。其二，对于企业内部存在的交叉补贴的摒除。由于垄断企业内部具有经济一体性和聚合性，因此，在企业的统一领导之下，不同部门或者不同生产、服务单位之间可以通过交叉补贴克服外界行政规制所带来的价格和成本压力，并最终将规制成本转嫁给消费者。例如，在供电服务领域，电网企业可以通过让渡部分过网费的方式，实现对于关联的发电企业的成本补贴。从表面上看，这种做法并不直接对电力销售价格产生影响；但是实质上，消费者则完全承担了电力生产企业所负担的不合理成本，法律规制所期望的推动价格经济合理性的目的也由此被规避或阻碍。其三，基础设施服务企业的拆分直接意味着市场的开放和对进入市场的歧视的克减。基础设施服务逐步成为垄断性行业是随着基础设施行业投资巨大和市场价格压力双重作用而产生的；在特定的市场经济历史时期，垄断的形成是经济规律的必然结果，也是符合通过垄断利润进一步扩大市场规模的必然结果。这其中政府的决策是垄断形成的关键。如果没有政府的外在许可，按照市场的反垄断法律规制，垄断性基础设施服务企业很难对某一国的特定基础设施服务形成绝对控制，就连国有企业在市场法治的环境中也做不到这一点。因此，基础设施企业拆分在法治上，意味着政府行政权力更加倾向于塑造一个开放、竞争、公平、非歧视的市场和市场环境。同时，传统上被权力和垄断企业隔离于市场之外的其他市场主体将获得更加友好的市场准入待遇。来自不同市场主体的投资和服务供给，则意味着市场将破除垄断所形成的主体一元化，形成多元互动的市场竞争关系。这其中并非意味着形成混合所有制。混合所有制的形成只不过是出于金融或者投资领域准入开放的需要。换言之，混合所有制对于基础设施行业而言，带来的是单纯的资金而非多元化的市场主体；同时，混合所有制意味着某一国家投资负面清单的修订和对外开放格局的深化。[①] 但是，如果从法治的角度观察，当某一国家希望摈除在基础设施行业内存在的市场壁垒和市场准入歧视的时候，需要做的并非仅仅许可在基础设施企业中存在的多种投资和投资主体，而是将市场向不同投资主体开放，在市场中依法准许不同性质的、互相竞争的企业的存在；而企业之间在各方面将同等接受来自法律和行政的监督管理。

最终，基础设施服务企业的拆分意味着消费者选择权的实现。这其中包含两方面的意思：第一，消费者具有选择权是市场开放竞争、市场主体

---

① 参见《外商投资准入特别管理措施（负面清单）（2018年版）》，http://www.mofcom.gov.cn/article/b/f/201806/20180602760432.shtml。

多元化的必然结果。市场开放之后，随着市场主体之间的竞争，必定会出现更加符合市场预期和市场需求的服务与产品供给。在这一点上，基础设施服务其实与其他经济产品没有什么不同。更加符合市场需要的基础设施服务及其价格，必然能够带动市场内部消费者的选择。而竞争本身则激励着市场主体积极研究消费行为，从而为市场竞争的扩大打下基础。在这一过程中，消费者无疑是受益的；消费的权责也将同时表现为对于市场竞争的促进——只有更加迎合市场需求的供给才能够获得更多的回报，消费的旺盛将进一步鼓励市场供给的模式转变。当然，当我们分析基础设施服务的特质的时候，会发现基础设施服务本身也许并不能够如同其他市场产品一般存在多样化。但是，只有当市场本身存在竞争，才能够克服我们对于基础设施服务的固有僵化观念，因为在变动和多样化的市场环境当中，我们应该更多地相信市场主体的创造力。互联网领域内的创新其实就说明了这一点。第二，消费者的选择权是受到法律和行政保护的。由于基础设施服务的社会特性，立法者或者政府都绝对不允许存在削弱或者克减公民权益的基础设施服务的存在，尽管这是市场竞争可能产生的副产品。随着市场的发展，我们同时也需要清楚地认识到市场经济的风险性。例如，在婴儿奶粉行业曾经出现的三鹿奶粉事件。三鹿这样一家既获得了市场经济效益，又获得了诸多政府荣誉的企业，却由于贪恋更高的经济利益，造成"全国累计报告因食用三鹿牌奶粉和其他个别问题奶粉导致泌尿系统出现异常的患儿29万余人"[1]。正是由于无论法律赋予消费者怎样的权利，在提供产品和服务的企业面前，消费者还是处于弱势地位和信息不对称地位的，因此，为了保证在基础设施服务获取方面不会因为市场风险而降低公民的生活水平与生活质量，必须由法律和行政权力来保障消费者利益。再进一步明确地说，就是基础设施服务本身的宪法保障属性决定了行政机构保障公民获得充分、有效、高质量的基础设施服务的法定责任永远优先于行政机关对基础设施服务市场开放的行政裁决。在无法有效保证宪法责任履行的前提下，法律将很难作为政府开放基础设施服务市场，进行基础设施服务企业拆分的政策依据。

针对基础设施服务企业的拆分，通过总结国际经验，我们可以发现其中的核心意涵在于拆分后企业独立性的保证。也就是说，法律实质上在设定拆分后基础设施企业的"独立性"，以及独立性的标准。具体而言，包

---

[1] 《29万余名婴儿泌尿系统因食用问题奶粉出现异常》，见搜狐新闻，2008年12月1日，http://news.sohu.com/20081201/n260961389.shtml。

括以下五个方面。

第一，独立的法人地位。独立的法人地位意味着被拆分之后的企业在法律地位上具有严格的独立性。企业拆分的目的是将基础设施企业的产品和服务种类严格限定在特定范围之内。例如，发电企业将不再拥有电网设施，通信企业会把服务集中于信号处理而非信号传输，铁路企业将服务转化为铁路线路运营而非机车运营，等等。这些从传统纵向垄断企业中拆分出来，经营特定基础设施服务的企业，将通过法定程序成为独立的法人企业，具有严格法律意义上的人格地位。例如，德国《能源经济法》第7条第10款和欧盟法令2003/54/EG第9条第1款分别规定，拆分之后的电力企业应当具有独立法人地位。需要注意的是，拆分之后的基础设施服务企业虽然具有了独立的法人地位，但是，从法律角度而言，其实并不排除相关企业的股权结构与原企业之间的关联性。在法律上，原先被拆分的垄断企业可以采用控股公司的形式，对拆分之后的企业进行控股或者单独控股。这是在经济法理上对于企业拆分的许可。尽管从公司形式上，或者从公司的所有权属性上看，可能法律对于独立的法人地位的规定并不能完全消解垄断企业的属性和经济能力，但这正是下一步法律通过其他约束性规范为克服垄断而打下的基础。在中国的基础设施行业改革中，我们也强调"政企分开"，同时对基础设施行业进行企业化经营。而具有独立的法人地位是我们在进行基础设施领域改革的第一步。在这一点上，中西方之间是互通的，并没有太多区别。

第二，独立的企业管理团队。所谓独立的管理团队在法治中意味着，基础设施服务企业在拆分之后，应当由独立承担企业运营管理的团队负责领导，该团队同时不能够与拆分后的企业集团内部其他企业的领导层发生交集。这一法治上约束的目的是实现企业的运营管理人员的独立性，实现基础设施企业在经营层面的完整的独立性，从而保证在生产过程中不会受到集团或者集团内部其他企业相关产品服务供应过程中的影响，进而保证市场中基础设施服务企业的真实独立性。例如，德国《能源经济法》第8条第2款当中就明确了，对于企业经营而言，特别是对于与企业的盈利、收入等核心问题相关领域的管理人员不得存在兼职其他类似企业或关联企业的情况。因为虽然法律可以通过强制拆分基础设施企业的方式实现对垄断的打破，但是，如果不对以上从业禁止做出进一步明确的规范，则有可能会被企业所利用——一旦拆分后的企业为同一领导层或者主要企业经营者管理，则垄断的破除从根本上是难以实现的。

但是，这面临一个实际的法律问题，即如何平衡在破除垄断过程中对从业禁止的规定与宪法对公民劳动权利的保护。宪法的劳动权作为公民基本权利，自然需要维护，同时，劳动法作为与市场规制法律平行的其他部门法，很难通过特殊规定优于一般规范的解释，将公民在基础设施行业从业的禁止性规定赋予严格的法理合法性。因此，对于这个问题，我们需要从实际情况出发，也就是需要明白，在基础设施行业的拆分过程中，企业管理人员的从业禁止并非严格意义上的或抽象意义上的从业禁止，而是仅仅针对特定企业内的从业禁止。尽管可能与企业法人在民事合同自由方面的限制存在竞合，但绝对不是对特定人员劳动权利的剥夺。

我国相关法令对于基础设施企业的经营独立性也给出了明确的规范。依照《国务院办公厅关于进一步完善国有企业法人治理结构的指导意见》和《中华人民共和国公司法》《中华人民共和国企业国有资产法》等法律法规，以公司章程为行为准则，规范权责定位和行权方式；法无授权，任何政府部门和机构不得干预企业正常生产经营活动，实现深化改革与依法治企的有机统一。同时，依照规定，到2020年，党组织在国有企业法人治理结构中的法定地位更加牢固，充分发挥公司章程在企业治理中的基础作用，国有独资、全资公司全面建立外部董事占多数的董事会，国有控股企业实行外部董事派出制度，完成外派监事会改革；充分发挥企业家作用，造就一大批政治坚定、善于经营、充满活力的董事长和职业经理人，培育一支德才兼备、业务精通、勇于担当的董事、监事队伍；遵循市场经济规律和企业发展规律，使国有企业成为依法自主经营、自负盈亏、自担风险、自我约束、自我发展的市场主体。①

2019年1月，国务院国资委出台《关于中央企业创建世界一流示范企业有关事项的通知》（征求意见稿），提出进一步放权、授权。央企创建的世界一流示范企业可以自主决策、综合运用混改、员工持股、股权激励等各项国企改革政策。可以说，《关于中央企业创建世界一流示范企业有关事项的通知》（征求意见稿）是对2015年中共中央、国务院颁布的《关于深化国有企业改革的指导意见》的贯彻落实性文件。《关于深化国有企业改革的指导意见》中提出的分类推进国有企业改革、完善现代企业制度、完善国有资产管理体制、发展混合所有制经济、强化监督、加强和改进党对国有企业的领导等国企改革重点任务，以及其后出台众多配套文件，形成了系列国企改革指导文件。随后，国企改革进入试点阶段。但

---

① 以上内容见《国务院办公厅关于进一步完善国有企业法人治理结构的指导意见》（国办发〔2017〕36号）。

是，这一切都需要得到国务院国资委、国家发改委等监管机构审批。从试点企业提出改革方案到央企集团和监管机构审批，决策审批链条长、环节多，影响了国企改革工作实施效率。2018年10月9日，国务院副总理、国务院国有企业改革领导小组组长刘鹤在国有企业改革座谈会上讲话，提出扎实推进国有企业改革，大胆务实向前走。按照《关于中央企业创建世界一流示范企业有关事项的通知》（征求意见稿）精神，国务院国资委将调整出资人监管权力和责任清单，进一步减少审批事项、事前备案事项，规范事中事后备案，加大对示范企业授权力度，积极支持示范企业改革发展，将统一授权和个性化授权相结合，对示范企业的共性事项进行统一授权放权。示范企业也可以提出个性化授权申请，国务院国资委按照"一企一策"研究明确授权事项。同时建立授权调整机制，示范企业不能规范履行所授权力的，国务院国资委将取消授权并追究责任。《关于中央企业创建世界一流示范企业有关事项的通知》（征求意见稿）提出，示范企业可以综合运用混改、员工持股、股权激励等各项国企改革政策，充分发挥改革实效；示范企业因此可以自主决策商业一类子企业开展混合所有制改革、员工持股等改革事项，在不低于合理持股比例的前提下自主决策回购和增发一定比例的股份用于开展员工持股或股权激励，并向国资委事中、事后备案。①

上述文件的核心在于加强企业自主性，通过深化市场方式的改革，推动市场水平和竞争效率的提高。不过，其并没有涉及企业管理层的独立性。但是，中国在设立新的基础设施服务企业时往往并不会存在管理层人员重叠的现象，因此在改革过程中，这一问题并不十分棘手。

第三，独立的企业会计制度。企业的独立性往往体现在企业的经济独立性上，因此，只有企业的财务独立才能证明企业的真正独立。从这一点出发，德国《能源经济法》第10条当中强调，能源服务企业应当依照商法关于企业财务独立的规范，制定严格、完整、独立的企业财务报表和相关财务制度。但是，中国有自身的国情。依照《国务院关于机构设置的通知》（国发〔2008〕11号），国务院国有资产监督管理委员会承担监督所监管企业国有资产保值增值的责任；建立和完善国有资产保值增值指标体系，制定考核标准，通过统计、稽核对所监管企业国有资产的保值增值情况进行监管，负责所监管企业工资分配管理工作，制定所监管企业负责

---

① 参见朱昌明《专家解读创建世界一流示范企业：向央企放权、为改革松绑》，见经济观察报官方账号，2019年1月31日，http://www.guoqi.org/listing/news_class.php?class=19。

人收入分配政策并组织实施;此外,负责组织所监管企业上交国有资本收益,参与制定国有资本经营预算有关管理制度和办法,按照有关规定负责国有资本经营预决算编制和执行等工作。这一法律文件表明,中国中央政府对于国有基础设施企业的财务负责监督管理,并且对企业的重大投资具有监管权力。当然,行政监督本身并非对于国有企业财务独立在企业拆分领域内的限制,在更大意义上,国务院国有资产监督管理委员会是在履行类似于出资人等同的对于资本和投资的监管职能。① 比如,依照《中央企业工资总额管理办法》(国务院国有资产监督管理委员会令第39号),国资委依据有关法律法规履行出资人职责,制定中央企业工资总额管理制度,根据企业功能定位、公司治理、人力资源管理市场化程度等情况,对企业工资总额预算实行备案制或者核准制管理(第6条)。就此,实行工资总额预算核准制管理的中央企业,根据国资委有关制度要求,科学编制职工年度工资总额预算方案,报国资委核准后实施(第8条)。当然,这一制度在现实市场经济领域内的效能可能并非完全优异,对于企业腐败和贪污问题的实际监管效果也并非绝对。不过,从整体上而言,其社会经济效果是明显和重要的。

第四,企业信息保护和披露。在企业拆分之后,由于股权结构的影响,造成原本为一家垄断企业的市场主体转变为一家控股公司控制和管理下的若干法律上独立的企业法人集团。在这样一个公司结构之下,企业内部信息其实并不可能出现太多的外泄。换句话说,企业拆分过程当中其实受到影响最小的就是企业内部信息问题。来自外部法律的拆分要求,以及对于拆分后的不同的法人实体的独立性要求规范,并不能使过去垄断企业内部不同部门之间信息的传递渠道和方式发生根本性的改变。企业之间,由于从属于特定集团内部,因此信息交流渠道是通畅的。但是对于竞争市场而言,从经济学角度分析,这些原本垄断着市场的企业也垄断着市场中的信息和信息采集渠道。例如,传统供电企业必然对供电区域内部的电力消费信息,特别是对不同时间段、不同季节、不同分割区域内的供电峰谷值等精细化信息了如指掌。而新进入市场中的市场主体恰恰缺乏对于市场信息的把握,因此在竞争过程中,相对于垄断拆分后的企业必然存在巨大的竞争劣势。同时,随着信息鸿沟的扩大,市场机制可能出现不利于市场新进入者的趋势。为此,立法者需要在企业拆分的一开始,就通过法律规

---

① 例如国务院国有资产监督管理委员会《关于做好中央企业2016年度国有资本收益申报工作的通知》(国资资本〔2017〕320号)。

范明确，拆分后的企业不得在信息领域相互串联，不得通过掌握的信息帮助集团内部其他企业获得竞争优势，如此方能够构建公平的市场竞争环境。

不过现实当中，尤其是在贯彻落实对于信息披露义务和促进信息公平领域，存在着一个十分棘手的问题，即商业秘密。商业秘密是与商业利益相关的信息；非经所有人依法自愿披露，任何侵犯商业秘密的行为都将被认定为违法。这时候，立法者如果为了促进商业公平而强制拆分基础设施服务企业，并要求公开信息，则不仅可能影响企业自身的经济利益，同时也将构成某种意义上的滥用和社会恐慌。例如在盐业领域，依照《中共中央国务院关于深化国有企业改革的指导意见》（以下简称《指导意见》）（中发〔2015〕22号），国有企业需要全面梳理企业信息公开要求。依照公司法、证券法、企业国有资产法、企业信息公示暂行条例等法律法规和国有企业改革文件，结合本企业性质和所处行业特点，全面梳理对不同企业信息公开的规定要求。中央企业所属上市公司，按照上市公司信息披露的相关制度规定进行信息公开；非上市企业，对提供社会公共服务、涉及公众切身利益的企业信息，以及法律法规明确规定应当公开的企业信息，按有关规定公开（《指导意见》第2条第4款）。其中，企业依法确定主动公开的信息内容。中央企业信息公开的内容应当包括：工商注册登记等企业基本信息；公司治理及管理架构、重要人事变动、企业负责人薪酬水平情况；企业主要财务状况和经营成果、国有资本保值增值情况；企业重大改制重组结果；通过产权市场转让企业产权和企业增资等信息；有关部门依法要求公开的监督检查问题整改情况、重大突发事件事态发展和应急处置情况；企业履行社会责任情况；其他依照法律法规规定应当主动公开的信息（《指导意见》第2条第5款）。这一规定与《中华人民共和国政府信息公开条例》第9条规定的"行政机关对符合下列基本要求之一的政府信息应当主动公开：（一）涉及公民、法人或者其他组织切身利益的；（二）需要社会公众广泛知晓或者参与的；（三）反映本行政机关机构设置、职能、办事程序等情况的；（四）其他依照法律、法规和国家有关规定应当主动公开的"类似。但是，正是因为以上法律规定，才造成我国盐业企业如中盐集团有限公司的信息披露内容仅仅包括企业基本信息、企业重大事项、重要人事变动、员工招聘、产品质量、社会责任、集团公告、招投标信息、企业经营管理。而我们都知道，中国幅员辽阔，各地缺碘和水碘含量高的地区差异性非常大。在医学上，碘摄入量过多易造成甲亢、甲状腺功能低下症、甲状腺瘤、甲状腺炎、甲状腺囊肿、甲状腺功能亢进并发症等。同时，各地水源含碘量也处在变化过程中，根据原卫生部 2012 年的调查结果，中国水源性高碘地区已从 12 个省（区、市）的 130 个县减少为北京、天津、河北、山西、内蒙古、江苏、安徽、山东和河南 9 个省（区、市）中 109 个县（市、区、旗）的 735 个乡镇。① 因此，各地食盐的含碘配比其实应该是不同的。但在这样的情况下，随着我国盐业市场的开放，有关不同县市地区水源含碘量的信息却没有公开；而唯一掌握相关数据的，只有当地被垄断经营的原盐业企业。不过，如果信息完全公开，则可能造成不必要的公众恐慌和信息滥用，因此，在拿捏信息披露的尺度问题上，是十分考验立法者的智慧的。

第五，所有权拆分。拆分之后控制着属于自然垄断的网络的基础设施服务企业依然有可能在股权上受控于某一控股公司，并且该公司通过企业董事会等公司形式能够直接影响企业决策和经营，同时规避法律对拆分后企业在法人地位、经营权利和企业会计独立、信息披露等方面的限制性规范。欧盟立法者在电力和天然气领域效仿了美国独立电网模式，要求原本拥有电网和天然气网管的母公司在企业拆分之后，只能持有网络公司的非控股比例股权。这一模式也被称作"所有权拆分模式"。其经济效果是解构和化解股权对自然垄断企业的影响，从而使得网络开放，终端市场能够参与竞争。但是这又引发了另外一个问题，即开放市场内对投资者的信任问题，特别是所在国政府对于投资者的担心。例如，目前中国国家电网已经是葡萄牙国家能源网公司单一最大股东和技术支持方②，但是这一投资却引起欧盟其他成员国的担心。③ 由于基础设施服务的公共属性和投资长期性，使得所在国不得不对国外投资者保持警惕的态度。同时，域内社会经济政策也将严重影响基础设施网络的对外开放态度。例如，据中研网新闻分析，由于和俄罗斯的局势日益紧张，欧盟正在计划建设一个连接所有 28 个成员国的超级电网，为成员国提供对抗停电的保险。为了努力使欧盟更少依赖从非欧盟国家进口的电力，来自研究、行业和公用事业领域的 40 个机构组织集合在这项 6300 万欧元的研究项目中。这个项目旨在把所有的可再生能源合并到一个超级电网中，从而平衡电力间歇性资源，确保

---

① 参见白剑峰、吕毅品《我国 735 个乡镇属高碘地区 当地可购无碘盐》，新浪新闻，2012 年 10 月 29 日，http://news.sina.com.cn/c/2012-10-29/034925458827.shtml。

② 参见《国家电网与葡萄牙国家能源网公司签署合作框架协议 深化能源领域合作发展》，2018 年 12 月 6 日，http://www.sasac.gov.cn/n2588025/n2588124/c9937043/content.html。

③ 参见《绕过审查却栽在别处，解密国家电网德国收购案为何失败》，搜狐新闻，2018 年 3 月 29 日，https://www.sohu.com/a/226710134_436079。

不间断供电。与俄罗斯接壤的欧盟国家对其依靠西伯利亚的输气管道尤为担忧，因为价格分歧可能会造成供气中断。除了这点，欧盟新政策的主要目的是削减欧洲大陆的温室气体排放。欧盟正在花费数十亿欧元连接成员国。欧洲互连设施基金（CEF）已拨款58.5亿欧元用于超级电网连接器。如果成员国的提议可加强供电安全、减少碳排放并惠及至少两个成员国，那么也有资格获得 CEF 的拨款。截至 2014 年，已有 6.47 亿欧元用于波罗的海沿岸国家、欧洲中部及东南部，以及和过去过分依赖俄罗斯能源地区的天然气项目。另外 4000 万欧元拨款将帮助连接英国到挪威的水电和法国的两条新互连。[1]

从以上可以看出，国际经济和国家政治其实对基础设施服务行业的变化与发展也有着巨大的影响，而其影响有可能决定法律规制模式是否能够如期实行。

## 三、价格法律规制模式及实践

在市场经济环境下，基础设施服务价格的法律规制核心在于限制垄断企业的产品服务价格和企业利润水平。价格上限规制起源于理查尔德在 1983 年为英国政府做的一份关于价格规制的研究报告——《对英国 BT 私有化后利润的规制》。在报告中他认为，规制的最基本的目的是保护消费者。为此，理查尔德设计了一个"RPI－X"的经济规制模型，他称其为"地方话费降低计划"。这种规制方法规制的核心是企业的价格而不是企业的利润，同时，它将有利于激励企业提高生产效率和促进创新，因为在该规制模型中任何成本降低所可能获得的利润都归企业所有。政府规制成本依照理查尔德的推算也会很低，因为它只要求衡量价格指数，而没有必要衡量资产基础和公正报酬率，不需要在企业的竞争部分与垄断部分之间分配成本，也不必预测未来的成本与需求状况。因为规制相对简单，与收益率规制相比，发生"规制俘虏"的可能性也会减少。按照理查尔德在报告中的解释，RPI－X 规制能较好地促进竞争。在降低进入地方电话市场门槛的同时，RPI－X 规制不会影响对长途电话市场的市场准入问题。他的这一建议对英国价格上限规制体制的形成起到了决定性的作用。其中，价格上限规制模式的创新意义主要有四点：①激励企业提高生产率。

---

[1] 参见《欧盟正在计划连接所有 28 个成员国的超级电网》，中研网，2014 年 11 月 10 日，http://www.chinairn.com/news/20141110/110213553.shtml。

价格上限为通货膨胀率减去生产率的增长率,如果企业能够将生产率提高到合同规定的 X 水平以上,则企业就可以由此而获得额外的报酬。②激励企业降低成本。如果企业能够提高管理效率,则企业也可以获得额外的收益。③促进竞争。在不超过价格上限的范围内,企业有定价的自由,企业可以通过降低收费的方式进行竞争。④价格上限规制关注的是消费者最终所关注的,即他们必须支付的价格。随后,价格上限规制被广泛运用于英国公用事业的私有化与规制改革。最初应用于英国电信服务价格规制领域并取得了明显成功,1986 年它被运用于英国煤气价格规制,1987 年被运用于英国机场价格资费规制,1989 年被运用于英国的自来水价格领域,1990 年开始被运用于英国的电力价格规制。由于在英国的实践取得了较好的实际效果,目前世界上很多国家都采用价格上限规制,其被广泛地运用于能源、电信、交通和自来水产业,而无论企业的类型(私有企业、国有企业)。①

价格上限规制模式的经济学原型是对被规制企业的产品或服务的价格设定上限,而且不允许价格超过规定的上限的一种规制模式。价格上限的一种基本数学表述方式为 $RPI-X$,即被规制企业价格的平均增长率不超过零售物价指数($RPI$)减去 $X$ 因子。$X$ 因子即社会整体生产效率的增长指数。在行政主管机构最初设定基础设施服务价格上限时,通常期望通过 $X$ 因子的带动,激励企业降低成本,提高效率。因此,在市场中企业只要通过提升自身的生产效率,并超过政府设定的 $X$ 指数水平,就可以获得商业运营中的收益。而在服务价格方面,企业提供的市场价格的上涨幅度不得超过 $RPI-X$。法律规制公式计算过程中,如 $RPI-X$ 的值为正数,则企业可以涨价;否则,企业必须降价。

价格上限规制的主要特征有以下四个方面:第一,规制主体建立可接受的价格上限,除了一些例外的情况(其中的一个例外是设定价格下限,以防止反竞争行为),被规制企业可以在低于或等于上限价格范围内,以任意价格销售产品或提供服务。在价格上限以内,企业可以保留所赚的所有利润。第二,在多产品的企业内,规制主体或许不可能对每一种产品或服务都专门设定一个价格上限。但是,企业可以将相关的产品或服务分类,有时被称为"篮"。可以对每一个"篮"内的所有产品或服务设定一个总的价格上限。这个上限价格是通过计算每种价格的平均权重得出来

---

① 转引自于立、于左《美国收益率规制与英国价格上限规制的比较》,载《产业经济研究》2003 年第 1 期。

的。企业允许修改每一种产品或服务的价格,只要总价格(平均权重价格)不超过规制主体对特定产品或服务篮设定的价格上限。第三,规制主体允许企业在一段时间内通过预先决定的调整系数(即 $X$,它是外在于企业的)来调整价格。在理想的情况下,价格上限是与产业范围内的投入价格和生产率直接相关的。价格上限方法在一段时间内允许价格变化,它是模仿竞争的形式。在竞争性的市场上,市场出清价格反映了通货膨胀下成本的变化、技术进步和产业内生产率提高等因素的净效应。根据市场条件的变化调整价格与收益率规制是不同的,在收益率规制下,价格不一定随着成本和生产率的变化而变化。第四,规制主体定期对规制体制进行评价,以防止规制体系崩溃。在必要的情况下,上限价格和整个价格上限规制体制可以调整。评价主要是基于企业的利润情况,这与收益率规制的情况比较相似。

具体而言,价格上限规制的计算公式为:

$$P_t = P_{t-1}[1.0 + (RPI - X) \div 100]$$

其中,$P_t$ 为当前要制定的规制价格,$P_{t-1}$ 为上一个规制时期的规制价格,$RPI$ 为零售价格指数,即通货膨胀率,$X$ 为一定时期内生产率增长的百分比,是由规制主体制定的。例如,某段时期内通货膨胀率为4%,生产率的增长率为2%,则企业提价的最高幅度是2%。

需要指出的是,在价格上限规制中一个最为关键的因素是政府人为设定的 $X$ 因子。设定 $X$ 因子是一个复杂的过程,规制主体需要根据一定的程序规制被规制企业。在竞争性的市场上,企业的价格由供求关系决定。在垄断市场上,价格由垄断者制定,垄断者根据边际成本等于边际收入的原则定价会获得超额利润。在有规制的情况下,规制主体需要选择能够模仿竞争市场价格决定过程。过高的价格会导致垄断企业获得垄断利润,过低的价格会导致垄断企业投资不足。规制主体需要设定价格,以使垄断企业获得正常的投资收益率。在对垄断企业进行规制的情况下,需要估计市场对企业产品(服务)的需求,并且根据潜在需求计算产出水平,进而计算企业的成本。这些成本包括运营支出、资本成本(包括折旧)、资本的收益率、现存资产和资本支出。当企业面临潜在的新的市场进入者(竞争者)时,预测被规制企业的需求就变得更为复杂,因为需求也取决于竞争者的情况。其结果是对总产出的估计将是不充分的。这样就会影响到对价格上限的估计,因为特定的市场份额是决定价格上限的基础。①

价格上限规制可以消除收益率规制所导致的 Averch-Johnson 效应,并激励成本降低,但是必须伴以严格的质量规制。Averch-Johnson 效应从理论上证明了收益率规制会导致一个不受约束的追求利润最大化的企业更多地使用资本。被规制企业的支出越多,则价格可能越高。在有机会赚得特定的投资回报率时,增加投资支出一般会提高价格,而增加企业的总收入。因此,被规制企业缺乏成本节约的动力,在既定的产出下,可能运用无效率的资本劳动比。尽管 Averch-Johnson 效应没有经过实证检验,它仍然产生了很大影响,显示出垄断企业在成本降低方面的巨大潜力,促使激励性规制合同的诞生。相比传统的收益率规制,价格上限规制提供了相当直接的成本降低激励。价格上限规制通过通货膨胀率和 $X$ 因子调整,一方面实现了固定价格合同,达到成本降低激励的目的,赋予被规制企业一定的定价自主权,收获因自身效率提高或成本降低而带来的利润;另一方面,可以提前指定更新调整日期,提高了承诺的可信度。从整体来看,实证分析表明以价格上限为代表的激励性规制带来了全要素生产率增长和伴随着资本集约度提高的网络现代化速度的加快。但是,定期调整也降低了对成本节约的激励。后者表明价格上限规制没有收益率规制下的 Averch-Johnson 效应。同时,证据表明价格上限规制引导厂商提高投入效率,对投入品支付更高的价格,为未来的成本降低进行投资。当然,这种投资也可以帮助企业阻止调整期最高限价的降低。价格上限规制是一种高强度的激励合同,企业为了节约成本,可能降低产品或服务的质量标准。就价格上限引导的成本降低激励而言,出现质量恶化是很自然的。但是,质量恶化不仅降低成本,同时也降低需求。因此,基础设施行业必须在成本节约和销售下降之间进行权衡。英国引入价格上限大约两年,英国电信公司在维修和装机方面的失误变得很普遍。因此,在英国和其他国家,电信业的价格上限规制伴随着严格的质量规制。配置效率并不像生产效率那样明确,并且可能与公平问题相冲突。在收益率规制下,被规制业务可以对未被规制的业务实施交叉补贴,并且抑制高峰负荷定价。继而,收益率规制在定价方面缺乏配置效率。②

从理论上看,价格上限规制因其理想化的权重设计而具有较强的配置

---

① 转引自于立、于左《美国收益率规制与英国价格上限规制的比较》,载《产业经济研究》2003 年第 1 期。

② 参见曲延芬《价格上限规制分析》,载《工业技术经济》2005 年第 2 期。

效率激励。如果权重正好等于实际产出数量,则根据企业极大化利润的最优条件可以得出"拉姆士价格"结构,形成接近"拉姆士价格"的收支平衡价格,发挥出放松规制的正效应。和生产率特性相似,价格上限潜在的很强的配置效率特性在实践中也是折中处理的。像拉丰和泰勒尔建议的理想化的权重在实践中并没有得到执行。因为技术的不断进步和需求条件的不断变化,规制主体甚至经常直接限制价格的重新平衡。例如,出于对社会公平的考虑,规制主体可能要求被规制的企业对基本服务价格按地理位置进行平均。这意味着尽管不同地区的成本有差异,但定价在整个国家内部是相同的。①

对价格上限规制配置效率的实证分析主要集中于像本地住宅电话或者洲际长途电话服务等单独的电信业务市场。在英国,价格上限对于配置效率的影响是很显著的。英国电信公司的本地电话费率相对于长途电话费率明显提高。据李特查尔德对民营化后的英国电信产业各种治理方式的比较评价,综合起来最好的是建立在价格上限基础上的激励性规制体制。价格上限规制较好地实现了与竞争的兼容性,尽管二者之间仍然存在潜在性的冲突。应该看到,尽管价格上限规制具有激励性规制特征,但在实践中,仍在很大程度上依赖于特定规制主体的执行。政府所拥有信息和决策能力的有限性,决定了一个合理的 $X$ 值的确定成为影响价格上限规制方法实际应用价值的一个主要困难。在中国,这一问题更为突出。中国规制机构现行的定价方式多为政府定价,尤其是针对自然垄断业务,基本方法是收益率定价规制,但利润率的确定缺乏依据。目前的政府定价实际上是在成本要素不十分清楚的情况下的定价,业务资产界定不清,成本分摊方法比较随意,不符合公用事业政府规制的基本原则。因此,尽管价格上限规制方式对中国制定规制价格很有参考价值,但中国在短期内不具备全面实施发达国家价格上限规制的条件,需要建立并完善专门的公用事业规制会计制度,因为企业的财务和会计信息是规制主体设定价格上限水平的主要依据。与此同时,区分不同业务领域,实施、规范包括价格上限在内的多种规制定价方法。②

由此可见,价格上限规制的局限性主要存在于以下六个方面。①如果一些因素引起零售价格指数的变化而没有导致企业成本的变化,则被规制

---

① J. J. Laffont, J. Tirole, *A Theory of Incentives in Procurement and Regulation*. Cambrige: MIT Press, 1993.

② 参见曲延芬《价格上限规制分析》,载《工业技术经济》2005 年第 2 期。

企业的利润可能就不完全取决于企业的生产效率。②各个企业的价格常常会停留在上限价格的水平。③难以计算企业的生产率增长率 $X$。在运用价格上限规制模型时，规制主体一般不可避免地需要考虑企业投资回报率水平，然后决定企业在一定时期内的价格水平。在美国，社会生产率的确定一般依据产业内历史的生产率增长情况和相似产业生产率的增长情况。如果依靠规制主体与被规制产业之间的谈判来决定 $X$，则政府干预就有可能发生。政府官员和规制主体可能会追求自己的利益，从而做出非效率的决定。④被规制企业的利润水平在很大程度上取决于规制主体，特别是被规制企业的管理层仅有较低的激励；管理层将会关注 $X$ 作为效率改进的目标，而不是最佳的效率改进。$X$ 的选择部分取决于被规制产业的财务绩效。⑤利润分享问题在很大程度上影响企业提高生产率的积极性。在规制期末，需要分析并衡量生产率的发展状况，以根据当前的成本水平调整价格。由于过去生产率的提高而使消费者享受到了当前的收益，这种调低价格的办法会降低企业进一步提高效率的积极性。生产率的提高水平超过 $X$，规制主体应当允许企业赚得超过预期水平的利润。但是，如果此时规制主体通过降低上限价格收回企业的利润，则会降低价格上限这种规制机制的可信度。⑥被规制企业新开发的产品或服务在当年的价格上限规制中没有体现。①

在国际经济领域，尤其是在国际电信行业，基本上参照了英国的价格规制做法，提出了网间服务的定价原则。例如，世界贸易组织在 1997 年生效的《电信参考文件》中要求电信网间结算应遵循非歧视、以成本为基础和透明的定价原则。国际电信联盟则成立专门的部门来倡导以成本为基础进行结算，促进电信企业互联互通。欧盟则发布了"框架指令"（Directive 2002/21/EC）为主的一系列指令（包括 Directive 2002/2/EC "监管指令"、Directive 2002/19/EC "连接指令"、Directive2002/22/EC "基础服务指令"等），要求以前瞻性长期增量成本（LRIC）为基础来确定网间结算费用。LRIC 接入定价方法最早由英国电信管理局（OFTEL）在 1995 年采用。此后，美国、欧盟、日本、加拿大、新加坡、韩国、澳大利亚等发达国家和地区纷纷采用这一电信接入定价模式。区别在于，欧盟等采取的是全业务长期增量成本（TSLRIC）方法，美国等则采取的是全要素长期增量成本（TELRIC）方法。LRIC 方法之所以成为电信接入定

---

① 参见于立、于左《美国收益率规制与英国价格上限规制的比较》，载《产业经济研究》2003 年第 1 期。

价的主流方法,原因是它以电信运营商的有效成本而不是实际成本作为确定接入价格的基准,从而消除以历史成本为基础进行接入定价的"成本加成"特性,鼓励电信运营商提升成本效率。成熟市场经济国家在制定网间结算费用时,通常是通过专门的法律法规,如美国《1996年电信法》、英国《电信法》、欧盟"框架指令",来明确网络接入定价的规则和办法,构成电信行业接入价格规制和网间结算的政策依据。以美国为例,美国是世界上最早进行电信规制的国家之一,始于1885年。此后,在1934年,美国正式制定了《电信法》,成立了联邦通信委员会(FCC),确立了美国电信规制的法律和组织架构,对垄断运营商美国电报电话公司进行规制。1996年,美国新《电信法》明确规定,"新进入者所支付的接入价格以及非绑定单位的价格应以本地电话公司提供一个特定的网络单元的TELRIC为基础,并附加一定的前瞻性共享及共同成本的合理分摊额"。通过法律正式明确了美国各州在核定接入价格时,应按照TELRIC确定,必须使用前瞻性成本,而不能使用现有的会计账目成本。在计算前瞻性成本时,必须以最有效率技术为前提,同时在满足当前市场需求的情况下,基于"经济折旧"模型和各类话务的路由组织信息,按照自下而上的方式,测算每一类话务的互联成本。电信接入价格涉及互联各方的经济利益分配。在同等市场条件下,如果没有公平合理的结算价格,收取较高结算价格的一方,相当于直接向接入方"征税",切分对方的蛋糕。因此,一个能有效避免规制俘获并且独立的接入价格规制机构,对于制定公平合理的接入价格至关重要,这也是有利推进电信价格改革、规避改革风险的重要手段。目前,全球大多数国家都已经通过法律授权建立了相对独立的电信规制机构。其中,独立规制机构的典型是美国的FCC。FCC进行接入价格规制最大的特点是独立性和权威性强,很多国家的电信规制机构的独立性比FCC要弱一些。FCC的独立性是法律赋予的,自1934年《电信法》实施起,其一直是一个独立的权威的电信规制机构,具有准立法和准司法职能,拥有强大的规制权利。FCC在确定电信接入价格规则时处于比较中立的地位,不受各种利益集团的影响,制定的电信接入规则比较客观和权威。在我国现行的以资费为基础的结算方式下,网间结算价格明显偏离成本,以资费为基础的接入定价不能够如实反映接入成本,也无法准确补偿运营商互联发生的成本,造成运营商之间矛盾重重,市场竞争态势失衡。首先,要逐步树立以成本为基础的电信接入定价的理念。应参考国际经验,适应基于成本的电信接入定价趋势,循序渐进,逐步由以资费为基础转向以成本为基础,以长期增量成本为基准来确定网络接入费用,辅以激励性价格规制工具，促进市场竞争，防止在位运营商利用瓶颈垄断地位获取高额垄断利润。其次，做好基于成本定价的相关基础工作。做好市场竞争状况评估工作，识别垄断瓶颈环节，在此基础上，积极做好电信接入成本测算工作，选择合适的成本测算模型，核定电信接入成本，明确接入价格的调整路径。2008年电信结构重组以来，尽管我国电信行业仍维持中国移动、中国联通和中国电信三家企业竞争的格局，但在细分领域，市场竞争格局已经失衡，原有的网间结算标准进一步加剧了市场失衡。同时考虑到零售资费已由市场决定，原来的电信接入定价规则也不能适应新的形势，应及时调整和优化电信网间结算规则和标准。与此同时，应顺应零售资费市场化和当前电信接入定价规则逐步向以成本为基础转变的新趋势，初期先完善不对称接入定价政策，调整结算标准，推动有效竞争的市场格局初步形成；中长期则放弃不对称接入定价规制政策，引入价格上限等激励性规制工具，授予企业一定程度的定价权，根据成本、利润等数据的变化定期动态调整接入价格。①

在我国现行法律规范当中，电信服务接入定价的主要依据是《电信网间通话费结算办法（试行）》《电信网间通话费结算办法》《公用电信网间互联结算及中继费用分摊办法》《关于调整公用电信网网间结算标准的通知》等法律文件。这些规定建立了以零售资费为基础的网间结算价格体系。但是，这一网间结算价格体系并不完善，未能充分准确反映电信网络真实准确的接入服务成本。在制定和调整网间结算费用时，电信规制机构除了考虑接入服务成本外，还考虑到电信普遍服务、宏观调控等多种因素，造成接入价格的确定具有一定的随意性和主观性，不仅不能向电信运营商传递准确的价格信号，有效调节接入服务的供求关系，也在一定程度上妨碍了市场公平竞争，难以形成有效竞争的接入服务市场格局，还降低了在位运营商适应市场竞争的能力和潜在进入者进入市场的动力。长期以来，我国电信规制机构对于网间接入价格采用的是资费管制法，即以零售结算资费为基础，参考相关情况制定网间结算标准。这种方法简便易行，不需要进行大量的成本核算工作，对电信规制机构具有极大的吸引力。

随着中国电信产业从2G时代进入5G时代，自2014年开始，电信零售资费已经全部放开，交由市场调节，原来的网间结算资费核定的方法已

---

① 参见王磊《电信网络接入定价理论与政策研究》，载《价格理论与实践》2018年第2期。

经发生变化。但是，电信规制机构出于政策连贯性和可操作性等方面的考虑，电信行业现行的双向接入定价标准长期保持较为稳定的状态，网间结算标准几乎没有变，已经不能适应电信产业发展的需要。以移动电话和固定电话之间的结算费用为例，1999年10月1日实施的《电信网间通话费结算办法（试行）》规定，移动通信企业向固定通信企业支付 0.05 元/分钟的结算资费标准，自 2001 年 4 月调整为 0.06 元/分钟后，多年没有变化。固定通信与固定通信之间、移动通信与移动通信之间的互联结算资费也多年没有调整。从固定网络和移动网络的角度来看，电信行业的网间结算可以细分为固定通信和固定通信、固定通信和移动通信、移动通信和移动通信三大类。2008 年电信结构重组，电信行业形成了中国移动、中国联通和中国电信三家全业务竞争的电信企业。由于前者在移动通信市场特别是 4G 领域的市场份额和营业收入远超后两者，后两者无法对前者形成足够的竞争压力，且后两者与前者之间的通话流量是不对称的，原有的 0.06 元/分钟的结算标准造成彼此之间存在较大的矛盾。此外，固定通信和移动通信之间的不对称接入定价造成固定通信企业与移动通信企业存在较大矛盾。前者接入后者是互不结算，移动运营商不能获得任何结算费用，相反，后者接入前者则需要支付 0.06 元/分钟的结算费用。这种不对称的价格规制政策，其出发点是平衡电信市场结构，但由于接入定价不合理，反而加剧了电信市场结构失衡。在移动通信市场，中国移动全面领先于中国联通与中国电信。同时，由于固网用户持续萎缩，现有接入价格政策造成移动运营商没有动力改善通信质量，电信企业之间处于不公平的竞争地位。在电信规制放松的过程中，发达国家纷纷构建了以接入成本为基础来确定网间结算费用的价格规制框架，且倾向于根据长期增量成本来确定接入价格。①

将以上电信服务领域内的定价实践和国际实践两相对比，我们可以看到，我国的价格规制领域存在一定的不足。一方面是我国的电信市场从实质上已经开放了，另一方面在相关的基础设施服务定价层面却还没有一个符合市场运行的法律规制模式。特别是随着产业格局的变化，即中国铁塔的成立，使得电信产业结构变得相对简单，但同时也变得更加垄断。中国铁塔是在落实"网络强国"战略、深化国企改革、促进电信基础设施资源共享的背景下，由中国移动、中国联通、中国电信和中国国新控股有限

---

① 参见王磊《电信网络接入定价理论与政策研究》，载《价格理论与实践》2018 年第 2 期。

责任公司（以下简称"中国国新"）出资设立的大型通信铁塔基础设施服务企业。公司主要从事通信铁塔等基站配套设施和高铁地铁公网覆盖，以及大型室内分布系统的建设、维护和运营。2015年10月31日，公司以现金和增资方式与三家电信企业进行存量铁塔相关资产注入交易，注入存量铁塔140余万座，交易总价值达到2035亿元，并同步引入新股东中国国新，公司注册资本也由初期的100亿元增至1293.4亿元。截至2019年年底，公司塔类站址数量接近200万座，资产规模超过3380亿元，"凡有人烟处，皆有通信塔"。如此的垄断性行业，如果再不设定符合市场运行规律的经济法律规制模式约束企业定价行为，必然对我国电信市场未来的发展不利。

价格上限激励规制的一个显著特征，同时对市场和规制主体而言的优势是，随着社会经济发展和社会整体生产效率的提高，规制模式会要求企业直接随着社会正常效率的提高而降低基础设施服务价格。换句话说，对于社会中的消费者而言，一旦规制主体选择了价格上限规制模式，则市场价格会发生不可逆转的周期性下降；提升这一价格由于与消费直接相关，因而更能够为消费者所体会到。一种在社会经济中产生直接效应的规制模式，对于公众而言是具有吸引力的。同时，随着社会消费的普及，规制制度本身将会得到更大程度的社会接受和认可。这对于规制立法者而言无疑具有极大的吸引力。这也是为什么在西方国家，出于对选民的吸引或者对社会认可程度的需要，更加倾向于采用价格上限法律规制模式以替换传统的政府审核方式。更进一步说，政治上的积极效果同样是规制模式在被选用的过程当中不得不纳入考量范围的重要因素。但是，同时必须要看到，虽然处在一个被规制和监管的制度之下，企业其实是有着十分充分的自由空间的，这也就是为什么在价格上限激励规制的过程中会出现Averch-Johnson效应。因为只要企业简单满足了来自规制主体的要求，从价格成本计算的因子当中将$X$因子设定符合法律规制标准即可。而这个时候，规制主体其实是没有充分的技术手段或者行政需求去审核企业本身设定的$X$因子数值的，也就是说，行政主体更多地将采用形式审查而非实质审查的方式检验实际规制制度的贯彻。而在这个时候，规制制度本身就给了企业能够滥用自身权利的空间；尽管实际服务价格的上限受到限制，但是受到的更多的是在企业会计过程中的对于计算数值的限制，而非实际对于企业经济行为的限制。

还需要强调的一点是，价格上限激励规制模型中的$X$因子的计算数值，也就是政府人为设定的（确定的）社会生产效率增长率的具体数值，只能在基础设施服务行业内部确定，而不能够统合其他行业的社会生产效率增长数值；否则，就意味着对基础设施服务企业的效率歧视和不公。通常而言，基础设施服务行业是属于社会生产效率提升较为缓慢的领域，尽管其中存在特例，但依旧很难与代表科技前沿的其他产业如互联网产业等相比较。因此，如果将其他行业的社会生产效率增长数值混入基础设施服务行业内，无疑将在很大程度上增加价格上限激励规制下企业的成本压力和价格压力。这不但不会促进基础设施服务价格的合理性，反而会导致企业破产，并带来全行业的下行压力。不过，凡事都有特例，在价格上限激励规制模式当中，电信行业就是特例。因为随着科技的发展，基础设施服务领域最先受惠的就是电信行业。例如，传统的电信线路被光纤线路取代，电信技术的逐渐升级换代，等等，都将极大程度地直接提升企业的生产效率。此时在价格上限激励规制环境下，企业从根本上并没有也不会过多感受到外界对于生产效率提升的压力，即在计算价格的过程中 $X$ 因子的外界设定是容易得到满足的；难以满足的恰恰是来自技术进步所形成的企业投资压力，也就是资本压力。因此，对于立法者而言，需要在此时注意生产效率计算因子和企业投资成本数值之间的平衡，以保证企业能够具备推动科技进步、提升生产效率发展的实际资本能力。此时，规制制度的设计更多的应当是注意规制模式本身的实际效果和在监管过程当中的实际规制内容的真实性，而非形式性。当然，如果能够在市场经济运行的过程中实现企业的某种自主性，也能够从实际上降低科技时代到来的投资压力。

## 四、中国基础设施服务价格法治完善建议

笔者认为，首先应当明确以下基本判断，同时只有建立在以下基本判断的基础之上，相关立法与体制改革建议才能够合乎改革内在的经济和法律逻辑。

第一，自然垄断行业是无法通过市场手段和规范加以限制的。这是经济学关于自然垄断行业的基本判断，即只有通过行政行为才能够真正实现对自然垄断行业的行为调整，完成对相关产品和服务价格的规制。自然垄断行业的垄断属性与地位正是规制法律立法的根本原因和基础；否则，通过规制法律确立政府对企业产品或服务价格的直接管理与定价就违背了市场经济的基本原则以及相关宪法原则。基于上述判断，我们可以形成以下结论：既然自然垄断企业的垄断属性与垄断地位无法变更，那么，在立法

与政府的行政行为过程当中就应当承认自然垄断企业的垄断地位与垄断利润，不要盲目地希望通过市场手段来约束自然垄断企业的市场独占地位和高额垄断利润。

第二，自然垄断行业必须通过行政手段加以管理。自然垄断行业包括电网、电信网络、邮政和铁路网络、城市供水供暖供气网络等。因此可以看出，自然垄断与某些特定的网络相关联。同时，无论谁掌握了相关网络都会对上游和下游产品与服务价格的制定形成决定性的影响。因此，对于自然垄断的规制目的就是将网络运营与上下游产品或服务的生产分隔开，从而将上下游产品与服务市场从垄断行业中独立出来，形成自身引入竞争的自由市场。这样，参与上下游产品或服务生产竞争的市场主体就不能同时拥有作为自然垄断的网络，因为网络是垄断性的，具有排他性，一旦竞争性企业拥有了排他性的网络，也就无须通过竞争取得市场优势，而只需要通过排挤竞争对手就可以实现独占市场的目的。另外，网络服务价格水平将成为进入相关上下游产品与服务市场的门槛。而一个高昂的网络服务价格水平将阻碍更多的竞争主体进入市场，从而进一步阻碍市场竞争的充分形成。因此，政府的任务就是通过符合规制法律的行政行为直接决定网络服务价格，为上下游产品与服务市场竞争的形成打下基础。因此，我们可以看到，在包含自然垄断性质的网络的产品和服务市场当中，并不是说，同时存在数个并行的拥有自有网络的企业就能够形成市场竞争。具体而言，在我国的移动电信市场当中，中国移动、中国联通和中国电信同时拥有自己的通信网络，相关的市场竞争实际上是在不同的网络当中进行的，同一网络当中本身并不存在市场竞争。这无疑浪费了网络资源。尽管中国移动通信市场因为本身过于庞大，网络资源浪费的表象并不明显。但是毫无疑问，现有移动通信市场中的市场结构是不符合有关经济原理的，也无法从根本上真正提高相关网络运营效率。最终结果依然是需要消费者承担原本可以降低的产品与服务价格。

第三，集中的管理成本要远远低于分散的管理成本，同时有利于政府规制行为的做出。应当看到，自然垄断行业虽然包括的领域宽泛，但是有较多的近似性，企业的管理也有较多的类同性。这里面包括两种完全不同的情况。首先，以邮政、铁路、电信、输电电网为主的自然垄断行业需要全国联网，这样才能够保持一种高效的网络运营状态。其次，以配电电网、城市供水供暖供气网络为主的区域性公用事业具有很强的区域性和市政服务功能。因此，将地域性的市政服务企业相结合形成统一管理的市政服务公司，相对于分散性的特定行业企业而言，将在一定程度上很好地提升相关自然垄断企业的管理效率，并降低综合管理成本。同时，统一的市政服务公司有利于政府主管部门一对一的领导，这样也将降低政府管理成本，从而节约大量的行政与社会资源。另外，地方性邮政、电信和铁路运输服务等是否也能够融入地方性市政服务综合管理范围内，这需要经济学领域的进一步研究和制度安排。

第四，企业所有权和企业生产效率本身没有直接联系。将公用事业进行私有化的尝试在欧洲国家已经实行多年，其最主要的原因并不是企业所有权的变化一定会带动生产效率的提升，而是政府对私有企业的监管相对于对国有企业的监管可以更加透明和高效。当电网等自然垄断企业的所有权完全由政府掌握的时候，政府可能会出于维护自身经济利益的需要采取保护自然垄断企业及其关联企业的手段。这样，与自然垄断行业相关联的上下游市场很可能在政府的庇护下继续由政府所有的国有企业垄断经营。同时，由于政企不分等原因，政府对国有公用事业单位的监管也必然会出现不够透明的可能。但是，欧洲国家公用事业私有化的过程表明，私有化过程也不一定会打破垄断；相反，相关行业反而会向某一两个企业进行集中，最终形成全行业被少数企业完全垄断的局面。上述经验告诉我们，所有制的变更不但不会直接提升公用事业的生产效率，相反会加深行业垄断的程度。而在保持公用事业的国有属性的时候，有必要强化政府监管力度，增强监管透明度。单一的监管体系有可能过分强化政府特定部门的权力，这样反而不利于行业监管的顺利进行。换句话说，监管部门也需要对自然垄断行业进行监管。这里面就存在着权力制衡和司法监督的问题。

第五，国有企业的公司属性更有利于公共政策的实现和公共利益的维护。政府的存在是为了更好地维护公共利益，同时对公用事业进行管理。政府在宪法和法律的要求下必须尽可能地维护社会与公民的利益。也就是说，政府不但不能够与民争利，相反还应当为民谋利。政府所管理的国有企业，虽然应当符合经济规律从事经济事务，但是归根到底，应当是公共权益的体现。在某种程度上，国有企业应当首先尽量满足公共利益，然后才能够提升自身的经济权益。而私有企业的存在就是为了自身经济利益的最大化。只有实现自身利益最大化，私有企业才会服务于公共利益。这是公有制和私有制最根本的不同。由此可见，在公用事业领域，企业的所有权就决定了公用事业企业管理经营策略的根本。作为国有企业的公用事业单位能够也必须出于对社会经济和公民利益的保障而提供社会生活所必需的普遍服务；私有公用事业单位则是为了实现企业自身的经济价值和经济利益而向社会提供普遍服务。经济利益是私有企业提供普遍服务的唯一前

## 第五章 基础设施价格法律规制

提,因为宪法和法律不能够强迫私有资产违背自身意愿来服务于社会。所以,当普遍服务的提供仅仅是出于国家政策而在某种程度上违反或不符合经济规律,不能够给公用事业企业带来利润的时候,只有作为国有企业的公用事业单位才能够真正遵从相关政策的要求,真正服务于社会利益的需要。正是国有企业和私有企业上述本质上的区别才决定了自然垄断行业不应当向私有资产开放。因为服务于社会公共利益,提供普遍服务的自然垄断行业,由于某些特殊的自然条件,比如地理条件,可能不存在经济上的合理性和营业收益性。但是,为了维护社会公平和公民获得普遍服务的基本权利,国家有义务向特定自然条件环境中的公民提供优质和稳定的普遍服务。而这时候,私有企业会出于经济利益的考虑而拒绝提供普遍服务。例如,向西藏偏远牧区提供电力供应服务。同时,在经济利益的驱使下,私有企业会集中于能够产生高额经济效益的特定地区,比如大中城市。这样一来,无形中就造成了地区之间公民获得普遍服务方面的差别待遇。为了更好地维护社会的公平,更好地保障全社会所有公民都能够获得同等的优质普遍服务,就应当限制私有经济在自然垄断行业的作用,从而将提供普遍服务的自然垄断行业掌握在公有经济的手中。只有这样,才能够更好地保护公民的利益,维护社会的平等和稳定。

第六,应当关注国有企业雇员和职工的特殊群体利益。长期以来,国有企业管理人员和职工的特殊利益并没有被完全列入行业改革的通盘考虑之中。应当看到,包括电力体制改革在内的自然垄断行业体制改革必然影响相关企业管理人员和普通职工的个人利益。只有注意到并采取措施切实保护上述人员的个人利益,改革才能够减少阻力,得以顺利进行。但是,由于自然垄断行业所产生的高额垄断利润切实增加了企业员工的经济收入和社会福利,这些收入与福利在某种程度上是远远高于社会平均水平的。因此,改革的目的不是降低企业员工的收入和福利,而是通过切实的规范管理达到对相关企业员工薪资支出收入的监管,尤其是应当对个别行业所享受的超过社会平均水平的高额福利加以监管,以期实现社会分配的公平,从而维护社会的稳定与团结。这里既包括对国有自然垄断企业成本的规制管理,也包括对社会分配和社会福利水平的确定。由于本部分不牵涉社会分配与社会福利问题,所以,本书所涉及的自然垄断行业的改革实际上是指政府对企业成本尤其是薪资成本水平的监管。政府应当通过对企业预算的规制管理达到监管企业员工工资与福利水平的目的。其核心不是限制企业人员成本的支出,而是通过规制薪资成本达到提升企业运营效率、降低产品和服务价格的目的。

对于基础设施服务价格法律规制完善的改革,笔者认为不应当仅仅局限于已有的政策和法律文件,而应当通过系统而富有前瞻性的观念和计划进行系统化的改革。同时,通过改革实现跨越式的发展,为我国相关产业的发展打下良好的基础,并创造有利于市场竞争的规制法律环境。这里面应当强调如下四点。

首先,改革应当具有系统性。对于自然垄断性行业应当系统地加以规范和管理。尤其是在管理的法律制度和实际管理机关的设立过程当中,更应当突出性地全盘考虑,将分散型管理模式变为集中管理模式。通过系统性的集中管理,对自然垄断行业加以全面监管,对相关产品价格加以集中管理和规范。

其次,改革应当具有前瞻性。到目前为止,市场中对于电力行业和电信行业的改革要求呼声很高。而对于其他类似的自然垄断企业,诸如邮政和市政供水供气供暖("三供"行业)等行业的改革呼声并不高涨。但是这并不意味着在未来,上述行业的改革压力就一定会小于电力和电信行业。因此,只有未雨绸缪,提前对相关自然垄断行业改革进行统一研究和管理,才能在市场的改革呼声中变被动为主动,积极引领自然垄断行业改革,实现市场的开放和跨越式的发展。

再次,改革需要实际行业体制包括具体公司法人结构的变更。因为归根到底,自然垄断行业的规制管理是为现实经济服务的。如果没有一个能与规制法律相配合的行业制度,法制本身所设想的目标也将因为缺乏必要的现实条件而无法实现或者无法充分实现。行业结构是规制法律设立和实施的根本,缺乏现实中的实际条件,任何改革计划都将沦为无本之木。

最后,法治建设的完善是改革的重要前提。社会主义市场经济是市场经济,同时也是法治经济。这是我们长期以来的一项重要基本判断。这一判断直接决定着我们改革事业的发展方向。而电力行业不仅是国民经济的根本,更关乎十四亿国民的切身生活。可以说,电力行业体制改革牵一发而动全身,必须极其审慎。因此,改革不能够采用过去传统意义上的"摸着石头过河"的方式,而应当首先通过立法过程平衡社会各阶层的经济利益。在此基础上方有可能避免电力行业体制改革所带来的社会震动,从而维护社会的稳定与和谐。因此,中国电力行业体制改革应当采用立法指引的方式,直接通过法律贯彻改革目标,协调各方利益,促进经济发展。

(一) 公共服务市场开放中的立法核心内容

如前所述，公共服务市场开放的核心在于规范自然垄断的如电网、铁路网络、燃气网管等网络行业，因此，公共服务市场开放中法律制度建设的核心在于对垄断性网络行业的监督管理，重点就在于对过网费价格的审核。这其中又分为两个方面。

其一是网络（运输）服务价格即过网费价格审核法律规范。在开放市场中，政府不再主导或控制公共服务行业，资源配置主要通过市场机制即公平竞争的方式实现。由此，市场监督主体将依照《中华人民共和国反不正当竞争法》《中华人民共和国反垄断法》和《中华人民共和国消费者权益保护法》承担主要的市场规范责任。为保证市场的正常运行不受外界干扰，市场监督通常存在于事中和事后的介入。但对于网络行业，由于其服务价格将直接决定市场开放的程度与公共服务消费水平，因而必须通过法律授权的事前介入，以保障市场开放的公平与垄断企业服务价格的合理、非歧视。这时，网络监管主体的权限就需要通过特定法律加以规范。例如在德国，网络企业的监督者德国联邦网络管理局（BNetzA）的法定权限是通过《德国联邦网络管理局法》得以明确的。又如在我国，电网行业的监管机构是国家能源局，其法定权限来自《电力监管条例》。

在复合制国家，为了保障中央政府机构能够和具有独立经济管理权责的州政府之间有效协同，以便更好地服务于市场监管与价格审核，通常通过立法确立中央与地方机构人员、权限方面的交叉。例如，在《德国联邦网络管理局法》中就设定了由各州参议员担任联邦网络管理局参议成员的法律条款。其目的是保证过网费价格审核结果能够在各联邦州内获得理解与支持，同时，在审核过程中又能够更好地听取、采纳各地方政府的意见。在单一制国家，中央政府无须做出上述制度安排，可直接设定法定程序，通过垂直管理模式将审核结果在各地贯彻落实。例如在中国，各省电网过网费价格审核将依法在中央政府部门内进行，并在各省内生效。不过，随着公共服务市场开放的推进，地区市场之间的差异将逐步明显并扩大。因此在单一制国家，可以考虑借鉴复合制国家的立法模式，保证中央政府机构的价格审核能够听取和吸纳地方政府的意见，以此提升行政的科学性。

学理上，依照审核结果生效的时间，政府价格审核可以分为事前规制模式（ex-ante regulation model）和事后规制模式（ex-post regulation model) 两大类。在事前规制模式下，价格主管部门将依照法定计算公式审核企业所申报的，计划在下一个法定周期内实行的过网费价格。① 换言之，在事前规制模式中价格审核结果生效于价格实施之前。在事后规制模式下，价格监管部门将许可企业已然施行的现有价格标准，但在任何必要时均有权要求企业对价格加以调整。也就是说，价格审核生效于价格实施之后。上述两种规制模式的主要区别在于，事前规制模式更多地着眼于价格的法定性以及在此基础之上形成的合理性与稳定性，而事后规制模式着眼的仅是过网费价格浮动调整的经济合理性。因此，事前规制模式对于自然垄断企业的过网服务价格的稳定性具有更多的意义；事后规制模式则服务于突发情况下，法律对于政府临时性的价格标准调整的授权。通常情况下，法律将同时规定事前和事后规制模式，并以事前规制模式为主，以事后规制模式为辅。目的是在保障市场价格稳定的同时，能够应付可能的突发情况。而一旦法律制度中原本采用的主要规制模式出现调整，必将意味着立法先于规制模式的转换。也就是说，规制模式的调整是以法制为前提的。在中国的公共服务法制体系中，过网费价格审核的法律规制模式并没有通过文字明确表述出来，只在电力行业内制定并颁布《输配电成本核算办法》和《输配电定价成本监审办法（试行）》后，通过对条文的解读而确认立法者选择了事后监管模式。② 由此带来的问题是，政府将在长时期内对电网等自然垄断企业的涨价行为缺乏控制手段，因为只要电网企业能够依法提供证据证明涨价行为的经济合理性，政府即将在事后对涨价结论加以肯定。为了使政府价格主管部门对过网费标准的监管与调控更加完善，2016 年国家发改委批复的各省电网输配电价格改革试点方案中，将我国的过网费价格审核机制尝试更改为事前监管模式。但该方案同时保留了企业应当依照《输配电定价成本监审办法（试行）》提交成本报告，说明价格变动原因的法律责任，也就是同时保留了事后规制模式。如此，我国的过网费价格审核模式才在整体上与国际通行做法一致。

由于价格审核直接涉及公共服务企业的经济利益，因而在立法中应当给予企业有效的法律救济途径以维护企业合法权益。具体而言，需要依法保证企业能够通过行政复议或行政诉讼等方式，避免价格审核过程中可能的对企业合法利益的侵犯。在我国公共服务法制体系中，这一部分内容尚

---

① C. Meinzenbach, in Saecker (ed.), *Handbuch zum deutsch-russischen Energierecht*, Chapter 5, Teil 1, 2010, Rn. 157.

② Liu Yang, *Electricity Price Regulation in the EU, Germany and China*, Munich：AVM, 2013, P. 136.

空缺。法律规范的权益救济仅局限于企业之间的纠纷,如《电力争议调解暂行办法》中规定的"电力监管机构及派出机构"对于公共服务争议的调解制度。除此之外,我国《价格法》规定的价格听证等公众参与公共服务价格形成的民主制度,目的主要是通过民主科学决策提升政府价格审核行为的经济与社会合理性以及社会认可程度。但是,在电网过网费价格审核程序法规中,尚缺乏具体落实价格听证制度的规范性条文,其他公共服务行业(如铁路、电信、邮政等)更是缺少相关法律制度规范。

其二是自然垄断行业的过网费价格的法定定价模式。在成本会计学理论中,以电网、铁路和电信网络为代表的自然垄断企业成本具体包括了网络经营成本(network operational costs)和资本成本(capital costs)。在相关网络服务定价法治模式中,两项成本应当依法通过过网费价格得以补偿,[①] 并且企业应当获得充分的资产收益。[②] 换言之,企业成本会计中的过网费价格需要补偿企业全部网络运营成本,并保证企业通过网络投资能够获得充分的收益。在国际法律实践中,网络企业的价格审核将依照成本加收益的规制模式,分别对企业的经营成本和资产收益进行监督管理,以确保企业成本补偿的合理与充分。而在该法律规制模式下,允许被计算到过网费价格中的企业经营成本将限定在电网运营的"效率成本"范围内。效率成本补偿原则将是成本加收益规制模式的核心基础。[③] 这一国际通行的价格审核标准同样运用于我国法律规范当中,如《国家发展改革委关于印发电价改革实施办法的通知》附则二《输配电价管理暂行办法》和《输配电定价成本监审办法(试行)》《城镇燃气管理条例》等。在深化公共服务行业改革过程中,价格审核部门继承了以上的过网费价格计算模式,例如2015年国家发改委颁布的《宁夏、安徽、湖北、云南、贵州等五省输配电价改革试点方案》。这意味着,我国过网费价格审核部门在审核批准电网等公共服务企业经营成本的过程中,应当保证只有与网络运营有关的效率成本才能够被计算到过网费价格中,网络过网费价格标准的社会经济合理性是立法者优先保证的重点。

---

[①] Matthias Schimdt-Preuss, *Wirtschaft im Offenen Verfassungsstaat*, Munchen: C. H. Beck Verlag, 2006, Sonderdruck, S. 557.

[②] Thomas v. Danwitz, "Die Rolle der Unternehmen der Daseinsvorsorge im Verfassungsentwurf," in Schwarze Jürgen (Hg.), *Der Verfassungsentwurf des Europäischen Konvents*, Baden-Baden, 2003, S. 267.

[③] Franz Jürgen Säcker, *Der Effizienzkostenmassstab des §21 Abs. 2 EnWG im System der energierechtlichen Netzentgeltregulierung*, RdE 1/2009, S. 7.

从制度设计理论角度分析，成本加收益规制模式的优点在于其简单性。因为其计算模式构成简单，政府在价格审核过程中要求公共服务企业提供的信息也比较少，较容易避免出现企业通过垄断信息渠道干扰审核的问题。但缺点在于，由于无法形成提升企业生产效率的外在激励，因而无法在推动降低过网费价格方面起到作用。同时，又因为该模式缺乏对企业资本成本的约束，过度维护电网投资收益的充分性，必将不断刺激企业扩大电网投资规模，最终将导致投资过度，出现经济学中的 Averch-Johnson 效应。① 因此在立法中，成本补偿和资本收益标准的经济合理性就成为判断价格审核模式的社会经济合理性的决定因素。而为了对企业提升生产效率提供外在激励，需要在立法中增加激励规制模式，以期人为地达到周期性降低过网费价格的目的。

## （二）企业社会责任

企业社会责任由美国人谢尔顿（Scheldon）于 1924 年首先提出。他认为，企业应该将企业的社会责任与企业经营者满足消费者需求的责任联系起来，企业对社区的服务有利于增进社区利益，因而企业的社会责任含有道德因素。进入 20 世纪 70 年代，美国学者将企业的社会责任细化为企业的利益相关者、长期利润最大化、效用最大化三个方面。20 世纪 80 年代，琼斯（Jones）将企业社会责任阐述为，企业对股东的传统责任之外，对消费者、雇员、供应商与企业所在社区等社会群体的责任，即企业的社会责任与赢利是兼容的。② 这一学说为欧盟立法者所接受，并进一步阐释道，企业应当能够依法从商业活动中获利，但是不能无视其所处的经商环境，因此每一次商业活动都必须建立在对社会和社会经济的正确认识上。③ 在欧盟社会市场经济模式中，企业并非简单作为服务于缔结商业合同而成立的资本实体，更重要的是，企业是为了实现社会对话而集合成的社会组织。欧盟（法律）范畴内的企业社会责任并非源于（企业股东或管理层的）博爱决

---

① Harvey Averch, Leland L. Johnson, "Behavior of the Firm Under Regulatory Constraint," *American Economic Review*, 1962, 52（5）, pp. 1052 – 1068.

② 转引自李国平、韦晓茜《企业社会责任内涵、度量与经济后果》，载《会计研究》2014 年第 8 期。

③ EC："Opinion of the Economic and Social Committee on the 'Green Paper：Promoting a European framework for Corporate Social Responsibility'," *Official Journal of the European Communities*, COM (2001) 366 final, 2002/C 125/11.

## 第五章 基础设施价格法律规制

定,而是更多地作为承担某种责任而主动参与的与社会中不同阶层的对话。名副其实的社会责任应当与企业股东的商业战略相融合,尽管这一责任本身(存在)超出法律的规定的可能。① 为了适应国际经济形势的变化,欧盟委员会自认为需要一种全新的思维将企业与社会治理结构相联系,因而在立法上协调践行社会责任过程中的商业利益与公共管理利益之间的关系。② 其核心内容在于,企业的社会责任对于实现里斯本战略具有重要的意义,即使欧盟成为世界上最具竞争性和最富活力的知识经济体,并保持持续性经济健康增长、提供更多并且更好的工作机会,以及实现广泛的社会融合。参照欧盟立法者在市场中对企业社会责任的评判标准可以确定,企业的社会责任将不局限于法律的规定或者原则。③

对于我国的公共服务行业企业而言,社会责任的承担不仅意味着企业的额外经济支出,也同时意味着在市场法治尚未健全的情况之下,如何有效通过企业与社会的良性互动实现有效自我规制(self-regulation),从而更加符合社会主义市场经济的实践需要,推动社会整体的进步。不过,现阶段我国学者们对公共服务行业内企业的社会责任问题还主要集中在对"国有企业的社会责任"的讨论,缺乏一个立足于市场经济整体环境中的企业社会责任研究体系,同时现有研究成果也存在着一定的矛盾和问题。

通过整理现有国内研究成果,可以发现,在社会主义市场经济的整体发展背景之下,随着国有企业经济实力的增强,不同的市场和企业发展阶段,国有企业的社会责任也是不同的。④ 换言之,在我国,国有企业的社会责任是在一个不断变动的状态下发展的。参照肖红军在《国有企业社会责任的发展与演进:40年回顾和深度透视》中的总结,在我国国有企业转制和改革的过程当中,每个阶段,企业所承担的社会责任也有所不同(详见表5-1)。

---

① EU:*Commission to the European Parliament, the Council and the European Economic and Social Committee — Implementing the Partnership for Growth and Jobs: Making Europe a Pole of Excellence on Corporate Social Responsibility*,COM(2006)136 final,2006/C 325/14.

② Committee of the Regions:"Opinion of the Committee of the Regions on the 'Green Paper on Promoting a European Framework for Corporate Social Responsibility'"(Preparatory Acts),*Official Journal of the European Communities*,2002/C 192/01.

③ EU:*Commission to the European Parliament, the Council and the European Economic and Social Committee — Implementing the Partnership for Growth and Jobs: Making Europe a Pole of Excellence on Corporate Social Responsibility*,COM(2006)136 final,2006/C 325/14.

④ 参见肖红军《国有企业社会责任的发展与演进:40年回顾和深度透视》,载《经济管理》2018年第10期。

表5-1 不同时期国有企业社会责任观与行为范式的演变

| 社会责任 | 不完全企业下的责任错位阶段 | 真正意义企业下的责任弱化阶段 | 现代意义企业下的责任重塑阶段 | 企业新定位下的责任创新阶段 |
|---|---|---|---|---|
| 社会责任观 | 对一切"负责任"的社会责任观 | "唯赚钱论" | 企业社会回应 | 最大化社会福利贡献 |
| 动力机制 | 政府主导企业行为 | 外部推动力量弱 | 初现企业、政府与社会等多元力量 | 内生动力与外源动力共同驱动 |
| 实践内容 | 企业办社会 | 聚焦于经济目标 | 经济责任、环境责任、社会责任 | 突出政治责任维度、国家战略导向、责任边界理性和内容差异化 |
| 实践方式 | 大包大揽 | 纯粹市场行为 | 议题参与、回应利益相关方期望 | 企业社会创新 |
| 责任类型 | — | 同时缺乏显性与隐性社会责任 | 显性社会责任 | 显性社会责任、隐性社会责任 |
| 实践层次 | 低层级、不合理的宏观与微观一致性 | 宏观与微观割裂 | 宏观与微观经常出现冲突 | 宏观与微观相一致 |
| 融入范式 | 错位的"本质上以企业社会责任为导向"模式 | 缺乏融入 | 补丁模式、强化模式、定位模式、重贴标签模式、修整模式、合作模式 | "本质上以企业社会责任为导向"模式、补丁模式、强化模式、修正模式 |
| 管理模式 | 无社会责任管理 | 少量零星探索 | 真正意义上的社会责任管理探索、多维构建社会责任管理体系 | 整体的管理变革、创新责任管理模式 |

资料来源：肖红军《国有企业社会责任的发展与演进：40年回顾和深度透视》，载《经济管理》2018年第10期。

当然，也有其他学者依照不同标准，通过细分经济体制改革的历史阶段、国有企业不同历史时期的整体社会责任表现形式或国有企业在不同时期的社会责任性质与内容等，对我国国有企业的社会责任加以分类。① 而无论上述哪一种分类方式，研究者都将国有企业本身视作一种制度性的安排，即体现国家意志的制度设计产物。② 其目的是解释企业"为什么要对社会负责任""对社会负什么责任""怎么对社会负责任"这三个核心问题。但遗憾的是，相关研究并没有回答未来我国国有企业社会责任应有的最终理想状态，以及相关制度建设所需要对企业社会责任制度建立进行的保障。

不过，通过分析整理以上关于我国国有企业社会责任的研究成果，能够发现，其中存在的主要问题是混淆了法律责任和社会责任的意涵。经济学研究通常将《中华人民共和国公司法》（以下简称《公司法》）第5条的规定，即"公司从事经营活动，必须遵守法律、行政法规，遵守社会公德、商业道德，诚实守信，接受政府和社会公众的监督，承担社会责任"作为国有企业社会责任的法定要求。作为解释，研究者们将解决"市场失灵"和"社会失灵"认定为国有企业的社会责任的意涵。③ 但是，这一解释却脱离了法律的本意，也并非法治环境中企业社会责任的真正作用。准确地说，《公司法》所言的社会责任远不是对于"市场失灵"和"社会失灵"的克服。④ 从法律解释角度看，《公司法》当中确定的社会责任，实际上与欧盟立法者对于企业社会责任的理解是一致的，也就是存在于市场经济环境当中的企业，应当在通过经济活动获得收益的同时，考虑到其经商环境范围内的社会需求，不能一味地强调企业经济利益的最大化，而是需要兼顾其他有关社会团体的经济实际需要，比如雇员的生命

---

① 参见黄速建、余菁《国有企业的性质、目标与社会责任》，载《中国工业经济》2006年第2期；乔明哲、刘福成《基于性质与功能的我国国有企业社会责任研究》，载《华东经济管理》2010年第3期；李伟阳、肖红军《企业社会责任的逻辑》，载《中国工业经济》2011年第10期；龙文滨、宋献中《基于合法性视角的国有企业社会责任行为演进》，载《华南理工大学学报（社会科学版）》2012年第6期。

② 参见黄速建、余菁《国有企业的性质、目标与社会责任》，载《中国工业经济》2006年第2期。

③ 参见肖红军《国有企业社会责任的发展与演进：40年回顾和深度透视》，载《经济管理》2018年第10期。

④ 参见王妍《超越现代企业制度——现代企业法律制度解构》，载《求是学刊》2015年第1期；甘素江、祁红丽《〈公司法〉与现代企业法人治理结构之完善》，载《河北企业》2000年第4期；郑玉琦《浅述新公司法对国有企业现代治理结构的完善》，载《东方企业文化》2015年第15期。

安全和社会基本工资标准等。但任何立法者都绝对不能奢求（国有）企业能够具备克服市场失灵的作用。① 其原因在于，企业作为存在于市场中的经济活动主体，经济实力千差万别，尽管有部分企业具有很强的经济和技术实力，从整体上看都不过是社会经济的很小一部分；相对于市场周期或经济规律而言，任何企业都不具备抗衡市场整体波动的能力。因此，市场机制的失灵本身只能单向对企业产生相应的经济影响，希冀单个或者若干企业能够预测或者对抗市场失灵是不现实的。同时从制度角度而言，如若企业或企业的联合体能够克服经济周期，则意味着企业经济实力过于强大，在非市场失灵时期内市场管理者将很难管控企业的超强经济实力，保证社会经济的公平和竞争，排除如前文所谈到的信息寻租或者排挤市场竞争等情况。此外，企业在法律面前的平等性也决定了，《公司法》并非能够成为向国有企业施加社会责任的法律前提；相反，国有企业在法治经济的环境当中应当具有拒绝来自市场之外的任何社会责任负担的权利，以保证在市场环境中企业之间的竞争公平。进一步而言，期望企业克服"社会失灵"就更加难以实现。随着社会的发展进步，政府在法理上将成为唯一承担着保障社会正常运转的责任者。由于法律当中责任同时意味着权力，因此，法治环境下立法者是不可能赋予任何企业社会保障权力的，无论该企业的所有权性质是否属于国有。在前面章节中也谈到，欧盟立法者将成立国有企业设定成为国家履行公共服务保障责任的方式。但是，国有企业本身并不能够由此获得任何行政权力，国有企业的设立不过是政府依法获得的一个经济政策贯彻落实的手段选项而已。② 因此，在社会失灵的情况之下，企业唯一的法定责任是严格履行其经济职能；所谓的克服"社会失灵"不过是政府一系列政策调整或选择的最终社会经济效果而已。

正是由于在我国经济学界（包括法学界）尚没有一个相对严谨、完

---

① 参见易杨、李皓《略论宏观调控法对市场失灵的矫正》，载《云南社会主义学院学报》2014年第1期；宋惠兰《从"市场失灵"与"政府失效"谈经济法的作用》，载《湖北经济学院学报（人文社会科学版）》2005年第3期。

② 参见刘洋《改制后国有企业的劳动关系：现状、问题与协调治理路径》，载《教学与研究》2018年第7期；乔亚南《论我国政府职能转移的内涵及其对民营化发展的作用》，载《学术交流》2018年第8期；赵妮娜《国有企业剥离办社会职能的实践与思考——以澄合矿业公司为例》，载《内蒙古煤炭经济》2018年第16期；鲁桐《〈OECD国有企业公司治理指引〉修订及其对中国国企改革的启示》，载《国际经济评论》2018年第5期；周彬《部门利益、管制俘获和大部制改革——政府机构改革的背景、约束和逻辑》，载《河南大学学报（社会科学版）》2018年第6期。

整的企业社会责任理论体系，因此在现实经济生活当中，我国国有企业往往不能够清晰地定位企业所应当承担的社会责任，而将社会责任与政府责任（或职能）的边界加以混淆。其结果表现为以下三点。

其一，对于企业社会责任内涵标准的空缺。通过分析我国公共服务领域若干国有企业的社会责任报告能够发现，制定报告的主体即企业之间对于社会责任的认识存在很大偏差。以能源电信行业为例，《国家电网有限公司社会责任报告2018》将企业的社会责任分为高质量发展、安全供电、公司治理、创新驱动、优质服务、振兴乡村、员工成长、互利共赢、企业公民、绿色环保、环球视野、运营透明等几类。同年，《中国南方电网公司社会责任报告2018》则将企业的社会责任分为电力供应、绿色环保、经营效率、社会和谐等内容，《中国石油天然气有限公司社会责任报告2018》将企业的社会责任分成可持续的能源供应、负责人的生产运营、重人本的员工发展、促民生的社会贡献等部分，《中国燃气控股有限公司社会责任报告2018》将企业的社会责任划分为建立可持续企业管制、创造绿色价值、提供优质服务、维护地球环境、关爱员工成长、构建美好社区等，而《中国联合网络通信集团有限公司社会责任报告2018》同时将企业混合所有制改革、促进网络应用、参与"一带一路"等作为企业的社会责任。分析以上内容能够发现，在上述国有企业的社会责任当中不仅仅包含了企业对社会的某些责任义务，同时包括了企业自身的生产经营以及员工发展，还附带了某些富含一定政治经济意味的企业行为在内。而同属于国资委管理的上述企业，特别是能源领域企业对于承担的企业社会责任认知也存在着巨大差异。因此，无论对于企业社会责任的要求到底是什么，要求标准的规范性是政策制定者和市场管理者首先需要解决的问题。

其二，企业社会责任、政府社会责任和企业法律责任等概念之间的边界模糊。我们之所以需要在市场环境当中设定和明确企业的社会责任，并以此引导企业主动承担社会责任，是因为尽管企业存在于市场经济环境中，其自身经济利益决定了企业的生命力和活力，但是对于社会整体的进步与发展而言，不能够仅仅将企业的盈利作为判断企业是否符合社会整体进步的唯一标准。同时，正是由于法律本身难以通过引导的方式鼓励和激励企业承担非社会公平性的责任内容，因此需要用属于软法的社会责任政策约束和推动企业通过经济行为实现社会的健康发展。[①] 以环保为例，法律能够做到的是对生产污染行为的处罚，但是不能鼓励企业做社会公益，如植树行为。因此，在谈到企业的社会责任时，需要将企业的社会责任置于整体的社会健康、可持续发展的大背景下。而通过观察和分析上述国有企业的社会责任报告，可以形成结论：以上企业都存在将法律责任和社会责任混淆的问题。此外，政府（特别是中央政府）所确立的国际经济和产业政策需要通过企业的实际经济行为得以实现。但存疑的是，中央政府的国际经济政策，例如，"一带一路"倡议能否算企业的社会责任。行政机关依照市场经济规律通过设立企业或通过企业的经营行为方式实现特定的行政目的本身属于行政自由裁量权，也更加符合经济规律的要求，具有严格意义上的合法性。但是转换角度，作为企业的一方，其工具属性自然十分明显，而本身却与前文所谈到的企业社会责任存在一定的差异；社会责任本是引导企业行为的软法，并不是企业所接受的行政指令或者企业自身的工具属性，特别是国际政治经济目标与通常所说的（国内）社会责任并不能够画等号。

其三，企业社会责任缺乏管控，没有实质上的约束性后果。尽管依照国有企业的社会责任理论和相关企业的承诺，企业在社会经济活动中应当贯彻和切实履行社会责任，但是在现实当中企业并没有能够有效保证企业行为与承诺的一致性，同时也缺乏外部监管与惩罚机制。由此导致的是企业流于表面的社会责任形态，而非严格地贯彻或履行社会责任。作为社会经济的成员，国有企业的存在并非一时，而是持续性地服务于社会经济的健康发展。因此，尽管社会责任本身作为一种柔性的约束机制，但也必然存在刚性的保障制度。立法本身在适应社会经济发展的过程当中需要一定的时间积淀，因此，需要通过设定恰当的社会责任形式保证市场的正常运行。而如果没有能够直接作用于企业的政策和行政抓手，行政机关往往很难有效阻止企业任何基于私利而做出的经济行为。特别是在我国公共服务领域，由于目前立法的严重滞后，迫切需要系统性的软法介入，以保证市场的完善和健康发展。

社会责任与政府责任的混淆来源于深化市场经济改革之前政府对企业

---

[①] 参见王威、颜冰、周晓焱《软法治理：实现企业社会责任的必由之路》，载《牡丹江大学学报》2014年第12期；罗少校《我国经济法软法治理机制存在的问题及解决路径》，载《胜利油田党校学报》2015年第3期；吴太轩、叶''智《电商扶贫问题的软法治理研究》，载《理论与改革》2018年第2期；陈光《论法治社会建设中的多元规范及其结构》，载《时代法学》2019年第3期。

社会作用的认识,即属于"企业办社会"的计划经济模式下的产物。① 存在于计划经济体制之下的公共服务企业不仅需要承担作为服务供应者的法定义务,同时还需要按照行政管理者的要求完成诸如扶贫、国际合作等非企业职能。因此,在公共服务行业市场化改革的过程当中,如果设定应当由企业承担原本应当属于政府的社会责任,则非但不利于市场本身的培育,同时还将损害市场中可能存在的公平竞争。当我们依赖于国有企业承担原本属于政府责任范围之内的社会责任,如扶贫等,实质上是将企业社会责任的意涵退回到市场经济改革之前的"企业办社会"阶段。因此对于立法者而言,应当鼓励企业通过符合法律的方式从事社会公益;而这一社会公益的履行却并非出于某种责任,绝对不能强加给企业。在公共服务领域,国有企业虽然在社会主义市场经济体制中应当接受政府的指导,对社会提供经济发展所需要的公共服务,以保证特定经济发展落后区域内的发展需求,但是,企业在法理上与现实中则不应当直接承担任何超越法定经营范围的活动,尽管相关活动能够直接帮助区域经济发展。简单来说,企业的经济行为应当表现为一种专业化的解决方案,并以此满足当地对经济发展的特定服务需求,而不是大包大揽地通过资金或其他方式实现地区经济发展的目的。例如,《国家电网有限公司社会责任报告 2018》对国家电网公司在振兴乡村经济发展的过程当中企业承担的社会责任进行了十分清晰的划定。依照该报告的表述,"国家电网有限公司落实中央实施乡村振兴战略部署,制定公司乡村电网发展规划(2018—2025 年),不断夯实农村电网基础,拓展延伸供电服务,全面建设与现代化农业、美丽宜居乡村、农村产业融合相适应的新型农村电网,提高农村电气化水平,为决胜全面建成小康社会作出积极贡献"。这一专业性的服务范围限定,能够更好地发挥企业的技术和知识专长,其延伸作用则服务于地方经济的转型和升级,即"随着农网改造工程逐步推进,农村供电可靠性不断提高,充足的电力供应,为改善农村环境、提高人民生活水平提供动力,促进农村旅游业、现代农业等特色经济的发展"。

因此,在当前我国社会主义市场经济环境的大背景下,企业的社会责任,特别是国有公共服务行业内企业的社会责任应当建立在企业的"社会公民"理念基础之上。② 尽管某些责任可能要超越企业的法定义务,公

---

① 参见谢振宇等《加快剥离企业"办社会"职能 退管服务如何实现转型升级?》,载《中国社会保障》2018 年第 12 期;刘青山《剥离企业办社会职能和解决历史遗留问题试点 分离移交社会职能 国有企业轻装上阵》,载《国资报告》2019 年第 5 期。

② 参见《中国石油天然气有限公司社会责任报告 2018》。

共服务企业所应当承担的社会责任（包括企业的社会道义责任）应当成为企业的自主选择，即成为顺应经济社会发展趋势的外在要求和提升企业可持续发展能力的内在需要。如同生活在社会中的公民一样，只有和周围关联，和相关人士与机构进行良好的互动，企业才能够得到好的发展和发展空间。因此，对于企业而言，社会责任的承担意味着企业将不仅仅与股东产生紧密联系，而且和同样存在于社会经济环境中的其他利益相关方产生紧密关联。[1] 特别是在公共服务供给事关社会经济的整体发展和公民的生活质量的情况下，企业的社会责任要求企业必须与包括消费者在内的社会主体形成良性互动，以保证市场的稳定和服务的充分。同时对于行政主管者而言，需要放弃因实现公共服务供给而成立国有企业、通过企业实现特定经济目的的僵化管理思维模式，而给予企业更多的灵活空间，使公共服务领域内的国有企业在与市场其他主体的灵活和良性互动过程当中获得实际的经济和社会效益（如企业品牌形象等），从而使得企业获得充分的外资激励，满足获得持续发展和承担社会责任的外部条件。

在企业履行社会责任的过程当中，需要建立相关的评价指标体系，以接受来自企业内部和外部的监督和评价。评价指标体系同时也关系着企业社会责任（特别是公共服务企业）的信息透明和公开，因为只有在标准确定之后，企业才有可能依照标准公开相关信息，通过信息的透明与社会利益关联方形成有效互动。在设定评价指标体系的过程当中，政策制定者需要结合公共服务企业所处的社会经济环境准确把握社会发展方向。具体结合我国公共服务（国有）企业的社会责任实践，在以下环节加以设定[2]（见表5-2）。

---

[1] 参见周巍、沈其新《论中国特色社会主义公民社会的特征及发展路径》，载《学术论坛》2015年第8期；祖密密、赵玲《公民社会思潮应对理路探究》，载《思想教育研究》2017年第11期。

[2] 参照《国家电网有限公司社会责任报告2018》。

表5-2　企业履行社会责任的评价指标体系

| 项目 | 评价标准 |
| --- | --- |
| 责任范围 | 公共服务企业存在的社会经济领域和服务领域 |
| 预设评估 | 企业运营对社会和环境的影响，包括积极影响和消极影响。按照提升积极影响和尽可能消除消极影响的标准设定企业社会责任 |
| 责任内涵 | 通过与利益相关方的充分沟通与有效合作，管控企业运营对社会和环境的影响，最大限度地增加社会积极影响，最大限度减少消极影响 |
| 判断标准 | 公共服务信息是否保持透明，是否符合社会道德标准，包括遵守法律规范、伦理底线和商业道德，考虑利益相关方的期望和利益，致力于社会整体可持续发展，以及带动和鼓励利益相关方积极参与，保证企业信息的社会透明度 |
| 影响企业主动承担社会责任的内在和外部因素 | 企业的治理机制安排，公司使命、价值观、战略和组织制度，以及外部压力与动力。关键绩效（KPI）即企业对社会整体可持续发展的贡献，包括创造的经济、社会、环境价值，以及让利益相关方和社会满意的运营透明度 |
| 履行社会责任的目的 | 超越经济利益层面的单纯追求利润最大化目标，在追求经济、社会、环境综合价值最大化的进程中，实现企业可持续发展与社会可持续发展的统一与和谐，提升公民对于公共服务企业的信赖度以及企业品牌形象 |
| 企业内部适应社会责任承担的变革 | 为了适应社会责任的承担，应当探索和实践员工新的工作方式、企业新的发展模式、企业新的社会沟通方式和渠道、企业新的管理模式等 |

资料来源：笔者根据《国家电网有限公司社会责任报告2018》整理。

在设定和确立公共服务企业的社会责任工程当中，决策者（包括企业和政府）需要用动态的发展观看待企业的社会责任。① 我国处于经济稳定发展的重要阶段，国有企业在公共服务领域所承担和必然需要承担的社

---

① 参见肖旻《基于生命周期理论的企业社会责任战略选择研究》，载《现代经济信息》2010年第16期。

会责任无疑是巨大的，任务也是艰巨的。① 这就要求政策制定者能够尽可能地认识到在贯彻"四个全面"伟大战略过程中社会经济和社会发展的实际情况，从实践出发，形成与企业之间的良性互动，设定有效的外部激励机制，推动企业承担社会责任的积极性，最终形成企业在承担社会责任过程中的新的发展和转变，提升国有企业生产和经营效率以及企业品牌价值。②

---

① 参见饶旭鹏、何潇潇《全面建成小康社会视域中的企业社会责任：问题与出路》，载《经济研究导刊》2016年第8期；刘爱力《牢记初心使命 履行央企责任 为决胜全面建成小康社会作出积极贡献》，载《中国邮政》2018年第10期。

② 参见张强《网络嵌入、社会责任与品牌价值——基于制造业企业经验数据的实证研究》，载《山东社会科学》2018年第7期；朱宁等《电力企业品牌建设路径》，载《中国电力企业管理》2018年第27期；管竹笋、殷格非《电力企业的责任品牌建设》，载《当代电力文化》2016年第10期。

# 第六章　地方公共服务立法的框架和主要内容

在城镇化过程中各地都出现了人口向核心城市过度集中的问题。其原因在于经济转型过程中政府的公共服务投入缺乏约束和监督，缺乏一套切实可行的公共服务投入机制，① 从而造成政府提供公共服务的决策和执行随意性强、成本高，并引发地方之间在公共服务领域的发展失衡和政府责任失衡。为此，中共十八大以来，中央核心文献中强调通过建设服务型政府以满足城镇化进程中居民对于公共服务日益增长的需求，保障城乡居民公共服务获得的均等化。②《中共中央关于全面推进依法治国若干重大问题的决定》进一步明确提出，"推进各级政府事权规范化、法律化，完善不同层级政府特别是中央和地方政府事权法律，强化中央政府宏观管理、制度设定职责和必要的执法权，强化省级政府统筹推进区域内基本公共服务均等化职责，强化市县政府执行职责"。其内涵在于逐步减少中央的微观事权和具体管理事项，把属于省域内居民有关的公共服务均等化任务交给省政府，强化市县政府在公共服务方面的执行职责；通过制定和完善法律界定、明确中央和地方政府的事权；③ 围绕市场的决定性作用和发挥政府的作用，通过法律方式界定政府职能边界。④

就此，服务于保障城镇化进程中城乡居民权益均等化目标，市场化转

---

① 参见吕炜、王伟同《发展失衡、公共服务与政府责任——基于政府偏好和政府效率视角的分析》，载《中国社会科学》2008年第4期。

② 参见胡伟、柳美玲《服务型政府、公众满意度与民意调查——基于中国32个城市公共服务民调的研究》，载《江苏行政学院学报》2014年第1期；张恒龙、毛雁冰、秦鹏亮《中国公共服务均等化的政策与成效》，载《上海大学学报（社会科学版）》2013年第1期。

③ 参见徐绍史《依法全面履行政府职能》，见《〈中共中央关于全面推进依法治国若干重大问题的决定〉辅导读本》，人民出版社2014年版，第136页。

④ 参见楼继伟《推进各级政府事权规范化、法律化》，见《〈中共中央关于全面推进依法治国若干重大问题的决定〉辅导读本》，人民出版社2014年版，第147页。

型中的公共服务必将成为我国地方立法的重点领域。① 以广东省为例，2016年依照立法工作计划安排同时加上上一年度转接的法规，省人大常委会共审议法规项目69件。其中，涉及城市建设与公共管理的27件，涉及公共环境维护的16件，涉及公共历史文化保护的6件。以上共计49件，占全年审议法规数量的71%。同期广东省政府提请省人大常委会审议的10项法规中涉及公共服务领域的法规共5项，占比达50%。②

国外立法经验表明，随着中央和地方政府在公共服务保障领域事权责任的明确，属地公共服务的规范必然要依托于地方立法。③ 然而，在我国地方立法实践有序推进的过程中却发现，尚缺乏有效指导并能够推动地方公共服务立法的学术理论，现有法治体系中也存在着部分不明确性，直接影响到地方国家机关的立法权利能力④，难以满足《中共中央关于全面推进依法治国若干重大问题的决定》中关于"省域内公共服务均等化任务"的法制化要求。现有的学术研究成果对于公共服务的供给保障存在一定的误区。基本上研究者默认了政府对于公共服务的直接供应保障责任，换言之，以市场方式保障服务供应在相关研究成果中被限定在政府采购模式之下。⑤ 这时政府职能仅限于鼓励小型社会组织的商业化发展。⑥ 在《中华人民共和国立法法》（以下简称《立法法》）等法律框架中，地方公共服务领域的立法授权较为模糊，制约或部分制约了地方在公共服务领域立法的创造力和积极性。为此，本书希望在系统梳理以广东为代表的地方立法

---

① 《中共中央关于全面推进依法治国若干重大问题的决定》中明确规定，加快保障和改善民生、推进社会治理体系创新法律制度。依法加强和规范公共服务，完善教育、就业、收入分配、社会保障、医疗卫生等方面的法律法规。

② 《广东省人大常委会法制工作委员会工作报告》，载《广东省人民代表大会常务委员会公报》2016年第1号。

③ 德国法治体系中，辖区内公共服务保障主要依照各联邦州立法加以规范。具体内容见 Stefan Paetow, in Kreislaufwirtschafts-und Abfallgesetz Kommentar, Kunig/Paetow/Versteyl（Hrsg.），2. Auflage，C. H. Beck，2003，Art. 36d，Rn. 2.

④ 为了更好地阐释地方立法，本章吸纳并采用了有关地方机构立法权利能力与行为能力的学说，依照该学说展开分析、论证。相关学说内容见莫纪宏《提升地方人大立法权利能力与行为能力的制度路径初探》，载《江苏行政学院学报》2016年第5期。

⑤ 参见詹国彬《政府购买公共服务的风险及其防范对策》，载《宁波大学学报（人文科学版）》2014年第6期；王春婷《政府购买公共服务研究综述》，载《社会主义研究》2012年第2期。

⑥ 参见刘力《政府采购非营利组织公共服务——德国实践及对中国的启示》，载《政法论坛》2013年第4期。

成果①以及国内司法实践的基础上进一步阐述公共服务立法的有关理论,并尝试通过理论的借鉴与分析的方式,对地方立法实践中存在的问题给出一定的答案。

服务型政府是当代服务行政、授权行政发展的客观需要,这一基础之上的法治政府要求政府责任的法制化。② 同时监督是地方人大的一项重要职能,也是地方人大推进依法治国的重要保障。③ 地方人大的预算监督是公共服务市场化开放背景下我国经济体制建设和完善过程中依法治国、推行民主政治、规范政府行为的一个重要方面。决策科学化、民主化原则的贯彻同样需要以法治化作为前提,④ 辅以互联网为代表的高科技手段,能够进一步提升地方人大与社会公众的监督能力。⑤ 由于公共服务市场开放的规划主要依照中央政策文件的规定,因此,有关地方立法必须符合上位法规定并与中央政策协调一致,在此基础上方能更好地促进地方立法的完善和创新。

## 一、政府保障责任和保障机制

完善我国公共服务供给保障机制的关键是加强、完善行政机关在公共服务供给过程中的职能与主导地位。为此政府需要做好对公共服务供给的宏观调控以及供给过程中的监督管理。⑥ 地方行政机关公共服务保障责任主要分为两方面:一是满足服务需求,即实质性、客观性的保障责任;二是公共服务供给保障机制建设,即法治建设责任。在依法行政原则下政府保障责任必须于法律文件之中加以明确。在《关于〈广东省人民代表大会常务委员会关于居民生活垃圾集中处理设施选址工作的决定(草案)》

---

① 本章将研究焦点集中在广东地方立法上,一方面是由于广东地方立法具有较强的代表性,系统性资料收集整理更加便利;另一方面,在研究中发现,将研究对象集中于特定区域(省份)能够更好地提炼地方立法的整体结构和框架,对其面临的问题也能够更加清晰地加以阐释。

② 参见田思源《论政府责任法制化》,载《清华大学学报(哲学社会科学版)》2006年第2期。

③ 参见李牧、楚挺征《地方人大监督不作为及其规制探究》,载《武汉理工大学学报(社会科学版)》2009年第6期。

④ 参见金国坤《论科学决策、民主决策的法治化——基于北京市交通治堵方案征求民意的考量》,载《法学杂志》2011年第7期。

⑤ 参见龚维斌《互联网发展对我国政府决策的影响》,载《中国行政管理》2008年第10期。

⑥ 参见廖晓明、黄毅峰《论我国政府在公共服务供给保障中的主导地位》,载《南昌大学学报(人文社会科学版)》2005年第1期。

的说明》中，广东省人大常委会解释道："居民生活垃圾处理关系到全体居民的切身利益……是政府必须为居民提供且应当及时提供的公共服务。"① 因此，《广东省城乡生活垃圾处理条例》（2017年）规定，"各级人民政府应当将城乡生活垃圾处理工作纳入国民经济与社会发展规划，制定城乡生活垃圾处理目标"。上述内容便是基于公共服务保障责任的法律特性而制定的。

  服务于地方政府职责履行的最优化，需要在立法中规范落实供给保障的不同部门之间的行政联动机制以提升行政效率。针对不同情况，广东地方立法中采用了三种不同的模式：①依法确立部门联动责任以保障公共服务供给。如《广州市水域市容环境卫生管理条例》（2015年）规定，"发展改革、规划、城乡建设、国土房管、环境保护、水务、交通、海事、港务、公安、航道、林业园林等相关行政管理部门和城市管理综合执法机关按照各自职责，协同实施本条例"。上述原则性规定通常需要地方政府规章做进一步配套，以优化设定部门联动程序和各自权限。②法规中确立由一家或几家行政部门牵头负责保障责任的落实。如《广东省人民政府关于2016年农村垃圾管理工作情况的报告》介绍的，在推进农村垃圾管理工作合力过程中"省住房城乡建设厅充分发挥牵头部门的统筹指导作用"，形成以省住房城乡建设厅牵头的分工协作机制，并由"省发展改革、国土资源、环境保护、林业等部门为垃圾设施建设项目审批开辟'绿色通道'"贯彻法规的执行。② ③依法规定"召集人制度"，由召集人专门负责部门联动责任的贯彻落实。如《广东省大面积停电事件应急预案》规定，省内大面积停电事件应急处置第一召集人为分管副省长，各成员单位按照联席会议的统一部署和各自职责，做好大面积停电事件应急处置工作。

  在公共服务市场化转型过程中，广东地方立法中确定了市场供给保障的方式，但法律规定的范围仅限于政府采购、扶持中小型企业以及引导社会投资。如《广东省社会保险基金监督条例》规定，社会保险行政部门可以通过购买服务的方式委托社会专业机构对社会保险基金监督工作开展咨询、论证、鉴定等。在《广东省城乡生活垃圾处理条例》（2017年）中规定，"鼓励通过市场化方式，选择承担生活垃圾清扫、收集、运输和处置工作的单位"。条例中确立的政府职责是，"制定并公布可回收目录，

---

① 《广东省人民代表大会常务委员会公报》2016年第8号。
② 《广东省人民代表大会常务委员会公报》2016年第8号。

合理布局再生资源回收网络，制定低价值可回收物回收利用优惠政策，鼓励企业参与低价值可回收物的回收利用"。《广州市人民政府办公厅关于推进地下综合管廊建设的实施意见》规定，管廊建设可采取政府全额出资及政府与社会资本合作两种投资建设模式。上述法定市场服务供给模式并没有突破相关学术研究成果的范围。

## 二、地方人大监督职能与机制

地方人大是民主法治建设的践行者与推动者，是监督地方国家机关依法行政的重要力量。[1] 完善民主监督机制是推进依法行政的必然要求，[2] 是通过行政手段保障公共服务均等化的必然之意。为了使民主监督机制切实发挥作用，需要建立与之相配套的制度。在广东省地方立法中规定了三种不同的人大监督模式。①通过立法规定地方政府向同级人大常委会的施政报告责任。如《广州市南沙新区条例》规定，市人民政府应当定期向市人民代表大会常务委员会报告南沙新区的建设和发展情况。②履行上位法律规定的地方人大常委会监督责任，并通过立法授予具体的监督职权。如《关于广东省各级人民代表大会常务委员会加强河长制实施情况监督办法的说明》介绍，"全省各地人大常委会在监督实践工作中，不断探索完善监督工作机制、改进监督工作方式，如结合听取和审议专项工作报告、执法检查、开展专题询问，组织代表开展交叉检查、专题视察并提出建议、议案，组织人大代表约见'一府两院'负责人，工作监督与预算监督相结合等"[3]。又如《广东省社会保险基金监督条例》规定，"县级以上各级人民代表大会常务委员会通过开展执法检查等方式，对本级人民政府贯彻实施社会保险法律、法规，保障社会保险基金安全、有效运行，以及开展监督的情况进行监督"。其中授予的"执法检查权"突破了地方人大常委会以往只能通过质询等较为"柔性"的方式监督政府的传统。③通过立法设定上下级人大责任体系，构建地方人大体系性监督。如《关于广东省各级人民代表大会常务委员会加强河长制实施情况监督办法的说明》中介绍，"根据推行河长制的实践，河长的职责有明确的分级差

---

[1] 参见蒋毅《加强地方人大监督机制研究》，载《西南农业大学学报（社会科学版）》2011年第12期。
[2] 参见兰亚宾《完善民主监督机制与全面推进依法行政》，载《广东行政学院学报》2004年第5期。
[3] 《广东省人民代表大会常务委员会公报》2016年第8号。

别,因此各级人大常委会开展河长制实施情况监督的内容也应各有侧重。《办法》分别规定了省市县三级人大监督的重点内容"。①

预算是现代国家财政体系的核心,以法治为基础的预算制度是国家治理现代化的必然发展。以公共财政为基础,加强政府公共服务职能的财政预算保障,是国家财政法治的必然选择。② 在地方立法层面需要通过法律条文明确地方财政预算中的公共服务支出保障及财政来源等内容。如《广东省城乡生活垃圾处理条例》规定,"市、县(区)人民政府负责对农村生活垃圾处理的经费保障"。在广东立法实践中,公共服务供给保障的财政预算资金合法来源主要包括四种:法定财政预算、城市维护建设税、收费、社会化市场化融资。如《广东省城乡生活垃圾处理条例》规定,"城市的单位和个人,应当按照市、县(区)人民政府确定的收费标准缴纳城市生活垃圾处理费"。随着公共服务领域的市场开放,供给保障机制的市场化,财政支出将由政府预算开支转变为对公共服务企业的补贴。如《广东省城乡生活垃圾处理条例》规定,"农村地区的生活垃圾处理费,通过政府补贴、社会捐赠、村民委员会筹措等方式筹集"。政府财政补贴主要用以弥补收费所无法填补的公共服务成本开支。如《广东省人民政府关于推进农村垃圾管理工作情况的报告》介绍,"依照广东省物价局、省住房城乡建设厅2013年联合印发的《关于规范城乡生活垃圾处理价格管理的指导意见》,列入省财政补贴的71个县(市、区)中已有69个开征了生活垃圾处理费,开征率为75.12%"。③

## 三、科学决策与信息化建设

在社会监督(某种意义上同时包括社会群体自治)基础上形成的科学决策将有效提升公共服务质量,促进城乡融合,减少公共服务供给城乡差距。④ 为此,《广东省城乡居民自治条例》规定:"居民委员会的主要职责包括组织居民有序参与涉及切身利益的公共政策咨询、听证等活动,对

---

① 《广东省人民代表大会常务委员会公报》2016年第8号。
② 参见唐士亚《构建预算国家的法治路径选择——以政府公共服务职能的预算保障为视角》,载《安徽行政学院学报》2015年第3期。
③ 《广东省人民代表大会常务委员会公报》2016年第7号。
④ 参见周光辉《当代中国决策体制的形成与变革》,载《中国社会科学》2011年第3期;周庆智《基于公民权利的城市社区治理建构——对深圳市南山区"单位制式"治理的制度分析》,载《学习与探索》2015年第3期;徐靖《论法律视域下社会公权力的内涵、构成及价值》,载《中国法学》2014年第1期。

供水、供电、供气、环境卫生、园林绿化等市政服务单位在社区的服务情况进行监督。""村民委员会的主要职责包括促进农村公共服务,发展公益事业,完善公共服务设施,支持服务性、公益性、互助性社会组织依法开展活动。"同时,"城乡居民开展自治活动,主要包括监督、评议基层人民政府和公共事业单位提供的公共服务情况,反映居民意见和建议"。另外,社会监督需要全过程、全领域和多元化。① 如《广东省社会保险基金监督条例》规定,"本条例所称社会保险基金监督是指对社会保险基金收支、管理、服务、投资运营等全过程的监督"。上述立法的原因是,随着公共服务的专业化发展和日渐复杂,市场风险更加无处不在,必须全面、多方位加以监督。

随着互联网平台建设的开展,平台的信息交互功能已经发生许多衍变。在地方立法完善过程中,"互联网+"已经成为众多法律机制的重要技术保障。整体来说,在公共服务领域的地方立法中"互联网+"平台所发挥的保障作用包括以下两个方面。

第一,信息的开放与透明。这其中又包括三个方面。①作为法定信息公开的媒介和平台。例如《广东省社会保险基金监督条例》规定,"省人民政府应当组织社会保险行政、财政、公安、民政、卫生计生、税务、工商、食品药品监管等部门,社会保险经办机构以及银行、邮政、医疗机构、药品经营单位等社会保险服务机构,建立全省统一的社会保险信息共享平台,实现信息共享与互通,有关部门、机构应当将本单位管理或者产生的社会保险相关信息数据实时接入社会保险信息共享平台。开展社会保险基金监督,可以通过社会保险信息共享平台获取社会保险基金相关信息数据"。②通过政府公开的信息,正确引导社会舆论,并服务于普法建设。如《广东省人大常委会2016年工作要点》中强调,通过互联网平台推动"立法宣传和舆论引导工作与立法工作同步谋划、统筹安排。做好法规草案起草、审议阶段和通过后的宣传工作,使立法过程成为引导社会舆论、凝聚各方共识,为法规正确、有效实施营造良好社会氛围"②。③通过政务平台提供方便快捷的服务,履行监督职能。如《广东省人大常委会关于新形势下深入贯彻实施监督法的若干意见》规定,"加强人大网站及微信、微博、微视频、移动客户端等信息网络平台建设,及时发布监督工作情况,做好监督公开工作,促进公众在线互动,积极回应社会关

---

① 参见蔡定剑《论社会监督的主要形式》,载《法学评论》1989年第3期。
② 《广东省人民代表大会常务委员会公报》2016年第3号。

切"。

第二，针对特定信息，互联网平台建设意味着专项法定监督权能的设定。如《广东省社会保险基金监督条例》规定，"统筹地区人民政府应当加强组织协调，将社会保险业务相关系统与本级人民代表大会常务委员会建立的监督系统联网，并根据监督要求提供必要的信息数据支持，为本级人民代表大会常务委员会开展实时监督创造条件"。这一规定赋予了地方人大常委会通过互联网实时监督域内社保资金运营的职责（权）与履职方式。

## 四、地方立法与中央政策之间的关系

随着公共服务市场开放力度的加大，部分现有依然生效的法律已然不能够满足推动公共服务供给保障路径多元化的发展趋势，特别是在中央制定的市场化改革政策逐步推行过程中，部分法律规定已经落后于社会经济发展。这为地方立法带来了一个十分棘手的问题：在立法中有必要回应当下改革发展的需求。而在上位法与现行经济改革政策难以衔接时，如何既能够通过地方立法实现公共服务供给保障路径变化的制度设计，又不违背上位法的规定？在上位法尚未依照中央有关政策加以修订时，广东的做法是在地方立法中预留可能的改革空间。如《关于广东省供用电条例（草案）的审议意见》中讲到，"随着新一轮电力体制改革的展开和电改政策的出台，在此次立法调研中，部分单位及电力用户提出通过地方立法对新一轮电改政策予以明确。但是，由于本轮电力体制改革仍处在综合试点为主、多模式探索的初步阶段，且国家《电力法》尚未修订，广东省内有关电力体制改革的部分政策尚未出台，地方立法不宜过多涉及电改政策，应当与电力体制改革相衔接，为电力体制改革预留必要的口子和立法空间"①。而在上位法与中央政策协调顺畅，有足够的地方立法空间时，广东地方立法会推进机制的建设与创新。如《关于广东省城乡居民自治条例的说明》中解释道，"完善基层群众自治制度，对发展基层民主、保证人民当家作主具有重要意义。党的十八大和十八届三中、四中全会对发展基层民主作了部署，明确要求要完善和发展基层民主制度"，"有关村民自治的法律法规相对完善，但有关城市居民自治的法律法规滞后于社会发展的需要。为此需要制定《广东省城乡居民自治条例》，规范本地区城乡

---

① 《广东省人民代表大会常务委员会公报》2016 年第 5 号。

社区协商目录,确定协商内容,指导、帮助和支持城乡社区开展协商"。①

## 五、公共服务立法授权与司法实践

### (一)地方公共服务立法授权

专属立法,是指一定范围内规范社会关系的事项,只能由特定的国家机关制定法律规范的权力。②《立法法》等法律规范并未规定中央对于公共服务立法的专属地位。同时《立法法》第 72 条规定:"省、自治区、直辖市的人民代表大会及其常务委员会根据本行政区域的具体情况和实际需要,在不同宪法、法律、行政法规相抵触的前提下,可以制定地方性法规。"这意味着,地方立法是被允许涵盖属地范围内所有公共服务的,其中甚至包括了邮政、电信、铁路等跨区域公共服务。③ 然而,上述解释在实践中带来两个非常严峻的问题:一是,如邮政、电信、铁路等覆盖全国地域范围的公共服务种类是否适合授权地方立法加以规范。例如在《中华人民共和国电信条例》出台后,辽宁、重庆、江西等地先后制定了地方性电信条例,却引发了业内较大争议。④ 依照全国人大常委会法制工作委员会的阐释,《立法法》在中央和地方立法范围划分中,需要遵守"维护国家法制统一""有利于建立和维护国内统一市场"两大原则。⑤ 因此,在跨区域性公共服务范畴内进行地方立法显然是不恰当的。⑥ 二是,由于《立法法》在公共服务领域适用范围存在着模糊空间,如第 8 条中"必须由全国人民代表大会及其常务委员会制定法律的其他事项"与第 73 条规定的"地方性事务"和"国家尚未制定法律或者行政法规的……可以先

---

① 《广东省人民代表大会常务委员会公报》2016 年第 4 号。
② 参见全国人大常委会法制工作委员会国家法室编著《中华人民共和国立法法解读》,中国法制出版社 2015 年版,第 37 页。
③ 参见朱海波《地方政府重大行政决策程序立法及其完善》,载《广东社会科学》2013 年第 4 期;孙波《论地方专属立法权》,载《当代法学》2008 年第 2 期;李少文《地方立法权扩张的合宪性与宪法发展》,载《华东政法大学学报》2016 年第 2 期。
④ 参见谢劲良《统一还是分权——地方电信法规立法权限探析》,载《中国电信业》2003 年第 11 期。
⑤ 参见全国人大常委会法制工作委员会国家法室编著《中华人民共和国立法法解读》,中国法制出版社 2015 年版,第 38、40 页。
⑥ 参见谢劲良《统一还是分权?——地方电信法规立法权限探析》,载《中国电信业》2003 年第 11 期。

制定地方性法规"这两款规定之间的关系在公共服务领域适用过程中缺乏明确的立法解释,所以,一旦缺少中央制定的具体法律或法规,如涉及垃圾回收、城市公共交通等非跨区域性公共服务,则地方立法的合法性也将存在疑问——在没有上位法依据的情况下,地方立法是否可以设定有关公共服务的地方政府保障责任;在没有上位法规定的情况下,地方政府是否可以(或应当)仅仅依照地方性法规承担供给保障责任。而一旦中央放权允许地方自主通过立法形式决定公共服务供给保障的范围和标准,则如何保证公共服务均等化,避免各地不会因为经济发展水平的差异而导致较大范围的公共服务覆盖性和保障性差异。

上述两个问题的归结点在于,中央与地方关系只有在制度化、法治化的基础上才能走向现代化的道路,才能使中央与地方的事权划分保持一种均衡和稳定的状态。① 目前,地方立法实践中遵循的是中共十六届三中全会审议通过的《中共中央关于完善社会主义市场经济体制若干问题的决定》中的有关规定。依照该决定,中央和地方立法的划分应当按照"中央统一领导、充分发挥地方主动性积极性的原则,明确中央和地方对经济调节、市场监管、社会管理、公共服务方面的管理责权","属于全国性和跨省(自治区、直辖市)的事务,由中央管理"。这一规定在一定程度上弥补了《立法法》有关内容的不足,地方立法通常会依照上述规定主动回避涉及如铁路、邮政等跨区域性的公共服务。② 同时,近年来,地方立法实践经验表明,根据《中共中央关于全面推进依法治国若干重大问题的决定》的精神,尽管地方政府某些专属事权在《宪法》和《地方组织法》上找不到直接依据,有关事项的专属性地方管理立法也几乎不会为中央政府所干预,如在地区性的城市建设和运营、环境保护、社会福利等方面。③ 中央和地方之间的这一种法制上模糊但操作中清晰的事权分割,一定程度上有助于地方实践与探索。但是具体到立法领域,一个在法制上并不明确的立法授权必然产生相应的法治后果。最为直观的现实后果便是经济发展偏好诱导下的地方政府法定公共服务供给保障责任的缺失或不明。而在公共服务市场化转型过程中这一缺失或不明带来的负面效应将更为明显。它将进一步弱化政府在市场化进程中的公共投资意愿,最终将

---

① 参见熊文钊《大国地方——中国中央与地方关系宪政研究》,北京大学出版社2005年版,第162页。
② 在公开的法律搜索中查不到地方关于上述领域的法规文件。
③ 参见向立力《地方立法发展的权限困境与出路试探》,载《政治与法律》2015年第1期。

导致整体公共服务水平和质量的下降。① 另外,随着市场化进程的加快,如地方铁路民营化②以及民间资本进入城市供水、燃气、供热、污水和垃圾处理行业等改革的深入,③ 地方公共服务市场中多元主体供给保障责任的确定以及保障秩序的建立都将有赖于相关立法。

(二) 个案裁判昭示的司法作用

作为依法由公权力所保障的公共服务供给,在司法实践中并没有现实案例可供分析。④ 但是平行于保障性公共服务,在市场经济中还存在着商业化的供电、供水、通信等服务种类。虽然其服务对象不同,但服务性质和服务标准与公共服务大体相当。因此,观察已有的商业性服务,对预判开放市场中司法机制的公共服务供给保障作用具有十分积极的意义。为此,本部分以"北大法宝""中国法律法规信息系统"等网络平台,以及《人民法院案例选》《中国审判案例要览》等文献中所能够搜索、接触的案例为分析对象。严格意义上说,以上搜索到的案例在数量上很难符合定量分析所需的足够样本数,并且有关案例判决文书内容相对简单,令人难以精确重构有关案件事实,但是案件本身所反映出的类型分布和知识共性能够使人得以管中窥豹,揭示目前司法制度之于公共服务在制度保障层面的特征。

依照所搜集的司法案例材料,当事人之间的纠纷近乎完全依照民商法等私法规范加以处理解决。从案件属性看,有关案例一概由法院判定为合同纠纷。在典型案例如在"北京和平经典美容美发中心与北京市电力公司供用电纠纷上诉案"⑤、"徐州市自来水总公司诉陈庆健等供水合同纠纷案"⑥、"广州市科泉物业管理有限公司诉刘少军、李凤玲物业服务合同纠

---

① 参见李敏纳等《中国社会性公共服务区域差异分析》,载《经济地理》2009年第6期。
② 参见徐平、陈栋《投资400多亿的杭绍台高铁开工 这是国内首条民资控股铁路》,载《钱江晚报》2016年12月24日。
③ 住房和城乡建设部、国家发展改革委、财政部、国土资源部、中国人民银行五部门联合印发《关于进一步鼓励和引导民间资本进入城市供水、燃气、供热、污水和垃圾处理行业的意见》(建城〔2016〕208号)。
④ 搜索"北大法宝""中国法律法规信息系统"等网络平台,未发现任何相关案例。现实中同样缺乏相关诉讼。
⑤ (2009)京二中民终字第20349号。
⑥ (2005)徐民二终字第165号。

纷案"① 等涉及供电、供水、垃圾处理服务案件中，尽管法院援引了经济法律作为审判依据，但是对当事人权利义务的判决所遵从的却是民法中的意思自治原则，绝非经济法或公法中对公共利益的维护。如"北京和平经典美容美发中心与北京市电力公司供用电纠纷上诉案"，法院判定，"根据《中华人民共和国电力法》及《电力供应与使用条例》，电力供应与使用双方应当根据平等自愿、协商一致的原则，签订供用电合同、确定双方的权利和义务"。在"河南黄河电源有限公司诉焦作煤业（集团）有限责任公司等供用电合同纠纷案"中，法院判决，"供电合同属其双方真实意思表示。合法有效，双方均应按照合同约定履行各自的权利和义务"②。同时，有关案例明确了市场中企业与行政机关在公共服务供给保障责任中的区别。当事企业依法被排除在承担相关公共服务供给保障责任的主体范围之外。如在"柯跃辉不予受理行政裁定书案"中，法院判定，"电信潮州分公司不是行政机关，依照《中华人民共和国行政诉讼法》第41条、《最高人民法院关于执行〈中华人民共和国行政诉讼法〉若干问题的解释》第44条第1款第1项的规定，对柯跃辉的起诉不予受理"③。从上述案例中不难看出，开放市场中司法机制对于公共服务供给保障的作用是有限的，其主要功能在于保证合同的依法履行和维护当事人的合法合同权益。

另外，依照所搜集的司法案例材料，地方公共服务立法并未接受来自司法审查或者司法建议制度的影响。尽管现有判例对于"地方行政规定"的司法审查给出了答案，④ 如"24家烟花爆竹企业不服安徽省人民政府其他行政行为案"⑤、"范新安不服克拉玛依市人民政府行政许可案"⑥ 等。但是上述案例表明，只有在存在直接利益纠纷的情况下，地方行政规定才能够为司法审查制度所涵盖；缺乏引发冲突的行政规定如设定政府公共服务供给保障职责与权限等，目前依然无法接受来自法院的司法审查或司法建议，因为相关保障行为（或职责）属于《中华人民共和国行政诉讼法》第13条第2款规定的"行政机关制定、发布的具有普遍约束力的决定、

---

① (2011) 穗中法民五终字第737号。
② (2009) 解民初字第741号。
③ (2014) 潮中法立行终字第10号。
④ 参见章剑生《现代行政法专题》，清华大学出版社2014年版，第283页。
⑤ (2014) 合行初字第00077号。
⑥ 参见国家法官学院、中国人民大学法学院编《中国审判案例要览·2013年行政审判案例卷》，中国人民大学出版社2015年版，第430－439页。

命令",依法排除司法机关的管辖权。"北大法宝""中国法律法规信息系统"等平台就有关内容没有任何搜索结果,其说明尚未出现涉及非利益冲突情况下行政规定的司法审查或建议案件。

以上表明,在开放性的市场中,法官依照民事法律会遵从"意思自治"原则将合同缔结的权利交给当事人,而不会将维护公共利益或保障社会基本公共服务的优先供给置于市场行为自由原则之上。因此,单纯依靠私法规制不能够防范或避免合同主体之间由于经济行为能力的强弱差异可能导致的市场公平缺失(如价格歧视),难以用于防范由此可能引发的社会经济风险。另外,在约束政府行为、规范政府公共服务供给保障责任方面,司法审查或建议制度尚未发挥实际作用,对地方立法也缺乏指导意义。

## 六、市场化转型中地方公共服务立法的解释

### (一)市场开放进程中的公共服务立法

中共十八届三中全会通过的《中共中央关于全面深化改革若干重大问题的决定》强调在保障公共服务供应的顶层设计过程中发挥市场的职能与作用。① 市场开放的益处在于推动和创立竞争,实现政府供给保障模式的转变,同时保证政府能够在市场中处于超然地位,为公平、公正、公开的监管奠定基础。② 竞争环境下,市场主体多元化能够克服政企不分、效率低下、信息不透明等问题。③ 因此,无论政府采购、扶持中小型企业以及引导社会投资等都并非简单的法定公共服务保障方式。相关立法的目的是规范政府通过经济杠杆(如采购配额等)培育并促进市场竞争主体多元化,形成公平、竞争、有序的公共服务市场供需格局,保障充分供给和供给效率,满足公民的消费需求。④

供给保障模式的转变投射在法治层面上表现为由公法主导向私法主导

---

① 《中共中央关于全面深化改革若干重大问题的决定》,人民出版社2013年版。
② Christian Koenig, *Telekommunikationsrecht*, Verlag Recht und Wirtschaft, 2004, S. 38.
③ Christoph Degenhart, in Sachs, *Grundgesetz Kommentar*, Verlag C. H. Beck, 2007, Art. 73, Rn. 42.
④ Liu Yang, *Electricity Price Regulation in the EU, Germany and China*, Munich: AVM, 2013, pp. 17-30.

的规制模式的转变。① 公共服务市场化具体表现为三个方面：①公共服务领域投资主体的多元化；②政府对公共服务的市场化采购，同时催生市场主体的多元化和市场竞争；③享受公共服务居民的缴费义务。② 以上三点直观反映了供需主体之间的法律关系和政府规划管理方式的变化。市场主体多元以及竞争机制供给主导作用的形成，必然要求法治上确认并保护合法财产权利。③ 市场中居民的缴费行为则意味着公共服务作为一种等价有偿的合同存在。供需主体之间的关系随着市场化进程日趋平等（即由政府与公民之间关系逐渐转变为公民与企业之间关系）；在法律规制层面，则表现为由公法单边规制并保障的法律关系转化为私法规制并保障的双边或多边法律关系。市场开放、竞争主体多元和竞争公平将作为私法规制模式的核心内容。市场开放转变了公共服务的供给保障模式。但这一模式转换需要通过立法维护公众和同为市场主体的企业之间的利益平衡，因为与其他商品服务市场中的竞争者不同，供应公共服务的企业在进入市场的同时将被法律赋予维护公民生活质量的社会责任。④ 从这一点来说，市场开放的结果非但没有使政府责任减少，反而有所增加。政府必须既要保证市场主体（企业、消费者等）的合法权利，又要克服市场开放带来的经济风险。而在法理上，政府依法直接承担的供给保障与竞争形成过程中依靠市场方式实现的供给保障之间的模式转变并不意味着公法地位的削弱和私法地位的提升。二者在模式转换中将同时成为国家权力行使的基础，因为市场竞争本身不过是一定政治条件下的供给保障工具。⑤

对于市场化，无论过程或结果，政府都绝不能无所作为，而是需要主动"管好那些市场管不了和管不好的事情"，在法治的基础上防控"市场失灵"。⑥ 公共服务中的"公共性"表明以满足整个社会的公共需要、保障人民根本权益，而不是以满足哪一种所有制、哪一类区域、哪一个社会

---

① Peter Badura, *Wirtschaftsverfassung und Wirtschaftsverwaltung*, 3. Aufl. Mohr Siebeck, 2008, Rn. 17, 20.

② 参见国务院发展研究中心和世界银行联合课题组《中国：推进高效、包容、可持续的城镇化》，载《管理世界》2014年第4期。

③ 参见陈和《完善社会主义市场经济法律制度》，见《〈中共中央关于全面推进依法治国若干重大问题的决定〉辅导读本》，人民出版社2014年版，第84页。

④ Wolfgang Weiss, *in Regulierung in der Energirwirtschaft*, Baur. Salje. Schmidt-Preuss (Hrsg.), Carl Heymanns Verlag, 2010, Kapital 11, Rn. 30.

⑤ Peter Badura, *Wirtschaftsverfassung und Wirtschaftsverwaltung*, 3. Aufl. Mohr Siebeck, 2008, Rn. 17, 20.

⑥ 参见中共中央宣传部《习近平总书记系列重要讲话读本》，人民出版社2016年版，第150页。

## 第六章 地方公共服务立法的框架和主要内容

阶层或社会群体的需要,作为界定服务功能及其作用的基本口径。① 因此,私法保障的意思自治以及在此基础上形成的合同自由原则必须置于公法保障的公共利益原则之下。只有在满足了维护社会稳定、公共利益、就业保障、财产权利、市场开放、竞争公平等一系列前提之下,国家才能够出于自身意愿决定公共服务市场开放的深度和广度。同时,市场开放程度还与国有经济传统有关。② 由于公共服务直接牵涉到居民生活水平、公民人格尊严,以及基本公共利益,③ 因此,通过市场机制满足公共服务需求以及相关资源分配并不能完全交由市场决定。反映在法治体系中,表现为公共服务的供给与需求关系并不能完全取决于当事人的意思自治。④ 政府必须依法保留对于公共安全、服务质量、市场规制等方面的职责(或权力),特别是立法中通常明确的公共服务质量标准和价格稳定。⑤ 例如《广州市依法行政条例》规定,提高政府定价的公用事业、公益性服务、商品价格和社会保障收费标准等广泛且直接影响公民、法人或者其他组织重大利益的行政决策事项,应当举行听证会。上述行政决策事项包括供水、燃气、基本医疗、交通运输、污水处理、垃圾处理等公用事业。

在市场尚未成熟之时,公共服务供给保障依然将主要依赖于地方政府。⑥ 普遍被接受的观点认为,当前我国公共服务的有效供给取决于地方经济发展水平⑦、财政分税体制⑧和地方政府发展偏好⑨。地方经济发展水平和财税体制决定了本地公共服务投资的资金充盈度;地方政府的发展偏好则影响着地方公共服务保障机制的建立。目前,我国公共财政制度改革缩小了地区发展差距,也缩小了区域间公共服务供给保障财政能力的差

---

① 参见高培勇《论国家治理现代化框架下的财政基础理论建设》,载《中国社会科学》2014年第12期。

② Marco Herrmann, *Das US-amerikanische Energierecht am Beispiel Kaliforniens*, Carl Heymanns Verlag, 2005, S. 78f.

③ 参见李强《加强社会建设领域法律制度建设》,见《〈中共中央关于全面推进依法治国若干重大问题的决定〉辅导读本》,人民出版社2014年版,第106页。

④ Hubertus Bardt, *Wettbewerb im Wassermarkt—Politische und unternehmerische Herausforderungen in der Wasserwirtschaft*, Deutscher Instituts Verlag, 2006, S. 20.

⑤ Liu Yang, *Electricity Price Regulation in the EU, Germany and China*, Munich: AVM, 2013, p. 150.

⑥ 参见娄兆锋、曹冬英《公共服务导向中基本公共服务与非基本公共服务之研究》,载《中国行政管理》2015年第3期。

⑦ 参见李敏纳等《中国社会性公共服务区域差异分析》,载《经济地理》2009年第6期。

⑧ 参见刘剑文《地方财源制度建设的财税法审思》,载《法学评论》2014年第2期。

⑨ 参见吕炜、王伟同《发展失衡、公共服务与政府责任——基于政府偏好和政府效率视角的分析》,载《中国社会科学》2008年第4期。

异,但单纯地扩大地方财政并不能有效地增加地方公共服务的满意度。①由于"以经济建设为中心"的经济改革更倾向于"效率"优先,因而忽视了公共服务保障投入,地方政府(倾向于)更多地将资源投入到能够产生直接经济效益的建设领域。并且随着体制改革的深入,政府逐步去除了计划经济体制下与个人和企业之间的传统契约关系,导致了现实中公共服务供需矛盾的加剧。②公共服务供给保障制度中的地方政府职能缺位被认为是当前以国富和民生失调为特征的发展失衡的主要症结。③因此,对于提升公共服务供给水平最为关键的便是如何抑制地方政府的"发展偏好",如何通过顶层设计明确供给保障中地方政府的职能。

德语中有一句谚语:"信任是美好的,有监督则更好。"(Vertrauen ist gut, kontrolle ist besser.)虽然通过立法方式能够制定克服"发展偏好"的地方政府公共服务保障责任,但是只有将其置于地方人大与社会监督之下才能够保证相关条文得到真正落实。地方人大的监督既是履行《宪法》《监督法》等规范的法定职责,同时也体现着权力来自人民、为人民服务的内涵。④公民社会中来自社会的监督权力是监督制约机制中不可或缺的重要组成部分,是防止行政权力滥用的可靠保证。⑤立法中采用的网络等科技手段则是提升监督能力与效率的现代化方式。⑥

在纠正地方政府发展偏好的基础上,公共服务领域立法同时具有完善地方公共财政的功能,也是公共服务市场开放立法的必要组成部分。随着经济建设与公共财政制度的发展,地方财税体制将从单纯服务于"推动本地经济发展"向建立完整的公共服务保障体系即"公共服务财政"的格局迈进。⑦不过,如果简单地将公共服务与地方政府财政进行捆绑,将

---

① 参见王晓玲《我国省区基本公共服务水平及其区域差异分析》,载《中南财经政法大学学报》2013年第3期。

② 参见陈世香、谢秋山《居民个体生活水平变化与地方公共服务满意度》,载《中国人口科学》2014年第1期。

③ 参见吕炜、王伟同《发展失衡、公共服务与政府责任——基于政府偏好和政府效率视角的分析》,载《中国社会科学》2008年第4期。

④ Siegfried Magiera, in M. Sachs (Hrsg.), *Grundgesetz Kommentar*, C. H. Beck, 2007, Art. 38, Rn. 35.

⑤ 参见陆亚娜《我国社会监督存在的问题及其原因分析》,载《江苏社会科学》2007年第2期;张洁瑶《网络舆论监督与中国公民社会关系的理性审视》,载《改革与开放》2010年第6期。

⑥ 参见于浩《还财政清白,还百姓明白——广东省人大预算支出联网监督工作纪实》,载《中国人大》2015年第16期。

⑦ 参见刘剑文《地方财源制度建设的财税法审思》,载《法学评论》2014年第2期。

供给保障完全依附于公共财政,任何地方财政收入或国家财税制度的变化都将对实现公共服务供给产生直接影响。只有多元化的保障机制才能规避财政波动可能形成的风险。如前所述,市场竞争主体的创立和多元依赖于地方财政扶持,而市场化即通过竞争方式满足需求,能够有效克服公共服务保障机制对于地方财政的过度依赖。基于此,公共财政与市场化路径将作为充分、有效的公共服务供给的双重保障因素。二者一体两面,不可或缺。①

### (二) 地方立法权利能力与行为能力

尽管如郑永年的"事实联邦主义论"②或谢淑丽的"交互问责机制"③等学说认为我国内部的科层序列已然发生改变,并且促生了地方与中央相互平衡的某种机制,④但是在立法权力分割层面,权力依然统一于中央,不存在所谓的"地方自治"空间。⑤我国法治体系中现行宪法并没有明确肯定"地方立法权",⑥地方国家机关是根据宪法、法律赋予的"立法权利能力"立法。⑦对于这一现状,学术界给出的解释是:在以法律规定强制实现社会变革的所谓"变法模式"下,为了保持对整个变法过程的调控能力和贯彻公平原则,推动变法的权力主要集中在中央政府,并且为了打破地方势力对变法的分割和阻挠所形成的不可或缺的中央集权。⑧当以"立法权利能力和行为能力"理论对地方公共服务立法进行阐释时发现,正是地方立法"权利能力"的不足而引发地方公共服务领域出现社会经济问题。由于《立法法》等法律没有明确立法授权,地方公共服务立法的权利能力边界无疑是模糊的。由于缺乏客观的法律依据,加

---

① Matthias Schmidt-Preuss, *in Regulierung in der Energirwirtschaft*, Baur. Salje. Schmidt-Preuss (Hrsg.), Carl Heymanns Verlag, 2010, Kapital 11, Rn. 30.

② Zheng Yongnian, *De Facto Federalism in China: Reforms and Dynamics of Central Local Relatives*, World Scientific Publishing, 2007.

③ Susan Shirk, *The Political Logic and Economic Reform in China*, University of California Press, 1993.

④ 参见卢超《行政诉讼司法建议制度的功能衍化》,载《法学研究》2015年第3期。

⑤ 参见秦前红、李少文《地方立法扩张的因应之策》,载《法学》2015年第7期;李少文《地方立法权扩张的合宪性与宪法发展》,载《华东政法大学学报》2016年第2期。

⑥ 参见刘松山《修改〈立法法〉的若干建议》,载《交大法学》2014年第3期。

⑦ 参见莫纪宏《提升地方人大立法权利能力与行为能力的制度路径初探》,载《江苏行政学院学报》2016年第5期。

⑧ 参见周汉华《变法模式与中国立法法》,载《中国社会科学》2000年第1期。

之地方政府发展偏好的作用,导致地方社会经济发展过程中并没有规范和扩展社会公共领域的投入,反而使地方公共服务投资不断濒临弱化。① 尤其在涉及跨区域公共服务领域,立法权利能力的缺失进一步导致地方机关主动回避相关立法;已有的地方立法尝试,如《辽宁省电信条例》等,也备受业内关于立法正当性的质疑。② 然而,地方公共服务立法的行为能力却是具备且充分的。社会经济发展已经为地方机关通过立法加大公共服务领域投资提供了物质上的保证,特别是城镇化与分税制的相互作用。城镇化背景下的"地方政府都市化"发展模式推动了地方政府把所辖区域作为一个整体来进行规划、开发和经营,以提高地区经济增长速度和地方财政收入。③ 而在财政充盈的情况下,地方公共服务供给保证乃是地方治理的最低限度内容。④ 因此,通过地方立法保障当地公共服务供给便成为经济发展的必然结果和应有之义。

在宪法、法律中明确的地方"立法权利能力"取决于法治下的中央与地方关系。其核心在于既要维护国家法制统一,又要充分发挥地方主动性、积极性。⑤ 理论上,为了提高公共服务的供给效率,只要不存在规模经济效应(也就是由中央政府集中供给,不能降低成本),决策权和供给权都归属于地方政府。⑥ 现实中地区性的城市建设和运营、环境保护、社会秩序、社会福利等公共服务在依照"全面依法治国决定"的精神下,有关事权的地方专属性为中央所默许。⑦ 但由于没有清晰的立法授权,地方立法机关可能会对于立法内容有所顾虑,不敢创新和突破,前文提及的《广东省供用电条例(草案)》就是很鲜活的例证。因此有学者认为,在涉及地方立法权利能力的设定中应当明确,我国法制的统一不是法律规范层次的单一,也不是立法机构的唯一,更不是削弱地方立法机关,而应该

---

① 参见吕炜、王伟同《发展失衡、公共服务与政府责任——基于政府偏好和政府效率视角的分析》,载《中国社会科学》2008年第4期。

② 参见谢劲良《统一还是分权?——地方电信法规立法权限探析》,载《中国电信业》2003年第11期。

③ 参见曹正汉、史晋川《中国地方政府应对市场化改革的策略:抓住经济发展的主动权——理论假说与案例研究》,载《社会学研究》2009年第4期。

④ 参见李少文《地方立法权扩张的合宪性与宪法发展》,载《华东政法大学学报》2016年第2期。

⑤ 参见黄龙云主编《广东地方立法实践与探索》,广东人民出版社2015年版,第23页。

⑥ 参见曹正汉等《中国地方分权的政治约束——基于地铁项目审批制度的论证》,载《社会学研究》2014年第3期。

⑦ 参见向立力《地方立法发展的权限困境与出路试探》,载《政治与法律》2015年第1期。

## 第六章 地方公共服务立法的框架和主要内容

是在保证不与宪法和法律相抵触的情况下，充分调动地方立法机构的主动性，要求它们根据本地生产力发展的实际水平，在充分尊重当地民众意愿的基础上，积极制定符合本地需要的地方性法规。①

单纯从公共服务的供给区域划分立法授权是不能够确立中央与地方立法划分标准的，因为法理上或实践中均不存在"跨区域"和"区域内"的公共服务立法划分标准。② 相反，某些解决域内公共服务保障的法律规定对于"跨区域"公共服务的供给保障同样有着积极作用。比如《广东省供用电条例（草案）》中规定，电缆线下种植作物的，有义务排除作物对于电缆线的危险性。这一规定在《汕头市电力设施建设与保护条例》中也有体现。上述有关规定对于保障"跨区域"或"区域内"电力公共服务供给均是无差别的。因而在立法中将涉"跨区域"和"区域内"公共服务对立起来，并无法理和实践意义。

在处理"跨区域"和"区域内"公共服务立法授权问题上，德国相关法律规范较为全面，也有十分明显和积极的效果。德国《基本法》第73条明确了中央政府对包含（基本）邮政、电信在内的公共服务拥有专属立法权。当然，德国联邦政府也必须同时承担法定供给保障责任。③ 这一宪法条款明确的联邦立法权专属性，凌驾于基于联邦制政体而设定的各联邦州的立法独立性之上，④ 依赖于"主动协调"（Selbstkoordination）原则必须为各联邦州所"容忍"（Geduld）。⑤ 为了发挥地方主动性，德国《基本法》将地区性公共服务（如区域铁路服务）划定为联邦州立法的权限范围。由此，当联邦州内同时存在与跨区域公共服务（如联邦铁路）并存的服务种类时，有关法律的立法权也是并行的。这一例证表明，公共服务领域的中央专属立法权和发挥地方立法积极性并不矛盾，所需要解决的仅仅是权力分割的客体边界问题。

---

① 参见孙波《论地方专属立法权》，载《当代法学》2008年第3期。
② 参见孙友祥《区域基本公共服务均等化的跨界治理研究——基于武汉城市圈基本公共服务的实证分析》，载《国家行政学院学报》2011年第1期；郑曙光、骆路金《跨地区合作提供基本公共服务的公共政策分析——以浙江、珠三角区域合作样本为分析路径》，载《河南社会科学》2012年第2期。
③ Kay Windthorst, in M. Sachs (Hrsg.), *Grundgesetz Kommentar*, C. H. Beck, 2007, Art. 87f, Rn. 9.
④ Michael Nierhaus, in M. Sachs (Hrsg.), *Grundgesetz Kommentar*, C. H. Beck, 2007, Art. 28, Rn. 1.
⑤ Christoph Gegenhart, in M. Sachs (Hrsg.), *Grundgesetz Kommentar*, C. H. Beck, 2007, Art. 72, Rn. 19.

依照笔者观点，市场经济中地方公共服务立法授权应当取决于服务供给保障方式。在市场化转型过程中，地方立法需要解决两方面的问题：一是确保市场对资源配置的决定性作用；[①] 二是填补市场机制在公共服务供给中的空白，即对市场缺乏地区的托底型供给保障。[②] 在市场（特别是区域市场）规制范围内，地方立法能够较好地补充中央立法在地方的实践作用，维护公平有序的市场竞争。[③] 通过政府采购、扶持中小型企业以及引导社会投资等方式推动市场化发展与进程。而托底型公共服务保障，由于其制度设计的基础在于人权保障等法治公理，[④] 所以不能够出于地方管理原因而将立法责任完全归属于地方，以防止发展偏好诱发的保障职责规避可能，同时避免因财政能力不足引发的公共服务供给差异，在公共服务托底保障领域，更需要中央统筹发展，以确保基本公共服务均等化。从加强地方立法权利能力建设出发，在公共服务市场开放领域可以扩大地方立法授权，使得地方立法更好地适应市场规制需求，有效贯彻并完善市场经济法制。[⑤] 对于维护公共利益的政府公共服务托底型保障义务领域则更加需要中央通过立法规划加以统筹。[⑥] 以此落实中共十八届四中全会决定中关于中央和地方政府事权分割的法律制度建设。当然，实践中如广东地方立法通常将经济领域立法和社会保障领域立法相结合，作为统一的立法领域。[⑦] 此时更加需要中央通过宏观管理、制度设定，规范地方事权。

---

[①] 参见洪银兴《关键是厘清市场与政府作用的边界——市场对资源配置起决定性作用后政府作用的转型》，载《红旗文稿》2014 年第 3 期。

[②] 参见邓智平《迈向底线型社会政策——习近平总书记社会政策托底思想研究》，载《中共珠海市委党校珠海市行政学院学报》2015 年第 6 期；王思斌《新常态下积极托底社会政策的建构》，载《探索与争鸣》2015 年第 4 期。

[③] 参见董和平《市场经济与地方立法观念转变》，载《西北大学学报（哲学社会科学版）》1994 年第 3 期；周尚君、郭晓雨《制度竞争视角下的地方立法权扩容》，载《法学》2015 年第 11 期。

[④] 参见王广辉、叶芳《宪法基本原则论》，载《法商研究》2001 年第 5 期。

[⑤] 参见王方玉《国家立法与社会行为的转变》，载《暨南学报（哲学社会科学版）》2017 年第 2 期。

[⑥] 参见张德江《提高立法质量 落实立法规划——在全国人大常委会立法工作会议上的讲话》，载《中国人大》2013 年第 21 期。

[⑦] 2017 年《广东省人大常委会法制工作委员会工作报告》，载《广东省人民代表大会常务委员会公报》2017 年第 4 号。

### (三) 公共服务供给保障机制：规划和公共财政

凡事预则立，不预则废。在公共服务的供给保障实现方式中，政府规划发挥着决定性作用。[①] 通过政府规划，能够有效统合资源，实现对于公共服务供给的有效保障，同时协调社会经济的均衡、可持续发展。[②] 例如，《广东省城乡生活垃圾处理条例》对于生活垃圾处理设施"邻避问题"的规定。这其中既包括政府法定保障责任的落实计划，也包括依法对市场化转型的整体设计、开放幅度、范围、步骤规划内容。[③] 依照笔者的理解，政府规划可以划分为狭义和广义两种。狭义上，仅指行政机关依法做出的关于公共服务和供给保障的计划；广义上，还包括通过法律所设定的行政机关规划责任。二者体现了规划与法律之间存在的实体与程序、目标与手段、可能与现实、结果与过程、内容与形式的关系。[④] 这一相互关系，即规划的法律效力与法律的法律效力之间的统一和差异，决定了要实现约束性指标对政府责任的法律效力，就需要将规划转化为法律，[⑤] 即法治原则下的规划内涵的扩展性衍变。

依照基本定义，立法规划是立法机关准备用以实施的关于立法工作的设想和部署。[⑥] 实践中则同时意味着法治原则下地方行政机构职责的设定。比如前文提到的《广东省城乡生活垃圾处理条例》对于广东省内各级政府在城乡生活垃圾处理方面保障性服务责任的设定。不过在地方立法规划实践中，存在着平行并不交叉的地方政府与地方人大的立法规划。[⑦] 在缺乏地方人大对地方政府立法规划进行监督的情况下，二者的交叉点仅

---

[①] 参见胡鞍钢等《中国发展奇迹的重要手段——以五年计划转型为例（从"六五"到"十一五"）》，载《清华大学学报（哲学社会科学版）》2011年第1期；韩博天等《规划：中国政策过程的核心机制》，载《开放时代》2013年第6期。

[②] Stefan Paetow, *in Kreislaufwirtschafts-und Abfallgesetz Kommentar*, Kunig/Paetow/Versteyl (Hrsg.), 2. Auflage, C. H. Beck, 2003, Art. 32, Rn. 7.

[③] Marc Oliver Bettzuege, *in Regulierung in der Energirwirtschaft*, Baur. Salje. Schmidt-Preuss (Hrsg.), Carl Heymanns Verlag, 2010, Kapital 3, Rn. 2, 3.

[④] 参见颜运秋、范爽《法理学视野下的中国经济规划》，载《法治研究》2010年第3期。

[⑤] 参见彭飞荣《论规划效力对政府责任的法律控制》，载《南华大学学报（社会科学版）》2007年第6期；陈保中《行政规划与行政职能转变》，载《上海行政学院学报》2009年第6期。

[⑥] 参见周旺生《关于立法规划的几个理论问题》，载《北京大学学报（哲学社会科学版）》1993年第3期。

[⑦] 参见黄铮《浅谈地方立法规划中存在的主要问题及其对策》，载《人大研究》2000年第7期。

在于最终的法律备案审查。也就是地方行政规划立法完成之后，再由地方人大负责对相关草案进行审议，而对政府立法规划并未发挥事前监督作用。在中共十八届四中全会决议中明确，发挥有立法权的人大及其常委会在立法工作中的主导地位，通过人大监督等方式强化对行政权力的制约和监督，① 以及在通过法治方式抑制地方政府发展偏好的大背景下，有必要加强地方政府在公共服务立法规划方面与地方人大之间的协调，通过地方人大监督以保证地方政府立法规划中能够充分体现当地社会发展的需要，特别是通过地方人大监督纠正地方政府的发展偏好，扩大地方民生和政府保障责任。实践中，有关问题解决机制的地方探索已然开展。如依照广东省政府法制办在省人大常委会 2017 年立法工作会议上所做的工作报告，省政府法制办将"加强与省人大相关专门委员会、常委会法工委的沟通协调"，"邀请相关专门委员会、常委会法工委提前介入，及时掌握情况和解决立法中遇到的问题"。② 虽然上述做法与严格意义上的人大立法（规划）监督之间尚存在某些概念上的差异，但毋庸置疑，立法前的介入将有效地形成权力机关对行政机关立法的监督和制约，有效解除地方政府立法中可能为发展偏好所诱导而引发的问题。

公共服务需要财政支持，其法理基础来自国家的管理责任。③ 但无论对于供给保障的直接财政开支（预算）或对于服务供应企业的财政补贴，都需要通过法律规范明确授权。例如《广东省城乡生活垃圾处理条例》规定，"市、县（区）人民政府应当根据生活垃圾处理资金需求落实生活垃圾处理经费，并纳入本级政府财政预算"，"农村地区的生活垃圾处理费，通过政府补贴、社会捐赠、村民委员会筹集等方式筹集"。对于公共服务供给保障支出的立法将同时明确地方人大对于相关预算编制、执行和监督的权力与责任。通过财政监督，地方人大能够确保公共服务领域内政府投资和采购的公正与合法性。换言之，人大的财政监督实质上是对公共服务保障实施的监督。不过在财政领域，由于我国经济发展水平整体上并不均衡，政府财政保障支持的各地公共服务供给水平参差不齐，不同社会群体间在公共服务的享有数量和质量方面存在较大差距，制约了经济社会的协调、稳定发展。因此，亟须加强对基本民生和福利的财政保障，从传

---

① 见《中共中央关于全面推进依法治国若干重大问题的决定》。
② 2017 年《广东省人民政府法制办工作报告》。
③ Helmut Siekmann, in M. Sachs（Hrsg.）, *Grundgesetz Kommentar*, C. H. Beck, 2007, Vor Art. 104a, Rn. 147.

统的"建设财政"向"民生财政"靠拢。① 而实现这一转变的关键正在于地方人大对地方政府财政预算支出的立法与监督,以确保公共服务保障开支的充分性和效率性。②

学理上,公共服务财政保障监督是传统的权力机关财政监督理论的特例。学界通常将人大的财政监督权解释为一种"纳税人"权力的衍化或纳税义务的交换。③ 但在公共服务领域,财政保障的供给更多的是针对中低收入即依法免除纳税义务或者需要接受社会保障的人群,其目的是维护社会公平、保障基本人权。④ 因此,服务于规范行政权力、扩大民生开支的人大财政监督并不能够作为某一种纳税义务的"交换"或"衍化"。依照笔者的理解,通过财政方式约束地方发展偏好,"把权力关进制度的笼子"⑤ 理论对公共服务供给保障领域地方人大财政监督的解释更加清晰。经济发展和财政收入的增加虽是国家建设的必备前提,但并不等同于民生的发展和国家力量的强大。为了实现国家的良好治理,尤其要重视财政资金的管理、使用和分配,通过"理财治国"。⑥ 地方人大的依法财政监督正是服务于此目的。

---

① 参见刘剑文、耿颖《新形势下人大财政监督职能之建构》,载《河南财经政法大学学报》2014年第1期。

② 参见於鼎丞、廖家勤《财政监督与监督财政——关于财政监督基础性问题的理论分析》,载《暨南学报(哲学社会科学)》2003年第6期。

③ 参见李袁婕《论我国公共财政监督制度的完善》,载《审计研究》2011年第2期。

④ 参见莫纪宏《实践中的宪法学原理》,中国人民大学出版社2007年版,第293页。

⑤ 习近平:《把权力关进制度的笼子里》,见《习近平谈治国理政》(第1卷),外文出版社2014年版,第385页。

⑥ 参见刘剑文、耿颖《新形势下人大财政监督职能之建构》,载《河南财经政法大学学报》2014年第1期。

# 第七章　关于城市立法评估的实践与完善对策

20世纪90年代末，地方立法评估的实践就已然开始推展。目前多数拥有地方立法权的省、市都已经开展了地方立法评估工作，并建立了相关评估机制。截至2014年，我国已有广东、陕西、安徽、青岛、郑州、哈尔滨等15个省、市颁行了关于规范地方立法评估的办法或规定等法律文件。地方立法评估规范性文件的发布和施行进一步提升了地方立法评估工作的法治化水准，使得地方立法评估工作进入常态化、制度化。其中，2013年7月，广东省人大常委会便通过立法，要求全省内各个拥有立法权的城市人大常委会对于新制定、全面修改以及重大制度调整的法规草案应该开展立法评估工作。

统计数据表明，2014年广州市人大常委会依照广东省有关法规规定，通过立法评估审议的议题达到10项，其中包括审议7部地方性法规，2部法律法规的实施情况，1项专题调研监督。立法评估贯彻了有关地方法规的起草、修改、审议、第二审修改等立法必经程序。同年，为了更好地服务于立法评估决策，广州市人大常委会积极推动代表进社区活动，在全市设立了721个代表联络站。2014年以来，广州市人大常委会平均每年有计划地组织近万人次各级人大代表走进社区基层。各级人大代表平均每年接待群众访问14000人次以上，收集处理群众意见建议5000条次，在立法层面有力地推动解决了一批群众关心的问题。2015年，广州市人大常委会通过立法评估审议的地方性法规达到11项，内容涵盖了城市发展的各个领域。其中，《广州市依法行政条例》的颁布实施，为广州城市立法评估的制度化和法制化提供了有力的法律依据。另外，为拓宽社情民意反映渠道，建立健全立法评估机制，广州市人大常委会进一步扩大代表社区联络站覆盖面，2015年全市新增联络站104个，总数达825个。2016年，广州市人大常委会通过立法评估审议的地方性法规达到13项。2017年，在广州市人大常委会向社会发布的立法计划、监督工作计划和讨论决定重大事项工作计划中包含9项重大立法项目审议内容。上述统计数字充分表明，城市立法评估工作有效地辅助了地方法制建设的发展。

应当看到地方立法评估是确保地方立法科学性、民主性、妥适性的手段。只有将评估成果有区别地、针对性地切实应用到地方法治建设的实践中，地方立法评估作为地方立法科学性、民主性、妥适性之促进与增强的目的才可能得到实现，地方立法评估制度的宗旨才可能达成。同时也应当看到，立法评估实践中尚存在一定的问题。只有在社会主义法治理念的指导下，进一步结合中共十八大以来一系列文件的精神，才能够完善立法评估制度，推动立法质量的提升，加快法治中国的建设步伐。

为此，本章将结合广州市立法评估的实践经验，对地方立法评估的原则、制度设计与完善等方面进行总结，并形成服务于地方法治实践的研究报告。

## 一、立法评估的原则

（一）党的领导原则

历史经验表明，坚持党的领导是缔造国家健康发展建设，促进人民生活幸福的基础和根本。这一条动摇不得！把党的领导贯彻到依法治国全过程和各方面，是我国社会主义法治建设的一条基本经验。党对于社会主义法治建设的领导贯穿了立法、执法、司法的全过程。这其中自然包括对立法评估的领导。立法评估，从根本上说，是要对立法问题加以检验，通过科学的方法系统地对立法项目的质量、社会影响和法律在社会中发挥的作用做出客观、严谨、完整的判断，并在此基础上推动法制建设的发展与进步。只有坚持党对立法评估的领导才能够从根本上确立立法评估的科学性与客观性，也才能够真正保障立法评估过程中有关评估价值的根本性，即人民性，从而真正保证评估结果有利于全社会，有利于国家的根本利益和人民的根本利益。

（二）科学性原则

依照马克思主义辩证唯物主义原理，事物的发展、演变等总是遵循一定的客观规律，而只有正确认识事物的发展变化规律才能科学地预见其发展变化的结果或趋势。至于立法评估，实际上就是将马克思主义辩证唯物主义一般原理运用到立法评估过程中，使得法案本身更加符合社会运行的基本规律和特定规律，从而保障立法本身最终能够更好地服务于社会的进步与经济的发展。中共十八届四中全会文件强调，法律是治国之重器，良法是善治之前提。这就更要深入推进科学立法、民主立法，完善立法项目征集和论证制度，健全立法机关主导、社会各方有序参与立法的途径和方式，拓宽公民有序参与立法的途径。

随着社会发展和专业分工的精细化、专业化，与之相适应的有关立法活动也变得更加专业，需要满足更多的技术性要求。这对于立法者而言既是新的要求，同时也是更多的责任。因此，坚持专业性的立法评估是提升立法质量、推动立法科学性的行之有效的手段。在实践层面，通过人大自身的评估工作，能够进一步推动立法实践的科学性，保障立法质量，有效促进立法和法治建设的发展与完善，从而保障中央文件中对于立法质量而言明确提出的"法律是治国之重器，良法是善治之前提"的有效贯彻落实。

### （三）正确的评估价值取向原则

针对社会主义法治建设，中共十八届四中全会文件指出，立法要恪守以民为本、立法为民理念，贯彻社会主义核心价值观，使每一项立法都符合宪法精神、反映人民意志、得到人民拥护。要把公正、公平、公开原则贯穿立法全过程，完善立法体制机制。立法评估工作在实践操作的层面，包含诸多方面的问题，而其中最为关键的是评估判断的标准。换言之，评估主体的不同以及评估实际操作者的不同，均有可能对评估形成截然相反的结论。而如何避免因人而异、时过境迁的可能性，就需要通过客观、正确的评估机制标准加以限定，从而保障评估结论的客观公正。为此需要坚持高举中国特色社会主义伟大旗帜，以马克思列宁主义、毛泽东思想、邓小平理论、"三个代表"重要思想、科学发展观、习近平新时代中国特色社会主义思想为指导，全面贯彻中共十九大和十九届中央委员会历次全会精神。

### （四）系统性和客观性原则

立法评估是一项系统性工程，其评价标准的客观性同时决定了评估结论的实践意义与作用。从评估制度的建设角度而言，立法评估制度设计需要解决的是,"由谁评估""评估什么""如何评估"这三大问题,需要设定的是评估的原则、程序、标准以及评估结论等级等技术性标准。同时,在系统性和客观性评估制度与标准的设定过程中,必须严格遵从党的领导原则、科学性原则、正确的价值取向原则。只有在上述三大原则的约束与基础之上方能够建立真正服务于国家、人民与社会发展的立法评估机制。

立法评估制度的系统性与客观性在某种程度上意味着评估体系的完善。而建构完善的评估体系需要从立法自身的规律出发,结合立法的目的与立法的社会效果,建立有效的、全覆盖的评估指标体系。综合法律,特别是立法自身的特点,立法评估的指标体系建立有其规律可循。但是,一旦在实践中设定了特定立法的评估标准,而该标准除了需要遵循立法评估的一般原则与规律之外,还需要结合法规自身特性来设定评估模式。

(五)动态评估原则

在地方立法实践当中,对立法的必要性、合法性、协调性和可操作性等评价内容制定了不同的标准和评价原则,归根到底,都应当遵循评估的程序性原则与实体性原则。由于各地方立法经验的不同以及立法实际操作能力的差异,立法前的评估环节相对薄弱,较为重视的是立法后评估。为了进一步推进立法质量的提升,特别是能够通过立法后评估的有效手段,将法律规范的社会效应(无论正面或负面)应用在立法质量提升方面,就需要对法律规范在自身效力期限内不断归纳总结。换言之,只有一个动态的跟踪评估体系,才能够契合立法质量提升与立法经验总结之间的关系。

# 二、立法评估的规范性制度设计

立法评估的规范服务于运用何种分析方法进行立法评估的目的,同时也是立法评估的核心内容。实践中,全国人大常委会法工委、国务院法制办、地方人大常委会和地方政府的立法后评估方法基本一致,通常通过直接和间接两种方式实现评估任务。直接方式如召开研讨会、实地调研、具体考察、个别走访等,听取执法部门、司法机关和社会公众在执法、司法和守法中遇到的问题,了解和掌握法律法规执行和遵守的基本情况;间接方式如征集社会公众的意见、问卷调查、随机抽查、委托科研机构和大学法学院，对选择的法律法规进行立法后评估。而使用直接评估方法和间接评估方法，主要运用的是定性分析方法。最终形成的立法后评估报告主要是对被评估的法律规范做出主观陈述。

在广东省和广州市的立法评估实践过程当中，结合一般立法评估规律和地方立法实践特征，其立法评估的规范性主要体现在以下三个方面。

第一，建立相关制度规范，做到依法评估，以保障评估的规范性与程序的合理性。依照《中华人民共和国立法法》，广东省人大制定了《广东省地方立法条例》作为省内立法评估的法制基础。而针对立法评估，特别是对于立法草案的评估，省人大制定了《委托起草法规质量评估规定》，省政府制定了《广东省政府规章立法后评估规定》，广州市人大常委会制定了《广州市人大常委会立法后评估办法》。上述法律规范内容服务于规范地方性法律规范的评估工作，检验委托起草法规的质量，增强委托起草工作的科学性，推进科学立法、民主立法等任务。

对于评估工作，设定了有关评价原则，简单说来包括以下五项内容。①合法性标准，即各项规定是否与上位法律、法规和国家有关政策的规定一致。②合理性标准，即公正、公平原则是否得到体现；各项措施是否必要、适当，是否采用对相对方权益损害最小的方式实现立法目的；法律责任是否与违法事实、性质、情节以及社会危害程度相当。③协调性标准，即地方法规和规章与同阶位的立法是否存在冲突，与规定的制度是否衔接，要求建立的配套制度是否完备。④可操作性标准，即规定的制度是否有针对性地解决现实中存在的问题；规定的措施是否高效、便民；规定的程序是否正当、简便，易于操作。⑤规范性标准，即立法技术是否规范，逻辑结构是否严密，表述是否准确，是否影响到地方性法规的正确、有效实施。

同时，在省政府制定的《广东省政府规章立法后评估规定》中还强调了立法评估的时效性标准，即政府规章是否得到普遍遵守和执行，是否实现预期的立法目的。

第二，在省人大的组织下引入第三方评估，以保证评估的客观与公正。为了保证评估的客观与公正，广东省人大成立了广东省立法研究所，专职负责有关立法草案的评估工作，以杜绝权力机关对自身立法项目的评估可能。

第三，建立严格的指标体系，以保证评估结论的严谨和科学。指标体系的建设实质上是将制度原则规范具体化。简单来说，就是将原则性的规范内容落实到具体的评价标准当中，把原则的内涵通过确定的评价因素加以确定，从而便于评估实践工作的开展，也有利于进一步保证评估工作的客观性与科学性。

（1）合法性。具体包括：草案是否设定了地方性法规无权设定的行政许可、行政强制、行政处罚；是否违反上位法，增设了行政许可、行政强制的条件；是否突破了行政处罚的幅度；其他内容是否与法律、行政法规的规定相抵触；草案与本省其他相关地方性法规是否存在冲突或者不一致；草案设定的各种制度及相关程序是否互相衔接、是否存在冲突；等等。

（2）可行性。具体包括：草案确立的管理体制、主要制度机制、管理措施是否可行、能否解决实际问题；管理体制是否适应客观实际需要、是否具有现实针对性；管理制度、措施是否明确、完备、可行；行政程序是否易于操作、顺畅、快捷、便民；对上位法的补充规定是否细化具体、是否可行；等等。

（3）合理性。具体包括：草案内容是否符合公平、公正原则，行政执法机关和行政相对人的权力与责任、权利与义务是否合理、平衡；管理制度、措施是否必要、适度；行政程序是否正当、合理、公开透明；法律责任规定是否完备，是否与违法行为的事实、性质、情节以及社会危害程度相当；施行这些制度所需投入的人力、财力等成本支出与所能产生的效益之间的比例是否适当，能否达到预期目的；等等。

（4）特色性。具体包括：草案是否符合我省经济社会发展的具体情况和实际需要；是否针对本省存在的问题和困难提出解决方案；是否照抄照搬上位法；内容是否过于原则、空洞；等等。

（5）规范性。具体包括：草案设定的法律规范的构成要素是否完备、明确，对不同类型法律规范的表述是否符合相关技术要求；概念界定是否准确、周延，语言表述是否准确、规范、简明，逻辑结构是否清晰、严密，是否便于理解和执行；等等。

## 三、立法评估的实证——广东省立法研究所的实践

在2016年第四季度，广东省立法研究所依照省人大的委托，按照有关制度要求承担了由省内九所高校地方立法研究评估与咨询服务基地起草的14项，共计30部立法草案的立法质量评估工作。

从评估分值表格（见表7-1）中可以看出，其将立法草案的评估分

为"前期准备"和"草案起草"两大部分。在有关草案内容部分的分值设定方面,可行性原则所占分数最高,达到 25 分。其他如规范性原则占 20 分,合理性与特色性各占 15 分,原则性占比最低,为 10 分。虽然评估标准中"原则性"指标分值占比不高,但它对于立法草案具有决定性意义,因为在评估体系中"原则性"评估标准具有四项负面评价指标。一旦立法草案违反其中的任何一项,即将面临总分为零的最终评价结论。这四项内容包括:①对上位法和现有法律制度中法律原则的理解是否正确;②对相关法律发展和地方立法发展趋势的把握是否正确;③对地方立法目的的认识是否正确;④对立法后果的认识和预期是否合理。建立这样的立法"原则性"评估标准是为了保证立法本身不偏离现有法制体系,同时,起草者对立法后果有着明确和正确的认识。

  在可行性、合理性与特色性原则评判标准中亦各有多项负面评价指标。在可行性原则中,负面评价指标包括:授权内容与其他单位权限不冲突、不矛盾;授权内容不会产生消极的社会影响;符合行政程序法律规定。在合理性原则中,负面评价指标包括:权力与责任设定中有相关配套机制,不会造成行政机关权责违法;权力与责任设定不会造成行政机关人、财、物等方面的损失;行政程序设定符合一般行政法律规范,符合立法目的和行政合理性原则;为贯彻立法设定的特殊程序,符合法律规范要求,符合行政程序和理性要求;规范应当在法规中明确有关行政程序的信息公开渠道。在特色性原则中,负面评价指标包括:对我省经济社会发展的具体情况和实际需要有正确的认识;立法草案和设定的制度草案不会导致过高的政治、社会、经济成本或负面影响;成本合理,符合中央有关政策规定。

表7-1 广东省人大立法评估审查评分表

| 内容 | 一级子项 | 二级子项 | 三级子项 |
|---|---|---|---|
| 前提 | 合法性：<br>是，0分；<br>否，-100分 | 是否与现行法律、行政法规的规定相抵触 | |
| | | 是否设定了地方性法规无权设定的内容 | |
| | | 是否违反上位法规定 | |
| | | 是否突破了上位法授权处罚的幅度 | |
| | | 是否与本省其他相关地方性法规存在冲突或者不一致 | |
| | | 是否与其他法律、行政法规规定相抵触 | |
| | | 是否照抄照搬上位法 | |
| | 法定性：<br>是，0分；<br>否，-100分 | 是否存在重大法律规范漏洞 | |
| | | 是否存在重大立法隐患 | |
| | | 设定的各种制度及相关程序是否互相衔接、是否存在冲突 | |

续上表

| 内容 | 一级子项 | 二级子项 | 三级子项 |
|---|---|---|---|
| 前期准备：15分 | 调研：10分 | 对现有关法律规范体系的研究：2分。建议提供2万字以上的调研报告，8000字左右的起草说明和有关法律法规汇编 | |
| | | 专家学者意见咨询：4分。5人以上：1分；8人以上：2分；10人以上：3分；15人以上：4分。同时提供专家学者签名的咨询意见书 | |
| | | 社会大众问卷询问：4分。50人以上：1分；100人以上：2分；300人以上：3分；500人以上：4分 同时提供问卷调查表和结果分析 | |
| | 意见征求：5分 | 相关单位意见征求：提供被征求意见单位有关座谈会、书面意见等内容 | |
| 草案起草：85分 | 法律原则：10分 | 法律原则设定是否公平、公正：5分 | 对上位法和现有法律制度中法律原则的理解是否正确：1分。是，1分；否，－100分 |
| | | | 对相关法律发展和地方立法发展趋势的把握是否正确：1分。是，1分；否，－100分 |
| | | | 对地方立法目的的认识是否正确：1分。是，1分；否，－100分 |
| | | | 对立法后果的认识和预期是否合理：1分。是，1分；否，－100分 |
| | | | 立法原则的抽象化：1分 |

续上表

| 内容 | 一级子项 | 二级子项 | 三级子项 |
|---|---|---|---|
| 草案起草：85分 | 法律原则：10分 | 权力与责任、权利与义务是否合理、平衡：5分 | 权力设定内容是否服务于立法目的，遵循立法原则：1分 |
| | | | 法定责任内容是否服务于立法目的，遵循立法原则：1分 |
| | | | 当事人权利内容是否服务于立法目的，遵循立法原则：1分 |
| | | | 当事人义务内容是否服务于立法目的，遵循立法原则：1分 |
| | | | 有明确的权力约束和权益救济机制：1分 |
| | 可行性：25分 | 管理体制是否适应客观实际需要、是否具有现实针对性：10分 | 是否设定现有机关权力的实际运用法治途径：3分 |
| | | | 在服务于立法目的的前提下，是否将有关机关联合执法内容加以明确：2分 |
| | | | 是否有利于"简政放权"，降低执法成本：是，5分；否，0分 |
| | | 管理制度、措施是否明确、完备、可行：5分 | 管理制度设计明确、无须对法规进行修订：1分 |
| | | | 如需新增授权，授权内容完整，能够有效服务、贯彻立法目的：1分 |
| | | | 授权内容与其他单位权限不冲突、不矛盾：1分。是，1分；否，−100分 |
| | | | 授权内容不会产生消极的社会影响：2分。是，2分；否，−100分 |

续上表

| 内容 | 一级子项 | 二级子项 | 三级子项 |
|---|---|---|---|
| 草案起草：85分 | 可行性：25分 | 行政程序是否易于操作、顺畅、快捷、便民：5分 | 符合行政程序法律规定：1分。是，1分；否，-100分 |
| | | | 有明确的救济机制：1分 |
| | | | 程序设计简单合理，方便群众：2分 |
| | | | 有明确的信息公开、透明行政内容：1分 |
| | | 对上位法的补充规定是否细化具体、是否可行：5分 | 对上位法内容理解正确：1分。建议在调研报告中加以分析阐述 |
| | | | 补充内容符合法律和地方法规的规定：1分 |
| | | | 补充内容具有较好的实操性，易于落实：2分 |
| | 合理性：15分 | 行政执法机关和行政相对人的权力与责任、权利与义务是否合理、平衡：5分 | 有明确的权力约束机制：1分 |
| | | | 权力与责任设定中有相关配套机制，不会造成行政机关权责违法：1分。是，1分；否，-100分 |
| | | | 权力与责任设定不会造成行政机关人、财、物等方面的损失：1分。是，1分；否，-100分 |
| | | | 权利、义务的设定不会给当事人造成任何法律、经济上的不合理负担：1分。是，1分；否，-10分 |
| | | | 权力、责任的设定平衡，能够体现权责一致的法律原则：1分 |
| | | | 权利、义务内容设定统一、均衡，不过分增加权利或增设义务：1分 |

续上表

| 内容 | 一级子项 | 二级子项 | 三级子项 |
| --- | --- | --- | --- |
| 草案起草：85分 | 合理性：15分 | 管理制度、措施是否必要、适度：5分 | 没有设定不合理的管理制度，增加行政成本或烦冗的行政程序：1分 |
| | | | 管理措施能够有效服务于立法目的，保障法规的贯彻落实：3分 |
| | | | 现有规定依然能够保障的，不应增加立法：1分。是，1分；否，-10分 |
| | | 行政程序是否正当、合理、公开透明：5分 | 行政程序设定符合一般行政法律规范，符合立法目的和行政合理性原则：1分。是，1分；否，-100分 |
| | | | 为贯彻立法设定的特殊程序，符合法律规范要求，符合行政程序和理性要求：2分。是，2分；否，-100分 |
| | | | 程序性规范不会给当时造成过多的不便：1分 |
| | | | 规范应当在法规中明确有关行政程序的信息公开渠道：1分。是，1分；否，-100分 |
| | 特色性：15分 | 是否符合我省经济社会发展的具体情况和实际需要：5分 | 对我省经济社会发展的具体情况和实际需要有正确的认识：2分。是，2分；否，-100分。建议在调研报告中加以分析阐述 |
| | | | 相关问题和设定的法律规范之间存在直接的因果关系：1分 |

续上表

| 内容 | 一级子项 | 二级子项 | 三级子项 |
|---|---|---|---|
| 草案起草：85分 | 特色性：15分 | 是否符合我省经济社会发展的具体情况和实际需要：5分 | 立法草案和设定的制度草案不会导致过高的政治、社会、经济成本或负面影响：2分。是，2分；否，-100分。 |
| | | 是否针对本省存在的问题和困难提出解决方案：5分 | 解决方案具有实操性：1分 |
| | | | 对于问题解决具有较高的预期性：2分 |
| | | | 成本合理，符合中央有关政策规定：2分。是，2分；否，-100分 |
| | | 内容是否过于原则、空洞：是0分，否：5分 | 是否照抄上位法规定：是，-5分；否，1分 |
| | | | 草案内容是否存在冗余：是，-2分；否，1分 |
| | | | 法定原则是否没有相关制度设计保障贯彻落实：是，-5分；否，2分 |
| | | | 是否存在不切实际的内容或规定：否，1分；是，-10分 |
| | 规范性，依照《立法技术规范》确定：20分 | 法律规范的构成要素是否完备、明确：5分 | |
| | | 法律规范的表述是否符合相关技术要求：2分 | |
| | | 概念界定是否准确、周延：3分 | |
| | | 语言表述是否准确、规范、简明：3分 | |
| | | 逻辑结构是否清晰、严密：2分 | |
| | | 是否便于理解和执行：5分 | |

## 四、立法评估工作中尚存在的不足

通过立法评估工作的有效推进,从实质上促进了立法质量的提升,同时又为进一步推动立法的积极发展奠定了基础。但是从实践的角度看,目前立法评估工作环节中已然存在以下五点问题。

(一)重立法后评估,轻立法前评估

在目前的立法评估工作中,绝大部分将工作的重点集结于立法之后对于法律案本身质量的审核与评价。立法前评估反而在法律草案量化评价的体系中失去了应有的作用。实际上,在立法前,通过与法律草案利益有关方面的座谈、问卷调查、专家咨询等形式能够有效地避免在立法过程中可能出现的种种不得不面对的问题。例如,在有关环境立法过程中,事先的调查研究将有助于立法者清楚认识到相关人对于立法对自身可能产生的影响的态度,从而在法律草案中规避可能出现的问题。立法前评估对于推动立法进程的效率性是起着决定作用的,也有益于及时解决法律草案可能产生的社会问题。

(二)评估指标体系缺乏稳定性和配套立法

立法评估的核心在于依照何种标准对法律草案进行评估,一个客观、稳定、全面的评估指标体系对评估工作具有决定性意义。尽管在立法中对立法评估给予了相对系统的评估标准,然而在实践当中,有关标准由于相对主观,缺乏可直接用于实际操作的量化体系。由于地方立法往往需要解决地方社会经济发展中存在的实际问题,在量化评估过程中既不能套用单一的过于宽泛的主观评价标准,也无法真正形成可复制性的客观标准模型。其根本在于,有关立法中主管标准在实践中如何运用这个问题,并没有通过法律规范得到解决。

(三)缺乏全覆盖的专家库

实践中通常采用借助有关专家的专业知识,完善立法,实现评估工作的科学、高效、完善。这其中的核心在于专家库的建立。随着立法的专业化和精细化,传统意义上的立法专家或法学家已经很难满足立法评估工作对于专业知识的需求。因此,需要建立包含法学(特别是经济法学)、经济学、政治学、管理学、自然科学等方面的完善的专家群体,以共同完成立法评估过程中对于专业立法的任务要求。但现实中,对于实现上述目标存在两方面的瓶颈:一是专家群体的建立本身;二是缺少真正跨学科,掌握多元知识结构和立法经验的人才。这也是世界性的难题,并非只有广东省才有。

### (四)立法评估的长效机制不足

立法评估尽管在学理上被划分为立法前评估和立法后评估两种,但是在实践中二者是并行不悖的。换言之,只有同时运用好两种不同时间段的评估模式,才能够更好地通过法律规范的社会实践作用,总结出立法的实效以及改进需要提升的部分。这直接牵涉到立法前对于立法影响的评估和立法进程中对于条文的把握,以及立法后在较长的时间阶段建立长效的评估机制问题。但是,目前无论在我国其他省份还是广东省,都没有在有关法律规范框架内设定或者建立有关立法评估的长效机制,从而很难真正从实践角度长时间地关注立法本身对社会、经济、公民等相关主体的影响,也很难由此更好地总结经验并对立法质量的提升产生帮助。

## 五、提升立法评估质量与社会效益的路径与建议

针对立法评估及有关机制在实践中存在的不足,需要通过进一步优化评估模式、精细化评估标准设定、拓宽评估专家结构构成等具有针对性的措施,以期推动立法评估的社会实效性,从而为进一步提升立法质量奠定必要的制度保障。

### (一)进一步优化立法评估机制建设

针对现实中立法评估机制本身的不足,需要结合立法实践进一步完善立法前评估与立法后评估的相互关系,并在此基础上建立长效性的立法评估模式。其中,首先需要纠正重立法后评估,轻立法前评估的误区。实践中可以参考借鉴欧盟的影响评估模式(IA)和OECD的监管影响分析模式(RIA),推动完善立法前评估机制的建设。

## （二）设定评估标准的精细化

对于评估模式而言，在设定长效评估机制的基础上，需要进一步结合立法中价值评价标准，推动评估指标的精细化，以求通过系统、完善、准确的评估因子，有效地对立法质量进行量化评估，并通过量化评估指导法律规范的修改完善与条文之间的协调。针对不同属性的法律规范，可以结合立法的共性，并在此基础之上总结抽象、归纳整理具有体系意义的评价因子，以用于评估的实践。而对于社会属性相同的法律规范，需要通过制度设计本身使得通过实践检验的评价标准体系得以固化，并不断地随着立法评估实践得到完善和发展。当然，其核心部分必须遵循立法评估的程序性原则与实体性原则，即把参与立法、执法和守法过程的各方当事人，如全国人大常委会、国务院、最高人民法院、部委、地方人大常委会和政府、企业、个人与社会团体组织联系在一起。

## （三）全覆盖的专家库建设和完善立法草案委托

随着立法的专业化和精细化发展，传统意义上的由一两名法律专家负责起草有关法律草案的委托模式已经被证明缺乏实质效果，立法者在实践中很难真正从中获得具有重大意义的借鉴与启发。因此，应当结合实际，以建设全覆盖的立法咨询专家库为基础，保障立法咨询的针对性、服务的专业性和效果的确定性，从而转换立法委托模式，建立专家组联合起草机制：由一两名既具有法律专业背景，又深入了解立法内容的专家牵头负责有关草案的起草工作。同时建立有效的外在激励机制，通过经济、文化等杠杆激发专家的服务热情，保障草案起草的质量和参考作用。

# 后　　记

　　2018年完成国家社会科学基金年度项目研究之后,我有了写作本书的念头。一方面可以更好地阐明在规制法律领域的一些个人观点,另一方面也便于在教学科研过程中形成体系性的知识和材料总结。

　　由于一些原因,全书在2019年成稿之后迟迟没有出版。这期间国家的法治完善进程很快,因此书中的一些材料可能有一些陈旧。不过,好在我的学术研究观点并不陈旧。

　　学习法律的同学在阅读本书的时候可能会有一定的难度,因为需要了解一些经济学理论。这虽然不是我的本意,但是,作为经济法学的研究者,如果希望真正做到专业性,就必须明白市场经济的基本规律,并且能够运用法学理论分析并评价在经济学理论指导下的市场经济行为所产生的法律效果。本书在体系性和趣味性方面还有很大的提升空间,未来还会有第二版,敬请期待。

刘阳

2022年处暑